漢検ポケットでる順

準1級

旺文社

もくじ

でる度★

付録 ※付録は、最終ページから始まります。裏表紙から読んでください。

編集担当　清水理代・岡崎有里
編集協力　有限会社アリエッタ・株式会社研文社・榊原久仁子
本文デザイン　有限会社アチワデザイン室
本文組版　幸和印刷株式会社
カバーイラスト　三木謙次

漢検とは

●漢字検定（漢検）とは

本書が目指す「漢字検定（漢検）」とは、公益財団法人日本漢字能力検定協会が主催する「日本漢字能力検定」のことです。漢字検定は１級から、準１級・準２級を含む10級までの12段階に分かれています。

●受検資格

年齢・学歴などにかかわらず、だれが何級を受検してもかまいません。検定時間が異なれば４つの級まで受検できます。受検には個人受検と団体受検があります。

●出題対象となる漢字

漢字検定では、それぞれの級に定められた出題範囲があります。それぞれの級で新たに出題対象となる漢字を配当漢字といい、当該級はそれ以下の級の配当漢字も出題範囲に含まれることが原則です。

準１級では、小・中・高校で習う常用漢字2136字と、準１級対象漢字を含めた、約3000字が出題の対象となります。

問い合わせ先
公益財団法人 日本漢字能力検定協会
本部　〒605-0074
京都府京都市東山区祇園町南側551番地
TEL.075-757-8600
FAX.075-532-1110
URL　http://www.kanken.or.jp/

●おもな対象学年と出題内容　※ 2023 年 11 月現在

内容／級	レベル	漢字の書取	誤字訂正	同音・同訓異字	四字熟語	対義語・類義語	送り仮名	熟語の構成	部首・部首名	故事・諺	漢字の読み	検定時間	検定料
1	大学・一般程度	○	○	○	○	○				○	○	60分	6000円
		対象漢字数 約 6000 字（常用漢字 2136 字＋1 級・準 1 級対象漢字） ※常用漢字表に示されたもの以外の読みを含む											
準1	大学・一般程度	○	○	○	○	○				○	○	60分	5500円
		対象漢字数 約 3000 字（常用漢字 2136 字＋準 1 級対象漢字） ※常用漢字表に示されたもの以外の読みを含む											
2	高校卒業・大学・一般程度	○	○	○	○	○	○	○	○		○	60分	4500円
		対象漢字数 2136 字（準２級までの対象漢字 1951 字＋2 級配当漢字 185 字） ※高等学校で習う読みを含む											
準2	高校在学程度	○	○	○	○	○	○	○	○		○	60分	3500円
		対象漢字数 1951 字（３級までの対象漢字 1623 字＋準２級配当漢字 328 字） ※高等学校で習う読みを含む											

※内容は変更されることがありますので、日本漢字能力検定協会のホームページをご確認ください。

●漢字検定準1級の審査基準

程度	常用漢字を含めて、約3000字の漢字の音・訓を理解し、文章の中で適切に使える。
領域・内容	《読むことと書くこと》 常用漢字の音・訓を含めて、約3000字の漢字の読み書きに慣れ、文章の中で適切に使える。 ・熟字訓、当て字を理解していること ・対義語、類義語、同音・同訓異字などを理解していること ・国字を理解していること（峠、凧、畠　など） ・複数の漢字表記について理解していること（國―国、交叉―交差　など） 《四字熟語・故事・諺》 典拠のある四字熟語、故事成語・諺を正しく理解している。 《古典的文章》 古典的文章の中での漢字・漢語を理解している。

●漢字検定準1級の採点基準

字の書き方	正しい筆画で明確に書きましょう。くずした字や乱雑な書き方は採点の対象外です。
字種・字体	1級および準1級の解答は、『漢検要覧1／準1級対応』（公益財団法人 日本漢字能力検定協会発行）に示す「標準字体」「許容字体」「旧字体一覧表」によります。 ※1級および準1級の解答は、問題文にとくに指定がなければ、旧字体を用いて答えてもかまいません。 ※準1級の解答は、1級配当漢字で答えてもかまいません。
読み	①2～10級の解答は、内閣告示「常用漢字表」（平成22年）によります。 ②1級および準1級の解答には、①の規定は適用されません。
仮名遣い	内閣告示「現代仮名遣い」によります。
送り仮名	内閣告示「送り仮名の付け方」によります。
合格基準	合格のめやすは、正答率80%程度です。200点満点ですから、160点以上とれれば合格の可能性大です。

●許容の範囲

印刷物は一般的に明朝体と呼ばれる字体のものが多く、楷書体とは活字デザイン上若干の違いがあります。検定試験では、「つける・はなす」「はねる・とめる」など、解答として許容されるものがあります。これは、「常用漢字表」の「(付) 字体についての解説」に取り上げられており、「明朝体の字形と筆写の楷書の字形との間には、いろいろな点で違いがある。それらは、印刷文字と手書き文字におけるそれぞれの習慣の相違に基づく表現の差と見るべきもの」と記されています。

以下、明朝体と楷書体の差異に関する例の一部を抜粋します。検定試験ではどちらで書いても正解となります。

①長短に関する例

無→無＝無

②方向に関する例

主→主＝主

③つけるか、はなすかに関する例

月→月＝月

④はらうか、とめるかに関する例

骨→骨＝骨

⑤はねるか、とめるかに関する例

糸→糸＝糸

⑥その他

令→令＝令

●準１級配当漢字の許容字体

準１級の漢字検定では、『漢検要覧１／準１級対応』(公益財団法人　日本漢字能力検定協会) 収録の「標準字体」「許容字体」「旧字体一覧表」に示された字体で書くことが定められています。許容字体は、巻末の漢字表を確認してください。

例 溢→溢 と書いても正解　　祇→祇 と書いても正解

漢検受検ガイド

●公開会場

検定日　原則として毎年、６月・10月・翌年１月か２月の日曜日の年３回。申し込み期間は、検定日の約３か月前から約１か月前。

検定会場　全国主要都市および海外主要都市。

申し込み方法

①インターネットで申し込み

日本漢字能力検定協会（以下漢検協会）のホームページ（http://www.kanken.or.jp/）にアクセスし、必要事項を入力。クレジットカード決済やコンビニ決済などで検定料を支払います。

②取り扱い書店で申し込み

取り扱い書店で願書を手に入れ、書店で検定料を支払って書店払込証書を入手します。願書と書店払込証書を漢検協会に送付します。

公開会場での個人受検を申し込むには、他にもコンビニエンスストアや新聞社など取り扱い機関、携帯電話を使う方法があります。

いずれの場合も、検定日の約１週間前に受検票が郵送されてきます。準２級以上の受検者は受検票に写真を貼付します。

●検定試験当日に持参するもの

検定試験当日には、①受検票、②鉛筆（ＨＢ、Ｂ、２Ｂの鉛筆またはシャープペンシル）、③消しゴム、④本書を必ず持っていきましょう。万年筆やボールペンは不可で、ルーペ（拡大鏡）、腕時計は持ち込み可となっています。

●合否の通知

検定の約40日後をめやすに、合格者には合格証書・合格証明書と検定結果通知が、不合格者には検定結果通知が郵送されます。

※漢検CBT（コンピュータ・ベースド・テスティング）は、２～７級のみ実施されています。

※詳しい情報は、漢検協会のホームページをご確認ください。

本書の特長と使い方

特長① よく出る問題だけを収録

合格に必要な実力養成のために、過去の検定試験の出題データを約12年分、独自に分析し、繰り返し出題された頻度の高い問題を取り上げて編集・構成しました。

よく出る問題だけに的をしぼって、効率的に学習できます。収録している問題は、いずれもマスターしておきたい問題です。

特長② 3段階の「でる順」で効果的に学習

本書は、出題データの分析結果にもとづき、よく出題される「でる度」の高い問題から順に3段階で構成しています。「でる度」は、★の数で示してあります。

出題分野ごとに「でる順」で並んでいますので、最初から学習するほど効果的に実力をつけられます。

特長③ 「新審査基準」にもしっかり対応

漢検協会では、2012年度第1回試験より審査基準の変更をおこなっています。そこでこの本では、最新の試験問題を分析し、新審査基準に対応した問題を収録しました。

※漢検協会では、予告なく出題形式や問題数の変更をおこなう可能性があることを公表していますので、必ずしもこのままの形で出題されるとは限りません。

特長④ 辞書いらずの詳しい解説

問題の右ページには、解答とともに詳しい解説をつけています。漢字や熟語の意味はもちろん、他の出題例など、漢字を覚え、理解するための情報が満載です。

特長⑤　実戦対策ができる「模擬試験」

検定試験の実戦対策として、巻末付録に模擬試験を収録しています。本番で緊張しないように慣れておきましょう。時間をきちんと計って取り組んでみてください。

特長⑥　巻末付録「漢字資料」

資料として「準1級　漢字表」「覚えておきたい表外読み」「出題実績漢字一覧」も巻末に収録しています。学習の確認・整理に活用してください。

●解答について

準1級の解答は、1級配当漢字で答えてもかまいません。

「書き取り」「誤字訂正」「四字熟語（書き取り）」「対義語・類義語」「故事・諺」「文章題」にて、（　）で示した解答は1級の漢字となっています。

また、本書の解答は試験の標準解答によります。

※本書では文章題において、過去に出題された作家の作品から文を抜粋し作問しています。また、適宜文を省略したり仮名遣いを改めたりしたものもあります。出題漢字についての解説は、口語・現代仮名遣いでの解説になっているものがあります。

※本書では、文章題等で不適切と受け取られる可能性がある表現が見られる場合もありますが、原典の表現を尊重し、そのままの形で掲載しています。

●紙面構成

出題分野名

でる度

出題頻度の高い問題から順に、★★★ ★★★ ★★★ の3段階で構成しています。

ポイント・前回の復習

問題形式によっては、問題のポイントと前回の復習があります。前回学習した内容を復習し、知識を定着させましょう。

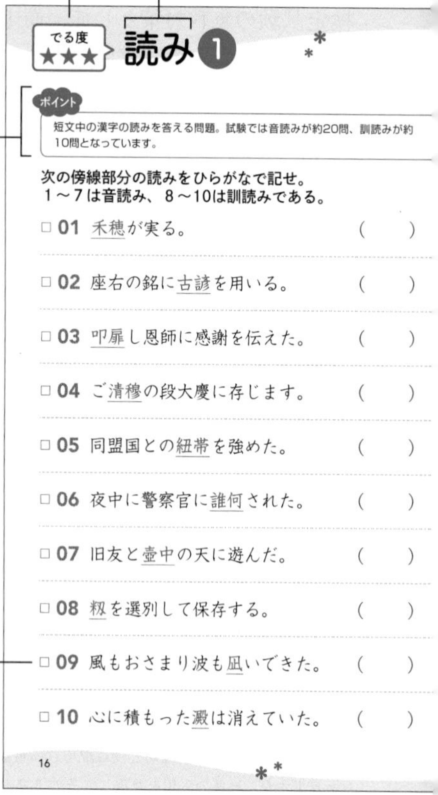

でる度 ★★★ 読み 1

ポイント

短文中の漢字の読みを答える問題。試験では音読みが約20問、訓読みが約10問となっています。

次の傍線部分の読みをひらがなで記せ。
1～7は音読み、8～10は訓読みである。

□ 01 禾穂が実る。 (　　)

□ 02 座右の銘に古諺を用いる。 (　　)

□ 03 叩扉し恩師に感謝を伝えた。 (　　)

□ 04 ご清穆の段大慶に存じます。 (　　)

□ 05 同盟国との紐帯を強めた。 (　　)

□ 06 夜中に警察官に誰何された。 (　　)

□ 07 旧友と壺中の天に遊んだ。 (　　)

□ 08 籾を選別して保存する。 (　　)

□ 09 風もおさまり波も凪いできた。 (　　)

□ 10 心に積もった澱は消えていた。 (　　)

16

チェックボックス

間違えた問題に印を付けて復習できます。

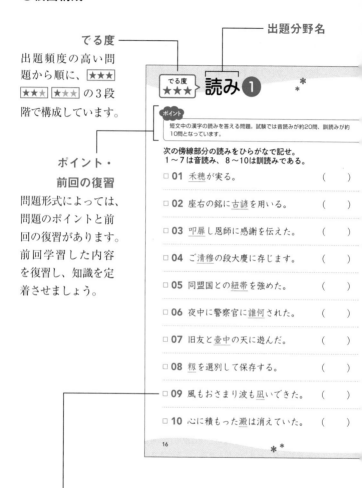

合格点
合格ラインは正答率80%です。

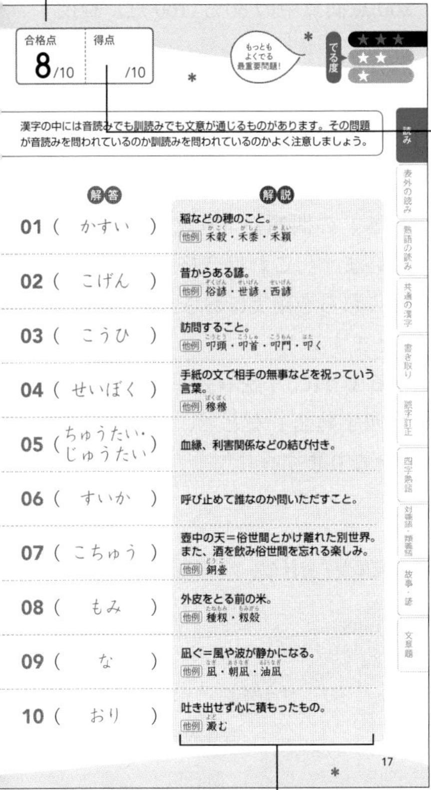
合格点 8/10　得点 /10

もっとも よくでる 最重要問題!

でる度 ★★★ ★★ ★

漢字の中には音読みでも訓読みでも文意が通じるものがあります。その問題が音読みを問われているのか訓読みを問われているのかよく注意しましょう。

解答	解説
01（かすい）	稲などの穂のこと。 他例 禾穀《かこく》・禾黍《かしょ》・禾穎《かえい》
02（こげん）	昔からある諺。 他例 俗諺《ぞくげん》・世諺《せいげん》・西諺《せいげん》
03（こうひ）	訪問すること。 他例 叩頭《こうとう》・叩首《こうしゅ》・叩門《こうもん》・叩《はた》く
04（せいぼく）	手紙の文で相手の無事などを祝っていう言葉。 他例 穆穆《ぼくぼく》
05（ちゅうたい・じゅうたい）	血縁、利害関係などの結び付き。
06（すいか）	呼び止めて誰なのか問いただすこと。
07（こちゅう）	壺中の天＝俗世間とかけ離れた別世界。また、酒を飲み俗世間を忘れる楽しみ。 他例 銅壺《どうこ》
08（もみ）	外皮をとる前の米。 他例 種籾《たねもみ》・籾殻《もみがら》
09（な）	凪ぐ＝風や波が静かになる。 他例 凪《なぎ》・朝凪《あさなぎ》・油凪《あぶらなぎ》
10（おり）	吐き出せず心に積もったもの。 他例 澱《よど》む

読み　表外の読み　熟語の読み　共通の漢字　書き取り　誤字訂正　四字熟語　対義語・類義語　故事・諺　文章題

17

得点
自分の得点を記入しましょう。すべて1問1点です。

解説
漢字の知識・理解を深められるよう、解説を充実させました。
問題の漢字や熟語の意味などを解説しています。

［他例］ 過去に出題された同じ漢字や、四字熟語、故事・諺の他の問題例

［注意］ 別の書き方、読み方など

準1級攻略法

●合格の基準

漢字検定準1級は、200点満点中の80%（160点）程度で合格とされます。

●「読み」と「書き」を確実におさえる

資料1でわかるように、「表外の読み」や「熟語の読み」等を含めた「読み」・「書き」の問題が110点、つまり全配点の半分以上を占めています。これは合格点（160点）の70%近くです。そこで、これらを確実におさえることで、合格はグンと近づくといえます。

その上で、**資料2**にみるように、「読み」・「書き」以外で比較的正答率が高い「四字熟語」などで、どれだけ得点できるかが合格のカギとなります。

資料1　各ジャンルの配点

（公益財団法人　日本漢字能力検定協会の資料をもとに製作）

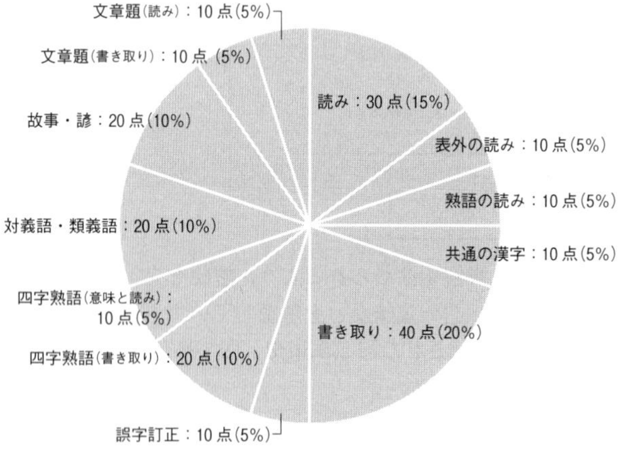

資料2　各ジャンルの正答率

（公益財団法人　日本漢字能力検定協会の資料をもとに製作）

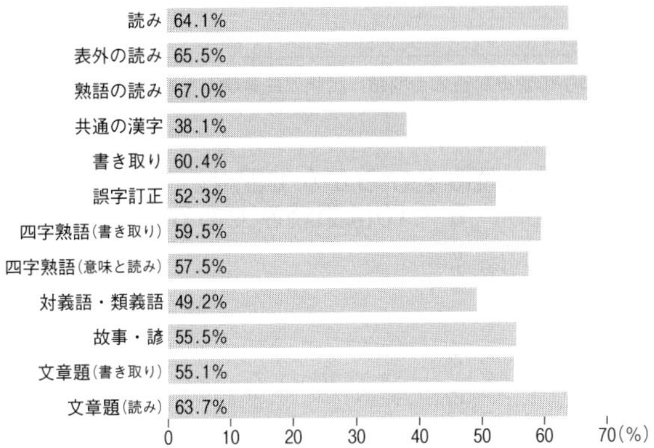

●出題頻度の高い問題は要チェック

漢字能力検定では、何度か繰り返し出題されている問題があります。そうした出題頻度の高い問題は確実に攻略しましょう。本書は過去の問題を、出題の頻度をもとに分析していますので、そのような学習には最適です。

●基本を大切に

解答の字は丁寧に書きましょう。乱雑な書き方は採点の対象外となります。トメやハネにもしっかり気を配りましょう。複雑な字体は、許容字体を使用してもいいでしょう。

●繰り返し学習する

知識を定着させていくためには、繰り返し学習をすることです。苦手なジャンルがあったら、本書を常に携帯し、繰り返し学習してください。合格は必ず近づいてきます。

でる度 ★★★

読み 1

ポイント

短文中の漢字の読みを答える問題。試験では音読みが約20問、訓読みが約10問となっています。

次の傍線部分の読みをひらがなで記せ。
1～7は音読み、8～10は訓読みである。

□ **01** 禾穂が実る。　（　　）

□ **02** 座右の銘に古諺を用いる。　（　　）

□ **03** 叩扉し恩師に感謝を伝えた。　（　　）

□ **04** ご清穆の段大慶に存じます。　（　　）

□ **05** 同盟国との紐帯を強めた。　（　　）

□ **06** 夜中に警察官に誰何された。　（　　）

□ **07** 旧友と壺中の天に遊んだ。　（　　）

□ **08** 籾を選別して保存する。　（　　）

□ **09** 風もおさまり波も凪いできた。　（　　）

□ **10** 心に積もった澱は消えていた。　（　　）

合格点 8/10 | 得点 /10

もっともよくでる最重要問題!

でる度 ★★★

漢字の中には音読みでも訓読みでも文意が通じるものがあります。その問題が音読みを問われているのか訓読みを問われているのかよく注意しましょう。

解答	解説
01 (かすい)	稲などの穂のこと。 他例 禾穀《かこく》・禾黍《かしょ》・禾穎《かえい》
02 (こげん)	昔からある諺。 他例 俗諺《ぞくげん》・世諺《せいげん》・西諺《せいげん》
03 (こうひ)	訪問すること。 他例 叩頭《こうとう》・叩首《こうしゅ》・叩門《こうもん》・叩《はた》く
04 (せいぼく)	手紙の文で相手の無事などを祝っていう言葉。 他例 穆穆《ぼくぼく》
05 (ちゅうたい・じゅうたい)	血縁、利害関係などの結び付き。
06 (すいか)	呼び止めて誰なのか問いただすこと。
07 (こちゅう)	壺中の天＝俗世間とかけ離れた別世界。また、酒を飲み俗世間を忘れる楽しみ。 他例 銅壺《どうこ》
08 (もみ)	外皮をとる前の米。 他例 種籾《たねもみ》・籾殻《もみがら》
09 (な)	凪ぐ＝風や波が静かになる。 他例 凪《なぎ》・朝凪《あさなぎ》・油凪《あぶらなぎ》
10 (おり)	吐き出せず心に積もったもの。 他例 澱《よど》む

でる度 ★★★

読み ②

前回（P.16）の復習！（1～7は音読み、8～10は訓読み）

1 禾穂 2 古諺 3 叩扉 4 清穆 5 紐帯 6 誰何 7 壺中 8 籾 9 凪ぐ 10 澱

次の傍線部分の読みをひらがなで記せ。
1～7は音読み、8～10は訓読みである。

□ 01 廐肥を畑まで運ぶ。 （　　）

□ 02 山砦の跡地を訪問する。 （　　）

□ 03 先輩を見かけ一揖した。 （　　）

□ 04 欽慕の情が募っていく。 （　　）

□ 05 経済界で椿事が起きた。 （　　）

□ 06 「乃公出でずんば」と勇む。 （　　）

□ 07 献花の馨香が充溢している。 （　　）

□ 08 今季も鴫が渡来してきた。 （　　）

□ 09 箱を凧糸で縛る。 （　　）

□ 10 背後からバッグを掠め取られた。 （　　）

合格点	得点
8/10	/10

もっとも
よくでる
最重要問題！

でる度 ★★★

1かすい 2こげん 3こうひ 4せいぼく 5ちゅうたい・じゅうたい
6すいか 7こちゅう 8もみ 9なぐ 10おり

解答 / 解説

01（ きゅうひ ）
家畜の糞尿と藁などをまぜて腐らせた肥料。
他例 厩舎《きゅうしゃ》・厩《うまや》

02（ さんさい ）
山に築いた砦のこと。
他例 城砦《じょうさい》・砦柵《さいさく》

03（ いちゆう ）
軽くおじぎをすること。
他例 揖譲《ゆうじょう》

04（ きんぼ ）
敬い慕うこと。
他例 欽羨《きんせん》・欽定《きんてい》

05（ ちんじ ）
思いがけなく起こった重大な出来事のこと。
他例 椿寿《ちんじゅ》

06（ だいこう ）
乃公出でずんば＝この私が出ないて、誰に何ができるのか、という自信を含んだ意味の言葉。

07（ けいこう ）
よい香りのこと。
他例 芳馨《ほうけい》

08（ しぎ ）
チドリ目シギ科の鳥の総称。
他例 鴫焼《しぎや》き

09（ たこいと ）
主に凧揚げに用いる強い糸のこと。
他例 奴凧《やっこだこ》・凧《たこ》

10（ かす ）
掠める＝奪いとる。

でる度★★★

読み③

前回（P.18）の復習！（1～7は音読み、8～10は訓読み）

| 1 厩肥 | 2 山砦 | 3 一揖 | 4 欽慕 | 5 椿事 |
| 6 乃公 | 7 馨香 | 8 鴫 | 9 凧糸 | 10 掠める |

次の傍線部分の読みをひらがなで記せ。
1～7は音読み、8～10は訓読みである。

□ **01** 鄭重なもてなしを受ける。（　　）

□ **02** 樗材だと謙遜する。（　　）

□ **03** 親の膝下を離れた。（　　）

□ **04** 国家の前途を卜占した。（　　）

□ **05** 連休は荏苒として日を過ごした。（　　）

□ **06** 自らの夙昔の不平を吐露する。（　　）

□ **07** 頑にその禿筆を使い続けている。（　　）

□ **08** 岩の硲から水が湧き出ている。（　　）

□ **09** 坐に故郷の風景が思い出された。（　　）

□ **10** 岨道を少し上ると茶屋がある。（　　）

合格点	得点
8/10	/10

もっとも
よくでる
最重要問題!

でる度 ★★★

1 きゅうひ　2 さんさい　3 いちゆう　4 きんぼ　5 ちんじ
6 だいこう　7 けいこう　8 しぎ　9 たこいと　10 かすめる

	解答	解説
01	（ていちょう）	手厚く対応すること。 他例 鄭声《ていせい》
02	（ちょざい）	役に立たないものや才能のたとえ。自分をへりくだって使う言葉。 他例 樗《ちょ》
03	（しっか）	庇護してくれる人の下。 他例 膝行《しっこう》
04	（ぼくせん）	占うこと。 他例 占卜《せんぼく》・亀卜《きぼく》
05	（じんぜん）	何もせず月日が過ぎゆくさま。
06	（しゅくせき）	昔から現在までの間。 他例 夙夜《しゅくや》・夙志《しゅくし》・夙《つと》に
07	（とくひつ）	穂先の擦り切れてしまった筆。 他例 禿髪《かむろがみ・かぶろがみ》
08	（はざま）	物と物の間の狭い場所。谷間。
09	（そぞろ）	理由もなく。 他例 坐《いなが》ら
10	（そばみち・そわみち）	険しい山道のこと。 他例 岨《そば・そわ》づたい

でる度 ★★★

読み ④

前回（P.20）の復習！（1～7は音読み、8～10は訓読み）

1 鄭重	2 樗材	3 膝下	4 卜占	5 荏苒
6 夙昔	7 禿筆	8 硲	9 坐に	10 岨道

次の傍線部分の読みをひらがなで記せ。
1～7は音読み、8～10は訓読みである。

□ **01** 彼此の諫言も徒労に終わった。（　　）

□ **02** 庚寅の年に子どもが生まれた。（　　）

□ **03** 茅茨を白雪が覆う。（　　）

□ **04** おしどり夫婦の仲に隙が生じる。（　　）

□ **05** 侃侃として市井の意志を示す。（　　）

□ **06** 老妓が若い芸子を指導する。（　　）

□ **07** 挽歌に耳を傾ける。（　　）

□ **08** 栂を家具の用材として使用する。（　　）

□ **09** まぶしくて蔀を下ろした。（　　）

□ **10** 騎乗する際、鐙が取れてしまった。（　　）

合格点 8/10 得点 /10

もっとも よくでる 最重要問題！

でる度 ★★★

1 ていちょう　2 ちょざい　3 しっか　4 ぼくせん　5 じんぜん
6 しゅくせき　7 とくひつ　8 はざま　9 そぞろに　10 そばみち・そわみち

解答		解説
01	（ ひし ）	あれとこれ。あれこれ。
02	（ こういん ）	干支の一つで、二十七番目の組み合わせ。 他例 庚申《こうしん》
03	（ ぼうし ）	茅と茨で葺いた粗末な屋根や家のこと。 他例 茅舎《ぼうしゃ》・茅屋《ぼうおく》
04	（ げき ）	仲たがい。 他例 小隙《しょうげき》・寸隙《すんげき》・空隙《くうげき》
05	（ かんかん ）	信念を曲げない剛直なさま。 他例 侃直《かんちょく》・侃侃如《かんかんじょ》
06	（ ろうぎ ）	歌舞音曲などで宴席に興を添えることを仕事としている、年をとった女性のこと。 他例 芸妓《げいぎ》・舞妓《ぶぎ》・名妓《めいぎ》
07	（ ばんか ）	人の死を悼んで作る詩歌のこと。 他例 推挽《すいばん》
08	（ つが・とが ）	マツ科の常緑高木。
09	（ しとみ ）	寝殿造りなどで使われる、格子を付けた戸のこと。
10	（ あぶみ ）	馬の鞍の両脇に付けて足を踏みかけて使う馬具。

でる度★★★

読み 5

前回（P.22）の復習！（1～7は音読み、8～10は訓読み）

1 彼此	2 庚寅	3 茅茨	4 隙	5 侃侃
6 老妓	7 挽歌	8 栂	9 蔀	10 鐙

次の傍線部分の読みをひらがなで記せ。
1～7は音読み、8～10は訓読みである。

□ **01** 新しい技術開発の尖兵となった。（　　）

□ **02** 戟を用いて敵をほふる。（　　）

□ **03** 顔写真を貼付し忘れていた。（　　）

□ **04** 彼はこの僻村で唯一の杏林だ。（　　）

□ **05** 古い廟宇を改築した。（　　）

□ **06** 弓箭の道に励む。（　　）

□ **07** 廠舎で一夜を明かした。（　　）

□ **08** 沓石の設置を手伝った。（　　）

□ **09** 樫でできた木刀を振る。（　　）

□ **10** 木の俣に新芽が生えている。（　　）

1 ひし　2 こういん　3 ぼうし　4 げき　5 かんかん
6 ろうぎ　7 ばんか　8 つが・とが　9 しとみ　10 あぶみ

解答	解説
01（ せんぺい ）	他より先に新しい分野などに進出する人のたとえ。 他例 尖鋭《せんえい》・舌尖《ぜっせん》・尖《するど》い
02（ げき ）	戈《か》と矛を組み合わせた、古代中国の武器。 他例 兵戟《へいげき》・矛戟《ぼうげき》・剣戟《けんげき》
03（ ちょうふ・てんぷ ）	貼ること。 他例 貼用《ちょうよう》
04（ きょうりん ）	医者のこと。
05（ びょうう ）	祖先などをまつる建物のこと。 他例 霊廟《れいびょう》・廟議《びょうぎ》・廟堂《びょうどう》
06（ きゅうせん ）	弓と矢。また、弓矢をとる武士。 他例 火箭《かせん》・飛箭《ひせん》
07（ しょうしゃ ）	軍隊が演習先などで仮設する建物のこと。 他例 造兵廠《ぞうへいしょう》・工廠《こうしょう》
08（ くついし ）	柱や縁の束柱の下に据える石のこと。 他例 沓《くつ》
09（ かし ）	ブナ科の常緑高木。
10（ また ）	分かれている場所。

でる度 ★★★

読み 6

前回（P.24）の復習！（1～7は音読み、8～10は訓読み）

1 尖兵　2 戟　3 貼付　4 杏林　5 廟宇
6 弓箭　7 廠舎　8 沓石　9 樫　10 俣

次の傍線部分の読みをひらがなで記せ。
1～7は音読み、8～10は訓読みである。

□ **01** 赫灼たる光明を放っている。（　　）

□ **02** 古典文学を枕頭の書としている。（　　）

□ **03** はるか遠方の都邑を想う。（　　）

□ **04** 底知れぬ慧眼を持っている。（　　）

□ **05** 男は王家の後胤を名乗った。（　　）

□ **06** 油断している相手を掩撃する。（　　）

□ **07** 萱堂にご挨拶させてください。（　　）

□ **08** 宛ら犯罪者のような扱いだった。（　　）

□ **09** 庭の八重葎を刈り取った。（　　）

□ **10** 主の身の殆うきを救わんとす。（　　）

合格点 **8**/10　得点 /10

もっともよくでる最重要問題！

でる度 ★★★

1 せんぺい　2 げき　3 ちょうふ・てんぷ　4 きょうりん　5 びょうう　6 きゅうせん　7 しょうしゃ　8 くついし　9 かし　10 また

解答	解説
01（かくしゃく）	光り輝いていて明るいさま。 他例 赫怒《かくど》
02（ちんとう）	枕頭の書＝愛読書。 他例 枕辺《ちんぺん》
03（とゆう）	都と村。また、都会。 他例 邑落《ゆうらく》・辺邑《へんゆう》
04（けいがん）	本質を見抜く鋭い洞察力のこと。 他例 慧悟《けいご》・慧敏《けいびん》
05（こういん）	子孫のこと。 他例 王胤《おういん》・落胤《らくいん》
06（えんげき）	小隊で敵を急襲すること。 他例 掩護《えんご》・掩蔽《えんぺい》
07（けんどう）	母を敬って使う言葉。
08（さながら）	宛ら＝本物同然の。まるで。 他例 宛《あたか》も
09（やえむぐら）	アカネ科の一年草または越年草。 他例 葎《むぐら》
10（あや）	殆うい＝危ない。 他例 殆《ほとほと》・危殆《きたい》

でる度 ★★★

読み 7

前回（P.26）の復習！（1～7は音読み、8～10は訓読み）

1 赫灼	2 枕頭	3 都邑	4 慧眼	5 後胤
6 掩撃	7 萱堂	8 宛ら	9 八重葎	10 殆うい

次の傍線部分の読みをひらがなで記せ。
1～7は音読み、8～10は訓読みである。

□ **01** 雅馴な文章に教養の高さをみる。（　　）

□ **02** 自ら圃畦に種を蒔き給う。（　　）

□ **03** 各地に伝わる談藪を編修する。（　　）

□ **04** 他人の云為を論うべきではない。（　　）

□ **05** 彼は穎哲な人物であった。（　　）

□ **06** この絵は劫初を描いている。（　　）

□ **07** 鶴、九皐に鳴き声天に聞こゆ。（　　）

□ **08** 姑く之を論ず。（　　）

□ **09** 弱者を蔑ろにしてはいけない。（　　）

□ **10** 鏖による攻撃をうけた。（　　）

合格点 8/10　得点 /10

もっとも よくでる 最重要問題！

でる度 ★★★

1 かくしゃく　2 ちんとう　3 とゆう　4 けいがん　5 こういん
6 えんげき　7 けんどう　8 さながら　9 やえむぐら　10 あやうい

解答　**解説**

01 （ がじゅん ）
文章などが上品で洗練されているさま。
他例 馴化《じゅんか》・馴致《じゅんち》

02 （ ほけい ）
畑の畝のこと。
他例 薬圃《やくほ》・花圃《かほ》

03 （ だんそう ）
様様な興味のある話。
他例 林藪《りんそう》・藪沢《そうたく》

04 （ うんい ）
言ったりなしたりすること。

05 （ えいてつ ）
すぐれて賢いこと。
他例 穎才《えいさい》・穎脱《えいだつ》

06 （ ごうしょ ）
（仏教で）この世の初めのこと。
他例 劫末《ごうまつ》・劫火《ごうか・こうか》

07 （ きゅうこう ）
曲がりくねった奥深い沢のこと。

08 （ しばら ）
姑く＝ちょっとの間。

09 （ ないがし ）
蔑ろ＝あってもないもののように軽んじること。

10 （ やり ）
長い柄の先に細長い刃物を付けた武器のこと。

でる度 ★★★

読み 8

前回（P.28）の復習！（1～7は音読み、8～10は訓読み）

1 雅馴	2 圃畦	3 談藪	4 云為	5 穎哲
6 劫初	7 九皐	8 姑く	9 蔑ろ	10 鑓

次の傍線部分の読みをひらがなで記せ。
1～7は音読み、8～10は訓読みである。

□ **01** 耽読してしまい戌夜に至った。　（　　）

□ **02** 水路を暗渠にする工事が始まる。　（　　）

□ **03** 壁に暢達なる一筆を残した。　（　　）

□ **04** 多くの英彦を輩出している。　（　　）

□ **05** ついに儲君が誕生した。　（　　）

□ **06** 凄惨な光景を目の当たりにする。　（　　）

□ **07** 這般の事情を鑑みる。　（　　）

□ **08** 狛犬の置物が気に入ったらしい。　（　　）

□ **09** 都に之くを送る。　（　　）

□ **10** すぐに誹らないよう気を付ける。　（　　）

合格点	得点
8/10	/10

もっとも
よくでる
最重要問題！

でる度 ★★★

1 がじゅん　2 ほけい　3 だんそう　4 うんい　5 えいてつ
6 ごうしょ　7 きゅうこう　8 しばらく　9 ないがしろ　10 やり

	解答	解説
01	（ぼや）	およそ午前三時から五時。寅の刻。 他例 戊寅《ぼいん》
02	（あんきょ）	地下に設けたり、おおいをしたりした溝のこと。 他例 溝渠《こうきょ》・渠魁《きょかい》
03	（ちょうたつ）	のびのびとしていること。
04	（えいげん）	すぐれた男子のこと。 他例 諸彦《しょげん》・俊彦《しゅんげん》
05	（ちょくん）	皇太子。また、貴族の世継ぎの子のこと。 他例 儲嗣《ちょし》
06	（せいさん）	目を背けたくなるほど惨いさま。 他例 凄絶《せいぜつ》・凄艶《せいえん》
07	（しゃはん）	前に述べた事柄を指す言葉。これら。
08	（こまいぬ）	神社の社頭や社殿の前に魔よけとして対にして置く獅子・犬に似た像。
09	（ゆ）	之く＝目的地に向かう。
10	（そし）	誹る＝他人を非難する。

でる度★★★

読み 9

前回（P.30）の復習！（1～7は音読み、8～10は訓読み）

1 戊夜	2 暗渠	3 暢達	4 英彦	5 儲君
6 凄惨	7 這般	8 狛犬	9 之く	10 誹る

次の傍線部分の読みをひらがなで記せ。
1～7は音読み、8～10は訓読みである。

□ **01** 哀咽の声が漏れ聞こえた。　（　　）

□ **02** 尤物だと目をつける。　（　　）

□ **03** 帯に美しい模様を捺染する。　（　　）

□ **04** 贅沢《ぜいたく》が過ぎた生活から蟬脱した。　（　　）

□ **05** 屢述は必要なかろう。　（　　）

□ **06** 新たな稗史が見つかった。　（　　）

□ **07** 下臣は陛下の叡断を仰いだ。　（　　）

□ **08** 新人の噺家を呼んだ。　（　　）

□ **09** 代官に金品を賂う。　（　　）

□ **10** 資料が堆く積まれている。　（　　）

1 ぼや　2 あんきょ　3 ちょうたつ　4 えいげん　5 ちょくん
6 せいさん　7 しゃはん　8 こまいぬ　9 ゆく　10 そしる

解答	解説
01（ あいえつ ）	悲しんで息がつまるほど泣くこと。 他例 咽下《えんか・えんげ》・咽《むせ》ぶ
02（ ゆうぶつ ）	多くの中で特にすぐれているもの。
03（ なっせん ）	染料を糊にまぜ、布に直接摺りつけて染める方法。 他例 捺印《なついん》・押捺《おうなつ》
04（ せんだつ ）	俗世から抜け出し悟ること。 他例 蟬吟《せんぎん》
05（ るじゅつ ）	繰り返し述べること。 他例 屢次《るじ》
06（ はいし ）	昔、中国で書かれた小説風の歴史書。民間の歴史書。
07（ えいだん ）	天子の決断のこと。 他例 叡慮《えいりょ》
08（ はなし ）	噺家＝落語などを演じる職の人のこと。
09（ まいな ）	賂う＝謝礼などのために物を贈る。
10（ うずたか ）	堆い＝高く盛り上がっている。 他例 堆朱《ついしゅ・たいしゅ》

でる度★★★ 読み⑩

前回（P.32）の復習！（1～7は音読み、8～10は訓読み）

| 1 哀咽　2 尤物　3 捺染　4 蟬脱　5 屢述
| 6 稗史　7 叡断　8 嘶　9 賂う　10 堆い

次の傍線部分の読みをひらがなで記せ。
1～7は音読み、8～10は訓読みである。

□ **01** 会社の赤字を補塡した。（　　）

□ **02** 父の緩頰を煩わせてしまった。（　　）

□ **03** 祁寒の地に住む人人を取材した。（　　）

□ **04** 文豪の未発表作品が梓行された。（　　）

□ **05** 彼との杵臼の交わりが続く。（　　）

□ **06** 芝蘭の友と再会した。（　　）

□ **07** 秋の郁郁たる金木犀を観賞する。（　　）

□ **08** 流鏑馬用に矢を矧ぐ。（　　）

□ **09** 俗世の柵から脱する。（　　）

□ **10** 鬼門とされる艮の方角を避ける。（　　）

合格点	得点
8/10	/10

もっとも
よくでる
最重要問題！

でる度 ★★★

1 あいえつ　2 ゆうぶつ　3 なっせん　4 せんだつ　5 るじゅつ
6 はいし　7 えいだん　8 はなし　9 まいなう　10 うずたかい

解答	解説
01（ほてん）	不足や欠損部分を埋めること。 他例 塡足《てんそく》
02（かんきょう）	緩頰を煩わす＝それとなく他人に自分のことを伝えてもらう。 他例 双頰《そうきょう》・豊頰《ほうきょう》
03（きかん）	厳しい寒さのこと。
04（しこう）	出版すること。 他例 桑梓《そうし》・上梓《じょうし》
05（しょきゅう）	杵臼の交わり＝身分の違いを問題にせず親しくすること。 他例 鉄杵《てっしょ》
06（しらん）	才能などがすぐれた人のたとえ。
07（いくいく）	香りが盛んなさま。 他例 郁《かぐわ》しい
08（は）	矧ぐ＝矢を作る。
09（しがらみ）	引き留めるもの。 他例 城柵《じょうさく》
10（うしとら）	丑と寅の中間の方角のこと。北東。

でる度 ★★★

読み 11

前回（P.34）の復習！（1～7は音読み、8～10は訓読み）

1 補塡	2 緩頰	3 祁寒	4 梓行	5 杵臼
6 芝蘭	7 郁郁	8 矧ぐ	9 柵	10 艮

次の傍線部分の読みをひらがなで記せ。
1～7は音読み、8～10は訓読みである。

□ **01** 夏の青黛の山山を描く。（　　）

□ **02** 神社の禰宜の仕事に慣れてきた。（　　）

□ **03** 爾汝の交わりを結んでいる。（　　）

□ **04** 肩に部署の徽章を付ける。（　　）

□ **05** その話は聴衆の憐情を誘った。（　　）

□ **06** 頸椎の損傷は免れたようだ。（　　）

□ **07** 怨念を晴らした。（　　）

□ **08** 祖母は化粧品を粥いでいた。（　　）

□ **09** 俄分限が肩で風を切って歩く。（　　）

□ **10** 痛みを和らげるお呪いを唱える。（　　）

合格点	得点
8/10	/10

もっとも
よくでる
最重要問題!

でる度 ★★★

1ほてん　2かんきょう　3きかん　4しこう　5しょきゅう
6しらん　7いくいく　8はぐ　9しがらみ　10うしとら

解答		解説
01	（せいたい）	黛のような濃い青色。 他例 粉黛《ふんたい》・黛青《たいせい》
02	（ねぎ）	神社で宮司などを補佐する神職。 他例 禰祖《でいそ》
03	（じじょ）	爾汝の交わり＝とても親しいつきあいのたとえ。 他例 爾後《じご》
04	（きしょう）	職業・所属などを示すために衣服や帽子などに付けるしるし。 他例 徽号《きごう》
05	（れんじょう）	人を憐れむ心。 他例 哀憐《あいれん》・憐察《れんさつ》
06	（けいつい）	首の部分の七個の椎骨のこと。 他例 頸聯《けいれん》
07	（おんねん）	深く怨む心。 他例 怨霊《おんりょう》
08	（ひさ）	粥ぐ＝売る。 他例 粥腹《かゆばら》
09	（にわか）	俄分限＝急に裕福になること。また、その人。
10	（まじな）	呪い＝神霊などに働きかけ、超自然現象などにより、病気などを起こしたり治したりすること。

でる度 ★★★

読み⑫

前回（P.36）の復習！（1～7は音読み、8～10は訓読み）

1 青黛	2 禰宜	3 爾汝	4 徽章	5 憐情
6 頸椎	7 怨念	8 粥ぐ	9 俄	10 お呪い

次の傍線部分の読みをひらがなで記せ。
1～7は音読み、8～10は訓読みである。

□ **01** 日記に縦書きの罫紙を使う。（　　）

□ **02** 牝牡の別がつきにくい動物だ。（　　）

□ **03** 老後に曽遊の地を巡った。（　　）

□ **04** 屑屑と荒れ地を耕した。（　　）

□ **05** この柴扉に住み侘ぶ。（　　）

□ **06** 通りには古民家が櫛比している。（　　）

□ **07** 登山中に灘響が聞こえた。（　　）

□ **08** 矢鱈な事を口に出すな。（　　）

□ **09** 天を怨みず人を尤めず。（　　）

□ **10** 獅子の咆哮《ほうこう》に思わず怯んだ。（　　）

合格点 8/10 | 得点 /10

もっとも
よくでる
最重要問題!

でる度 ★★★

1 せいたい　2 ねぎ　3 じじょ　4 きしょう　5 れんじょう
6 けいつい　7 おんねん　8 ひさぐ　9 にわか　10 おまじない

解答	解説
01（ けいし ）	線が一定の間隔で引かれた紙。 他例 罫線《けいせん》
02（ ひんぼ ）	動物の雌と雄のこと。 他例 牝馬《ひんば》
03（ そうゆう ）	かつて、訪れたことがあること。
04（ せつせつ ）	せわしなく労働するさま。 他例 砕屑《さいせつ》
05（ さいひ ）	柴の扉。また、わび住まいのこと。 他例 柴荊《さいけい》・薪柴《しんさい》
06（ しっぴ ）	櫛の歯のように隙間なく並んでいること。
07（ だんきょう・たんきょう ）	急流の響きのこと。 他例 急灘《きゅうだん・きゅうたん》
08（ やたら ）	根拠などがないさま。 他例 鱈《たら》
09（ とが ）	尤める＝過ちや罪を責める。
10（ ひる ）	怯む＝怖気づく。 他例 怯《おび》える・怯《お》じる・怯夫《きょうふ》

でる度★★★

読み⑬

前回（P.38）の復習！（1～7は音読み、8～10は訓読み）

1 罫紙	2 牝牡	3 曽遊	4 屑屑	5 柴扉	6 櫛比
7 灘響	8 矢鱈	9 尤める	10 怯む		

次の傍線部分の読みをひらがなで記せ。
1～7は音読み、8～10は訓読みである。

□ **01** 高級な熊掌を購入した。（　　）

□ **02** 兄の鶯遷を祝った。（　　）

□ **03** 袖珍本が好評を博している。（　　）

□ **04** 彼は故郷の翠黛を描いた。（　　）

□ **05** 彼は輿望を担って出馬した。（　　）

□ **06** 精神の舛錯による病だった。（　　）

□ **07** 勇退し故郷に棲遅した。（　　）

□ **08** 大黒柱に椙の木を使った建物だ。（　　）

□ **09** 席に座ると乍ち一杯持って来た。（　　）

□ **10** 廓の場面に力を入れた作品だ。（　　）

合格点	得点
8/10	/10

もっとも
よくでる
最重要問題!

でる度 ★★★

1 けいし　2 ひんぼ　3 そうゆう　4 せつせつ　5 さいひ　6 しっぴ
7 だんきょう・たんきょう　8 やたら　9 とがめる　10 ひるむ

解答	解説
01（ゆうしょう）	熊の掌のこと。 他例 熊胆《ゆうたん》
02（おうせん）	立身出世をすること。 他例 残鶯《ざんおう》・鶯語《おうご》
03（しゅうちん）	袖珍本＝和服の袖に入れて持ち歩けるほどの小型の本。 他例 領袖《りょうしゅう》・長袖《ちょうしゅう》
04（すいたい）	かすんで見える緑色を帯びた山のこと。 他例 翠嵐《すいらん》・翠微《すいび》
05（よぼう）	世間の人の信頼や期待のこと。 他例 輪輿《りんよ》
06（せんさく）	入り乱れること。 他例 舛誤《せんご》
07（せいち）	世俗から離れて住むこと。 他例 群棲《ぐんせい》
08（すぎ）	常緑針葉樹。多く、建築や家具などに使われる。
09（たちま）	乍ち＝きわめて短い時間のうちに行われるさま。 他例 乍《なが》ら
10（くるわ）	遊女屋が集まる地域のこと。

でる度 ★★★

読み 14

前回（P.40）の復習！（1～7は音読み、8～10は訓読み）

1 熊掌　2 鶯遷　3 袖珍　4 翠黛　5 輿望
6 舛錯　7 棲遅　8 椙　9 乍ち　10 廓

次の傍線部分の読みをひらがなで記せ。
1～7は音読み、8～10は訓読みである。

□ **01** 祖父は初孫を鍾愛している。（　　　）

□ **02** 優渥なるもてなしを受けた。（　　　）

□ **03** 大きな地球儀が懸吊されている。（　　　）

□ **04** 鶏肋にも値しない塵芥である。（　　　）

□ **05** これは低劣な弥縫策に過ぎない。（　　　）

□ **06** 茸茸と茂った雑草を刈った。（　　　）

□ **07** 家臣の陰湿な姦詐が露呈した。（　　　）

□ **08** 見事な摺りの浮世絵だ。（　　　）

□ **09** 盆栽の色づいた椛を味わう。（　　　）

□ **10** 鰯をタタキにして肴にする。（　　　）

合格点 8/10 ｜ 得点 /10

もっとも
よくでる
最重要問題！

でる度 ★★★

1ゆうしょう 2おうせん 3しゅうちん 4すいたい 5よぼう
6せんさく 7せいち 8すぎ 9たちまち 10くるわ

解答	解説
01（しょうあい）	深く愛すること。
02（ゆうあく）	心がこもっていて手厚いこと。
03（けんちょう）	懸けて吊るすこと。
04（けいろく）	あまり役には立ちそうにないが、捨てるにはもったいないもののたとえ。
05（びほうさく）	失敗などを一時的にとりつくろうための手段のこと。 他例 弥漫《びまん》
06（じょうじょう）	草が多く茂るさま。
07（かんさ）	嘘を吐いたりして、他人を陥れようとすること。 他例 大姦《たいかん》・姦《かしま》しい
08（す）	摺る＝印刷する。
09（もみじ）	カエデの別名。
10（いわし）	ニシン科などの真鰯や潤目鰯などの総称。 他例 潤目鰯《うるめいわし》

でる度
★★★

表外の読み ①

ポイント

常用漢字の常用漢字表に示されたもの以外の音読み・訓読みが出題されます。

次の傍線部分は常用漢字である。その表外の読みをひらがなで記せ。

□ **01** 実験成功に与って力があった。（　　）

□ **02** 室内を北欧風に設える。（　　）

□ **03** 件の問題は解決済みだ。（　　）

□ **04** 予て予想していた通りだった。（　　）

□ **05** 探検隊の殿を務めた。（　　）

□ **06** 部下の些細なミスを詰る。（　　）

□ **07** ようやく話の緒をつかんだ。（　　）

□ **08** 自らの不運を託つ。（　　）

□ **09** 軒下で、集く虫の音を聞く。（　　）

□ **10** 夢を縦に思い描く。（　　）

合格点	得点
8/10	/10

もっとも よくでる 最重要問題！

でる度 ★★★

間違えて常用漢字表の読みで解答しないようにしましょう。複数の表外の読みがある漢字も出題されるので、注意して読みましょう。

	解答	解説
01	（ あずか ）	与って力がある＝大きく貢献すること。 他例 与《くみ》する
02	（ しつら ）	設える＝飾り付ける。備え付ける。
03	（ くだん ）	前に述べたこと。例の。 他例 件《くだり》
04	（ かね ）	予て＝以前から。前もって。 他例 予《あらかじ》め
05	（ しんがり ）	隊列などの最後尾。
06	（ なじ ）	詰る＝相手のミスなどを問いつめ責めたてること。
07	（ いとぐち ）	手がかり。また、物事の始まりのこと。
08	（ かこ ）	託つ＝不満を言う。他のもののせいにする。 他例 託《ことづ》かる
09	（ すだ ）	集く＝虫などがたくさん集まって鳴く。 他例 集《たか》る
10	（ほしいまま）	自分の思い通りに行動するさま。

でる度★★★

表外の読み②

前回（P.44）の復習！（全て常用漢字の表外の読み）

1 与る	2 設える	3 件の問題	4 予て	5 殿
6 詰る	7 緒	8 託つ	9 集く	10 縦に

次の傍線部分は常用漢字である。その表外の読みをひらがなで記せ。

□ **01** 親元を離れ、十年の歳月を閲する。（　　）

□ **02** 事故原因を具に報告する。（　　）

□ **03** 都会の喧騒を忘れて寛いだ。（　　）

□ **04** 親友の運に肖りたい。（　　）

□ **05** 奉納する薦被りを運ぶ。（　　）

□ **06** 転た悔恨の念に堪えない。（　　）

□ **07** 彼の一言で興が殺がれた。（　　）

□ **08** 父は休日に強か酒を飲む。（　　）

□ **09** 事件現場に人が屯している。（　　）

□ **10** 王に送る密書を認めた。（　　）

1 あずかる 2 しつらえる 3 くだんの問題 4 かねて 5 しんがり
6 なじる 7 いとぐち 8 かこつ 9 すだく 10 ほしいままに

解答	解説
01（ けみ ）	閲する＝年月を過ごす。
02（ つぶさ ）	具に＝詳しく。
03（ くつろ ）	寛ぐ＝身体を休めるなどしてのんびりした気分になる。 他例 寛《ひろ》い
04（ あやか ）	肖る＝良い状態にある相手の影響を受けて同じ状態になる。
05（ こもかぶ ）	薦被り＝薦で包んだ四斗入りの酒樽のこと。
06（ うた ）	転た＝ますます。いよいよ。
07（ そ ）	殺ぐ＝勢いなどを弱める。
08（ したた ）	強か＝量が甚だしく多いさま。
09（ たむろ ）	一か所に人が集まること。
10（ したた ）	認める＝書き記す。

でる度 ★★★

表外の読み ③

前回（P.46）の復習！（全て常用漢字の表外の読み）

1 閲する　2 具に　3 寛ぐ　4 肖る　5 薦被り
6 転た　7 殺ぐ　8 強か　9 屯　10 認める

次の傍線部分は常用漢字である。その表外の読みをひらがなで記せ。

□ **01** 漫ろに学生時代を懐かしむ。　（　　　）

□ **02** その程度の揺れには戦かない。　（　　　）

□ **03** 札束を前に邪な考えを抱いた。　（　　　）

□ **04** 収入が減り支出を約める。　（　　　）

□ **05** 息子は画才に長けている。　（　　　）

□ **06** 彼は徐に語り出した。　（　　　）

□ **07** ご温情を辱く存じます。　（　　　）

□ **08** 記念日に因んだ料理を作る。　（　　　）

□ **09** 提出作品は粗完成している。　（　　　）

□ **10** 二つの和歌を番える。　（　　　）

合格点	得点
8/10	/10

もっとも よくでる 最重要問題！

でる度 ★★★

1 けみする　2 つぶさに　3 くつろぐ　4 あやかる　5 こもかぶり
6 うたた　7 そぐ　8 したたか　9 たむろ　10 したためる

解答	解説
01 （ そぞ ）	漫ろに＝明確な理由もなく。 他例 漫《みだ》りに
02 （ おのの ）	戦く＝恐怖などのため、体や手足が震える。
03 （ よこしま ）	正しくないこと。道にはずれたこと。
04 （ つづ ）	約める＝節約する。 他例 約《つづま》やか
05 （ た ）	長ける＝ある方面の才能などがすぐれている。 他例 長《おさ》
06 （ おもむろ ）	徐に＝ゆっくりと落ち着いているさま。
07 （かたじけな）	辱い＝感謝の気持ちでいっぱいになる。
08 （ ちな ）	因む＝ある物事と関連をもつ。 他例 因《ちなみ》に
09 （ ほぼ ）	だいたい。
10 （ つが ）	番える＝二つ以上のものを組み合わす。

でる度 ★★★

表外の読み ④

前回（P.48）の復習！（全て常用漢字の表外の読み）

1 漫ろに　2 戦く　3 邪な　4 約める　5 長ける
6 徐に　7 辱い　8 因む　9 粗　10 番える

次の傍線部分は常用漢字である。その表外の読みをひらがなで記せ。

□ **01** 社長に労いの言葉をかけられた。（　　）

□ **02** 建てられて百年に垂とする。（　　）

□ **03** 皆が斉しく落胆した。（　　）

□ **04** 彼は善悪を弁えている。（　　）

□ **05** 持っていた某かの金を募金した。（　　）

□ **06** 予想は概ね当たっていた。（　　）

□ **07** 休日に町で適同僚に会った。（　　）

□ **08** コーチによく扱かれていた。（　　）

□ **09** 毎日神前に額ずく。（　　）

□ **10** 太子に見える機会をいただいた。（　　）

合格点 8/10　得点 /10

もっともよくでる最重要問題！

でる度 ★★★

1 そぞろに　2 おののく　3 よこしまな　4 つづめる　5 たける
6 おもむろに　7 かたじけない　8 ちなむ　9 ほぼ　10 つがえる

解答	解説
01（ねぎら）	労う＝苦労などに感謝する。
02（なんなん）	垂とする＝その状態になろうとする。
03（ひと）	斉しく＝いっせいに。 他例 斉《ととの》える
04（わきま）	弁える＝正しく判断し、物事に対処する。心得ている。
05（なにがし）	多くない金額などを漠然と表す。
06（おおむ）	概ね＝だいたい。
07（たまたま）	偶然。 他例 適《かな》う
08（しご）	扱く＝とても厳しく訓練する。
09（ぬか）	額ずく＝額が地に付くほど礼拝する。
10（まみ）	見える＝「会う」の謙譲語。

でる度 ★★★

熟語の読み ①

次の熟語の読み（音読み）と、その語義にふさわしい訓読みを（送りがなに注意して）ひらがなで記せ。

例 健勝……勝れる → けんしょう……すぐ

ア

□ **01** 畢生 （　　）

□ **02** 畢わる （　　）

イ

□ **03** 肇造 （　　）

□ **04** 肇める （　　）

ウ

□ **05** 鍾寵 （　　）

□ **06** 鍾める （　　）

エ

□ **07** 凋残 （　　）

□ **08** 凋む （　　）

オ

□ **09** 優渥 （　　）

□ **10** 渥い （　　）

合格点	得点
8/10	/10

もっとも
よくでる
最重要問題!

でる度 ★★★

	解答	解説
01	(ひっせい)	一生の間。
02	(お)	畢わる＝物事がおしまいになる。
03	(ちょうぞう)	初めてつくること。
04	(はじ)	肇める＝初めて行う。
05	(しょうちょう)	手厚く寵愛すること。 他例 鍾美《しょうび》……鍾める
06	(あつ)	鍾める＝多くの物などを一か所に寄せる。
07	(ちょうざん)	衰えてしまうこと。 他例 凋零《ちょうれい》・凋落《ちょうらく》……凋む
08	(しぼ)	凋む＝勢いがなくなり、小さくなる。
09	(ゆうあく)	心がこもっていて手厚いこと。 他例 渥恩《あくおん》……渥い・渥彩《あくさい》……渥《うるお》う
10	(あつ)	渥い＝心入れの程度が大きい。

でる度 ★★★

熟語の読み ②

次の熟語の読み（音読み）と、その語義にふさわしい訓読みを（送りがなに注意して）ひらがなで記せ。

例 健勝……勝れる → けんしょう……すぐ

ア

□ 01 蕃殖 （　　　）

□ 02 蕃る （　　　）

イ

□ 03 瀆職 （　　　）

□ 04 瀆す （　　　）

ウ

□ 05 捷報 （　　　）

□ 06 捷つ （　　　）

エ

□ 07 盈虚 （　　　）

□ 08 盈ちる （　　　）

オ

□ 09 允可 （　　　）

□ 10 允す （　　　）

合格点	得点
8/10	/10

もっとも
よくでる
最重要問題!

でる度 ★★★

	解答	解説
01	（はんしょく）	動物・植物が生まれ増えること。
02	（しげ）	蕃る＝植物の枝葉が多く出る。
03	（とくしょく）	(特に公務員が)職を瀆すこと。 他例 瀆聖《とくせい》……瀆す
04	（けが）	瀆す＝誇りなどを傷つける。
05	（しょうほう）	勝利の知らせのこと。 他例 大捷《たいしょう》……捷つ
06	（か）	捷つ＝相手を負かす。
07	（えいきょ）	月の満ち欠け。また、繁栄と衰退。
08	（み）	盈ちる＝あふれるほどいっぱいになる。
09	（いんか）	許すこと。許可。
10	（ゆる）	允す＝相手の希望などを認める。

でる度 ★★★

熟語の読み ③

次の熟語の読み（音読み）と、その語義にふさわしい訓読みを（送りがなに注意して）ひらがなで記せ。

例 健勝……勝れる → けんしょう……すぐ

ア
- □ 01 砥礪 （　　）
- □ 02 礪く （　　）

イ
- □ 03 檮昧 （　　）
- □ 04 昧い （　　）

ウ
- □ 05 烹煎 （　　）
- □ 06 烹る （　　）

エ
- □ 07 諫死 （　　）
- □ 08 諫める （　　）

オ
- □ 09 趨向 （　　）
- □ 10 趨く （　　）

合格点 8/10 | 得点 /10

もっとも
よくでる
最重要問題！

でる度 ★★★

解答	解説
01（ しれい ）	学問などを高める努力すること。研ぎ磨くこと。 他例 磨《ま》礪《れい》・礪行《れいこう》……礪く
02（ みが ）	礪く＝刃物を砥石でといでよく切れるようにする。
03（ とうまい ）	愚かなこと。 他例 幽昧《ゆうまい》・蒙昧《もうまい》……昧い
04（ くら ）	昧い＝愚かなさま。
05（ ほうせん ）	煮ることと焼くこと。料理すること。 他例 烹炊《ほうすい》……烹る
06（ に ）	烹る＝水などに入れ火にかけ熱を通す。
07（ かんし ）	死んだり死を覚悟したりすることで諫めること。 他例 苦《く》諫《かん》・諫《かん》止《し》……諫める
08（ いさ ）	諫める＝（主に目上の人に）欠点などを言い、改めるよう忠告する。
09（ すうこう ）	物事がある方向に進むこと。 他例 歩《ほ》趨《すう》……趨《はし》る
10（ おもむ ）	趨く＝ある方向に行く。

でる度 ★★★

熟語の読み 4

次の熟語の読み（音読み）と、その語義にふさわしい訓読みを（送りがなに注意して）ひらがなで記せ。

例 健勝……勝れる → けんしょう……すぐ

ア
- □ 01 曝書 （　　）
- □ 02 曝す （　　）

イ
- □ 03 靱性 （　　）
- □ 04 靱やか （　　）

ウ
- □ 05 蒐荷 （　　）
- □ 06 蒐める （　　）

エ
- □ 07 騒擾 （　　）
- □ 08 擾れる （　　）

オ
- □ 09 翫弄 （　　）
- □ 10 翫ぶ （　　）

合格点	得点
8/10	/10

もっともよくでる最重要問題！

でる度 ★★★

	解答	解説
01	（ ばくしょ ）	蔵書を広げ、風に当てること。書物の虫干し。
02	（ さら ）	曝す＝日光や風の当たるままにしておく。
03	（ じんせい ）	材質の粘り強さのこと。
04	（ しな ）	靭やか＝弾力があり柔らかいさま。
05	（ しゅうか ）	荷物を集めること。
06	（ あつ ）	蒐める＝多くの物などを一か所に寄せる。
07	（ そうじょう ）	集団で騒ぎ、社会の秩序を乱すこと。 他例 紛擾《ふんじょう》……擾れる
08	（ みだ ）	擾れる＝整っていたものがかき回され収拾がつかない。
09	（ がんろう ）	手に持っていじる。 他例 翫笑《がんしょう》……翫《あなど》る
10	（ もてあそ ）	翫ぶ＝手に持ち遊ぶ。

でる度 ★★★

共通の漢字 ①

ポイント

二つの短文中の空欄にあてはまる語を選択肢から選び、常用漢字に直して答える問題。

次の各組の二文の（　）には共通する漢字が入る。その読みを□から選び、常用漢字（一字）で記せ。

□ 01
一言が反対派の(　　)餌となる。
彼此は(　　)一対を成している。

□ 02
(　　)徒の顔写真が公開された。
米は去年に続き(　　)荒だった。

□ 03
(　　)心からお喜び申し上げます。
彼の苦(　　)を察する。

□ 04
俗事から超(　　)している。
幼少より穎(　　)していた。

□ 05
町にある事(　　)をたずねる。
墨(　　)から本物と鑑定された。

ぎ
きょう
こう
せい
せき
だつ
ちゅう
ま

片方にあてはまるからと即断すると誤答になる場合もあるので、二つの文をよく読みましょう。

解答 / **解説**

01 （ 好 ）

好餌《こうじ》＝批判や欲望などのえじきとなるもの。
他例 好学《こうがく》・好個《こうこ》

好一対《こういっつい》＝調和している組み合わせのこと。

02 （ 凶 ）

凶徒《きょうと》＝人を殺傷するなどの悪行を働く者のこと。
他例 凶変《きょうへん》・凶行《きょうこう》

凶荒《きょうこう》＝農作物の出来がきわめて悪いこと。

03 （ 衷 ）

衷心《ちゅうしん》＝心の底。
他例 衷情《ちゅうじょう》・微衷《びちゅう》

苦衷《くちゅう》＝苦しい心の中。

04 （ 脱 ）

超脱《ちょうだつ》＝俗世間から離れること。
他例 脱稿《だっこう》・脱兎《だっと》

穎脱《えいだつ》＝才能が他を凌駕してすぐれていること。

05 （ 跡 ）

事跡《じせき》＝事柄の行われたしるし。
他例 真跡《しんせき》・不行跡《ふぎょうせき》

墨跡《ぼくせき》＝墨で書いた文字。

でる度 ★★★

共通の漢字 ②

前回（P.60）の復習！（各問いは全て共通する常用漢字一字を含む）

1 こうじ - こういっつい　2 きょうと - きょうこう　3 ちゅうしん - くちゅう　4 ちょうだつ - えいだつ　5 じせき - ぼくせき

次の各組の二文の（　）には共通する漢字が入る。その読みを□から選び、常用漢字（一字）で記せ。

□ **01**
いくつかの(　　)累を断つ。
裁判所で(　　)属中の事件だ。

□ **02**
方法が迂(　　)過ぎる。
彼は私(　　)を図った。

□ **03**
彼の(　　)敵行為は重罰である。
医者として冥(　　)に尽きる。

□ **04**
射(　　)心を煽るうたい文句だ。
薄(　　)な女性の役を演じる。

□ **05**
被害者を(　　)謝する。
傷ついた人心を(　　)撫した。

い
きょく
ぐ
けい
こう
しん
ふ
り

1 好餌 - 好一対　2 凶徒 - 凶荒　3 衷心 - 苦衷 4 超脱 - 穎脱　5 事跡 - 墨跡

解答　解説

01 （ 係 ）

係累《けいるい》＝煩わしい物事。
他例 係争《けいそう》

係属《けいぞく》＝訴訟が特定の裁判所で審理中であること。

02 （ 曲 ）

迂曲《うきょく》＝回り遠いこと。

私曲《しきょく》＝不正に自分だけもうけること。
他例 委曲《いきょく》

03 （ 利 ）

利敵《りてき》＝敵の得になることをする。
他例 犀利《さいり》・利鞘《りざや》

冥利《みょうり》＝ある立場や境遇などによって受ける恩恵のこと。

04 （ 幸 ）

射幸《しゃこう》＝偶然の儲けや成功をあてにすること。
他例 幸便《こうびん》・欣幸《きんこう》

薄幸《はっこう》＝良い境遇にめぐまれないこと。

05 （ 慰 ）

慰謝《いしゃ》＝やさしくして、いたわる。

慰撫《いぶ》＝いたわり、心を安らかにすること。

でる度 ★★★

共通の漢字 3

前回(P.62)の復習！(各問いは全て共通する常用漢字一字を含む)

1 けいるい-けいぞく 2 うきょく-しきょく 3 りてき-みょうり
4 しゃこう-はっこう 5 いしゃ-いぶ

次の各組の二文の（　）には共通する漢字が入る。その読みを□から選び、常用漢字（一字）で記せ。

□ 01
親からの借金を(　　)済した。
悉(　　)調査に協力する。

□ 02
詳細は後(　　)にて送ります。
私は手紙を幸(　　)に託した。

□ 03
債鬼は(　　)業なやり方をする。
彼の(　　)循な態度に苛立つ。

□ 04
社員の(　　)意をくむ。
(　　)菜は常に二品以上作る。

□ 05
彼は憂(　　)に閉ざされている。
知らせを聞いて(　　)眉を開く。

いん
うつ
かい
しゅう
じゅう
そう
びん
へん

合格点	得点
4/5	/5

もっとも
よくでる
最重要問題!

でる度 ★★★

1 係累-係属　2 迂曲-私曲　3 利敵-冥利
4 射幸-薄幸　5 慰謝-慰撫

解答

解説

皆済《かいさい》＝借りたお金の返済を終えること。

01（ 皆 ）

悉皆《しっかい》＝残らず全て。

後便《こうびん》＝後に出す手紙のこと。

02（ 便 ）

幸便《こうびん》＝よいついで。

因業《いんごう》＝頑固で他人の気持ちを考えないこと。

03（ 因 ）

因循《いんじゅん》＝決断力に欠け、ぐずぐずしていること。

総意《そうい》＝全員の意見のこと。

04（ 総 ）

総菜《そうざい》＝普段のおかず。

憂愁《ゆうしゅう》＝悲しみなどで気分が沈むこと。

05（ 愁 ）

愁眉《しゅうび》を開く＝心配事がなくなり、ほっとする。

でる度 ★★★

共通の漢字 ④

前回(P.64)の復習！(各問いは全て共通する常用漢字一字を含む)

1 かいさい-しっかい　2 こうびん-こうびん　3 いんごう-いんじゅん　4 そうい-そうざい　5 ゆうしゅう-しゅうび

次の各組の二文の（　）には共通する漢字が入る。その読みを□から選び、常用漢字（一字）で記せ。

□ **01**
旅(　　)を解いて寛ぐ。
同窓会に盛(　　)して出かけた。

□ **02**
それは自然の(　　)理である。
包(　　)された概念を考えた。

□ **03**
改革反対派の急(　　)鋒に立つ。
(　　)鋭化した運動家を諭す。

□ **04**
彼は(　　)謙な態度で接する。
御情け(　　)悦至極に存じます。

□ **05**
(　　)学の士を集めた。
懇(　　)な手紙をいただいた。

きょう
こう
せつ
せん
そう
とう
どう
とく

合格点 **4**/5 | 得点 /5

もっともよくでる最重要問題!

でる度 ★★★

1 皆済 - 悉皆　2 後便 - 幸便　3 因業 - 因循
4 総意 - 総菜　5 憂愁 - 愁眉

解答　**解説**

01 (装)

旅装《りょそう》＝旅用の衣服のこと。

盛装《せいそう》＝華やかに着飾ること。

02 (摂)

摂理《せつり》＝自然界を支配している法則のこと。

包摂《ほうせつ》＝論理学で、ある概念がより一般的な概念に内包されていること。

03 (先)

急先鋒《きゅうせんぽう》＝一番前に立ち、勢いよく行動すること。

先鋭化《せんえいか》＝思想や行動が過激になること。

04 (恭)

恭謙《きょうけん》＝慎み深くして、へりくだること。

恭悦《きょうえつ》＝感謝を意味する時に使う言葉。

05 (篤)

篤学《とくがく》＝学問に一生懸命励むこと。

懇篤《こんとく》＝心がこもっており、丁寧なさま。

でる度 ★★★

書き取り 1

ポイント

問題文中のカタカナを漢字で書く問題と、２組の短文中にある同じ読みの異なる漢字を、それぞれ書いて答える問題。

次の傍線部分のカタカナを漢字で記せ。

□ **01** 興奮する客をナダめる。 (　　)

□ **02** 劇で海賊にフンソウした。 (　　)

□ **03** 糊をヘラで伸ばす。 (　　)

□ **04** 強風が林道の木をナぎ倒す。 (　　)

□ **05** レモンはカンキツ類である。 (　　)

□ **06** ホリュウの質の彼女を気遣う。 (　　)

□ **07** 会社の規模がケタチガいである。 (　　)

□ **08** 馬のハニワが展示してある。 (　　)

□ **09** 社内の情報がロウエイした。 (　　)

□ **10** 百人一首をロウエイする。 (　　)

試験では同音、同訓異字の問題が各１組（約４問）出題されます。問題の短文をしっかり読み、その文脈に合う漢字を書きましょう。

	解答	解説
01	（ 宥 ）	宥める＝怒りや不満で興奮している人を静める。
02	（ 扮装 ）	役柄に合わせて身なりなどを整えること。 他例 扮《ふん》する
03	（ 篦 ）	木や竹などを平らに削り、先端をとがらせた道具。 他例 竹篦《たけべら》
04	（ 薙 ）	薙ぎ倒す＝横に払い倒す。
05	（ 柑橘 ）	柑橘類＝ミカン科のミカン属など。
06	（ 蒲柳 ）	蒲柳の質＝体質が弱く、病気にかかりやすいこと。 他例 蒲鉾《かまぼこ》
07	（ 桁違 ）	桁違い＝規模などが他と比べものにならない。 他例 桁《けた》
08	（ 埴輪 ）	古墳の上部や周囲に立て並べた素焼きの土製品のこと。
09	（ 漏洩(泄) ）	秘密などがもれること。
10	（ 朗詠 ）	節をつけ、声高くうたうこと。

でる度 ★★★

書き取り ②

前回（P.68）の復習！（9・10は同音異字の2語）

1 ナダめる　2 フンソウ　3 ヘラ　4 ナぎ倒す　5 カンキツ
6 ホリュウ　7 ケタチガい　8 ハニワ　9-10 ロウエイ

次の傍線部分のカタカナを漢字で記せ。

□ **01** 今日は特に目がサえている。（　　）

□ **02** 妹の就職をアッセンする。（　　）

□ **03** 文意をハソクする。（　　）

□ **04** ヒンシの病人が入院している。（　　）

□ **05** 驚くほどのホラを吹く。（　　）

□ **06** 練習後、タンパク質を多く摂る。（　　）

□ **07** フトウの先で夕日を眺める。（　　）

□ **08** 路上に咲く花をマタいで通る。（　　）

□ **09** 庭に咲いたウの花を摘む。（　　）

□ **10** 宣伝文句をウ呑みにする。（　　）

合格点 8/10 得点 /10

もっとも
よくでる
最重要問題！

でる度 ★★★

1 宥める　2 扮装　3 篦　4 薙ぎ倒す　5 柑橘
6 蒲柳　7 桁違い　8 埴輪　9-10 漏洩(泄)-朗詠

解答	解説
01（　冴(冱)　）	冴える＝頭や体の調子がはっきりする。
02（　斡旋　）	両者がうまくいくように間を取り持つこと。
03（　把捉　）	意味などをしっかり理解すること。 他例 捕《ほ》捉《そく》
04（　瀕死　）	今にも命が果てそうなこと。 他例 瀕《ひん》する
05（　法螺　）	法螺を吹く＝物事を誇張して言う。でたらめを言う。 他例 螺《ら》旋《せん》
06（　蛋白　）	蛋白質＝重要な栄養素の一つ。
07（　埠頭　）	船を横付けし、船客の乗降や荷物の積みおろしをする区域のこと。
08（　跨　）	跨ぐ＝またを開いて物の上を越える。 他例 跨《こ》線《せん》橋《きょう》
09（　卯　）	卯の花＝ウツギの花。
10（　鵜　）	鵜呑み＝物事の内容を熟考せず受け入れること。

でる度 ★★★

書き取り③

前回（P.70）の復習！（9・10は同訓異字の2語）

1サえる　2アッセン　3ハソク　4ヒンシ　5ホラ
6タンパク　7フトウ　8マタぐ　9-10ウ

次の傍線部分のカタカナを漢字で記せ。

□ **01** あの山のフモトに温泉宿がある。（　　）

□ **02** 彼女は目に涙をタタえていた。（　　）

□ **03** 引退して庭をイジる趣味をもつ。（　　）

□ **04** 新しい希望のショコウが見えた。（　　）

□ **05** 若者が肩をスボめて歩いている。（　　）

□ **06** 壁がひどくススけている。（　　）

□ **07** 新興住宅建設のツチオトが響く。（　　）

□ **08** 彼のダキすべき行為を許せない。（　　）

□ **09** 祖父のイハイに手を合わせる。（　　）

□ **10** 上官の命にイハイする。（　　）

1 冴(冱)える　2 斡旋　3 把捉　4 瀕死　5 法螺
6 蛋白　7 埠頭　8 跨ぐ　9-10 卯-鵜

解答 / **解説**

01 (麓(梺))
山の下の部分のこと。
他例 山麓《さんろく》

02 (湛)
湛える＝液体などでいっぱいにする。

03 (弄)
弄る＝趣味などで手を加える。
他例 翻弄《ほんろう》

04 (曙光)
明るいきざし。
他例 曙《あけぼの》

05 (窄(歙))
窄める＝小さく縮める。

06 (煤)
煤ける＝すすがついて黒く汚れる。また、古くなって汚れた色になる。

07 (槌音)
建築などが行われている場合に使う言葉。
他例 鉄槌《てっつい》・相槌《あいづち》

08 (唾棄)
ひどく軽蔑し嫌うこと。

09 (位牌)
死者の戒名などを書いた木の札。

10 (違背)
命令などにそむくこと。

でる度 ★★★

書き取り④

前回（P.72）の復習！（9・10は同音異字の2語）

1フモト　2タタえる　3イジる　4ショコウ　5スボめる
6ススける　7ツチオト　8ダキ　9-10イハイ

次の傍線部分のカタカナを漢字で記せ。

□ 01　赤字をホテンする方法を考える。（　　）

□ 02　懸賞葉書をトウカンする。（　　）

□ 03　谷間にカスミがたなびく。（　　）

□ 04　煙が空にヨウエイしている。（　　）

□ 05　ダエン形のテーブルを買う。（　　）

□ 06　半額商品はすぐにサバけた。（　　）

□ 07　小魚のツクダニを作った。（　　）

□ 08　王者に軽くイッシュウされた。（　　）

□ 09　机をからブきする。（　　）

□ 10　瓦ブきの屋根に登る。（　　）

合格点 8/10　得点 /10

もっともよくでる最重要問題!

でる度 ★★★

1 麓(禁)　2 湛える　3 弄る　4 曙光　5 窄(歙)める
6 煤ける　7 槌音　8 唾棄　9-10 位牌 - 違背

解答		解説
01	(補塡)	不足や欠損部分を埋めること。 他例 充塡《じゅうてん》
02	(投函)	郵便物をポストに入れること。
03	(霞)	空気中の水滴などのため、遠くの景色がはっきりと見えない現象のこと。 他例 雲霞《うんか》
04	(揺曳)	ゆらゆらとただようこと。
05	(楕円)	二つの定点からの距離の和が一定な点の軌跡。
06	(捌)	捌く=売る。 他例 水捌《みずは》け
07	(佃煮)	小魚や海藻などを醤油やみりんなどで味付けし、熱を通した食べもの。
08	(一蹴)	相手を簡単に負かすこと。
09	(拭)	から拭き=乾いた布でふくこと。
10	(葺)	瓦葺き=瓦で屋根をおおうこと。

でる度 ★★★

書き取り⑤

前回（P.74）の復習！（9・10は同訓異字の２語）

1 ホテン　2 トウカン　3 カスミ　4 ヨウエイ　5 ダエン
6 サバく　7 ツクダニ　8 イッシュウ　9-10 フく

次の傍線部分のカタカナを漢字で記せ。

□ **01** 誕生日用のロウソクを買った。（　　）

□ **02** オオゲサなジェスチャーをする。（　　）

□ **03** ダイタイ部の張りを訴える。（　　）

□ **04** 彼に会うのがオックウだ。（　　）

□ **05** 飼い猫にフスマを破られた。（　　）

□ **06** リョウセンを辿っていく。（　　）

□ **07** ウレしい心持ちがする。（　　）

□ **08** 歴代のスターがセイゾロいした。（　　）

□ **09** 新しい哲学についてシイする。（　　）

□ **10** シイ的な解釈をして失敗する。（　　）

合格点	得点
8/10	/10

もっとも よくでる 最重要問題！

でる度 ★★★

1 補填　2 投函　3 霞　4 揺曳　5 楕円
6 捌く　7 佃煮　8 一蹴　9-10 拭く-葺く

	解答	解説
01	（　蠟燭　）	より糸のまわりをろうなどで円柱状に固めたもの。
02	（　大袈裟　）	物事を実際より誇張するさま。
03	（　大腿　）	足の付け根から膝までの部分のこと。
04	（　億劫　）	面倒で気が進まないさま。
05	（　襖　）	木の骨組みに紙などを張った、部屋を仕切るための建具。 他例 襖紙《ふすまがみ》
06	（　稜線　）	峰から峰へと続く線のこと。尾根。
07	（　嬉　）	嬉しい＝望ましい結果で喜ばしい。
08	（　勢揃　）	勢揃い＝一か所に多くの人が集まること。
09	（　思惟　）	よく考えること。
10	（　恣（肆）意　）	自分勝手な考えのこと。

でる度★★★

書き取り⑥

前回（P.76）の復習！（9・10は同音異字の2語）

1ロウソク　2オオゲサ　3ダイタイ　4オックウ　5フスマ
6リョウセン　7ウレしい　8セイゾロい　9-10シイ

次の傍線部分のカタカナを漢字で記せ。

□ 01 実家のアマドイを取り替える。（　　）

□ 02 ボートをコいで川を下る。（　　）

□ 03 名画のグウイを理解する。（　　）

□ 04 オウセイな好奇心を示した。（　　）

□ 05 イビツな形の茶碗だが趣がある。（　　）

□ 06 社会のボクタクたる使命をもつ。（　　）

□ 07 ガンの新しい治療薬を開発した。（　　）

□ 08 その話にはオヒレが付いている。（　　）

□ 09 瓢箪のツルを切った。（　　）

□ 10 祖父のツルの一声で決まった。（　　）

合格点	得点
8/10	/10

もっとも よくでる 最重要問題!

でる度 ★★★

1 蠟燭　2 大袈裟　3 大腿　4 億劫　5 襖
6 稜線　7 嬉しい　8 勢揃い　9-10 思惟 - 恣(肆)意

	解答	解説
01	(雨樋)	軒先から雨水を受けて地上に流す装置。
02	(漕)	漕ぐ＝櫂《かい》などを使い、舟を進める。 他例 漕艇《そうてい》
03	(寓意)	本当の内容を直接表さず、他の物に託して表すこと。 他例 寄寓《きぐう》
04	(旺盛)	活力があり、とても勢いのあるさま。
05	(歪)	形がゆがんでいること。 他例 歪《ゆが》む
06	(木鐸)	世の中の人を教え導く人のこと。
07	(癌)	悪性の腫瘍のこと。 他例 癌腫《がんしゅ》・喉頭癌《こうとうがん》・発癌《はつがん》
08	(尾鰭)	尾鰭が付く＝ある事ない事が付加されて、話が大袈裟になる。
09	(蔓)	何かに巻きついたりする植物の茎。 他例 弦《つる》
10	(鶴)	鶴の一声＝多くの人を従わせる権力者などの一言。

でる度 ★★★

書き取り ⑦

前回（P.78）の復習！（9・10は同訓異字の２語）

1アマドイ　2コぐ　3グウイ　4オウセイ　5イビツな
6ボクタク　7ガン　8オヒレ　9-10ツル

次の傍線部分のカタカナを漢字で記せ。

□ 01 旅行の土産をコンポウして送る。（　　）

□ 02 彼のサジ加減一つで事が決まる。（　　）

□ 03 採れたてのリンゴを食べた。（　　）

□ 04 コンペキの海に潜る。（　　）

□ 05 人生のハンリョを大切にする。（　　）

□ 06 場内はリッスイの余地もない。（　　）

□ 07 今年はウルウ年だ。（　　）

□ 08 彼はよくミケンにしわを寄せる。（　　）

□ 09 戦場でシシュウを感じた。（　　）

□ 10 日本伝統のシシュウを学ぶ。（　　）

合格点 8/10　得点 /10

もっとも よくでる 最重要問題!

でる度 ★★★

1 雨樋　2 漕ぐ　3 寓意　4 旺盛　5 歪な
6 木鐸　7 癌　8 尾鰭　9-10 蔓 - 鶴

解答	解説
01（ 梱包 ）	品をつつみ、ひもなどをかけて荷造りすること。
02（ 匙(匕) ）	匙加減＝物事を行う時の手加減のこと。
03（ 林檎 ）	バラ科の落葉高木にできる果実。
04（ 紺碧 ）	黒みのある深い青色。
05（ 伴侶 ）	配偶者。 他例 僧侶《そうりょ》
06（ 立錐 ）	立錐の余地もない＝人がぎっしり集まり、少しの隙間もない。 他例 円錐《えんすい》
07（ 閏 ）	閏年＝太陽暦で二月二十九日のある四年に一度の年。 他例 閏月《うるうづき》
08（ 眉間 ）	額の中央部分。 他例 白眉《はくび》
09（ 屍臭・死臭 ）	死体が発する嫌なにおいのこと。
10（ 刺繡 ）	様様な色の糸を用い、布地に模様などを縫うこと。

でる度★★★

書き取り⑧

前回（P.80）の復習！（9・10は同音異字の２語）

1 コンポウ　2 サジ　3 リンゴ　4 コンペキ　5 ハンリョ 6 リッスイ　7 ウルウ年　8 ミケン　9-10 シシュウ

次の傍線部分のカタカナを漢字で記せ。

□ **01** コウシジマの靴下を買う。　（　　）

□ **02** ネンザした患部を冷やす。　（　　）

□ **03** 安全神話はモロくも崩れ去った。　（　　）

□ **04** 山頂から見るとケシ粒のようだ。　（　　）

□ **05** アカネイロの空を見上げた。　（　　）

□ **06** 幕府のヒゴのもとに発展した。　（　　）

□ **07** 曽祖父とエイケツする。　（　　）

□ **08** 用語辞典のヘンサンに携わる。　（　　）

□ **09** イカにクシを刺して焼いた。　（　　）

□ **10** クシで髪をとかす姿が色っぽい。　（　　）

合格点 8/10 得点 /10

もっとも
よくでる
最重要問題!

でる度 ★★★ ★★ ★

1 梱包　2 匙(匕)　3 林檎　4 紺碧　5 伴侶
6 立錐　7 閏年　8 眉間　9-10 屍臭・死臭 - 刺繡

解答	解説
01 (格子縞)	線を縦横に組み合わせた模様のこと。 他例 縦縞《たてじま》
02 (捻挫)	手足などの関節に強い外力がかかり、靭帯や腱《けん》を損傷すること。 他例 捻出《ねんしゅつ》
03 (脆)	脆い＝こわれやすい。
04 (芥子)	芥子粒＝非常に小さいもののたとえ。
05 (茜色)	暗い赤い色。
06 (庇護)	かばって守ること。
07 (永訣)	死別すること。 他例 秘《ひ》訣《けつ》
08 (編纂)	様様な材料を集め、整理するなどして書物にまとめること。
09 (串)	魚や野菜などを刺すための先のとがった細長い棒。
10 (櫛(梳))	髪をすいたり、飾りにしたりする道具。

でる度 ★★★

書き取り⑨

前回（P.82）の復習！（9・10は同訓異字の2語）

1 コウシジマ　2 ネンザ　3 モロい　4 ケシ　5 アカネイロ
6 ヒゴ　7 エイケツ　8 ヘンサン　9-10 クシ

次の傍線部分のカタカナを漢字で記せ。

□ **01** 腕のシッシンを診てもらった。（　　）

□ **02** 苛政に対し民衆がホウキした。（　　）

□ **03** 彼の弁疏はフンパンものだった。（　　）

□ **04** 部下の無礼な態度をワびる。（　　）

□ **05** 無理な要求はキゼンと拒否する。（　　）

□ **06** 国際情勢がヒッパクしている。（　　）

□ **07** 時アタカも丑三つ時であった。（　　）

□ **08** 隠し味にショウユを少量入れる。（　　）

□ **09** 革命のホウガをみる。（　　）

□ **10** ホウガ金を募る。（　　）

合格点 8/10　得点 /10

もっとも
よくでる
最重要問題!

でる度 ★★★

1 格子縞　2 捻挫　3 脆い　4 芥子　5 茜色
6 庇護　7 永訣　8 編纂　9-10 串 - 櫛(梳)

解答	解説
01 (湿疹)	皮膚の炎症のこと。
02 (蜂起)	大勢が一斉に暴動などをおこすこと。 他例 蜂蜜《はちみつ》
03 (噴飯)	ふきだして笑ってしまうこと。
04 (詫(侘))	詫びる=自分の非を認め許しを求める。
05 (毅然)	意志が強く、物事に動じないさま。
06 (逼迫)	余裕のない状態になること。
07 (恰・宛)	恰も=ちょうどその時。 他例 恰幅《かっぷく》
08 (醤油)	小麦と大豆を原料とする調味料。
09 (萌芽)	物事のおこる兆しのこと。
10 (奉加)	神仏に金品を寄進すること。

でる度 ★★★

誤字訂正 ①

次の各文にまちがって使われている同じ読みの漢字が一字ある。左に誤字を、右に正しい漢字を記せ。

□ **01** 村に伝わる御伽噺を蒐集し梓行するため麓の老爺が営む宿に投留した。

誤（　　）⇒ 正（　　）

□ **02** 敵の攻撃により軍の船が顚覆し、海の藻屑となった人たちの命福を祈る。

誤（　　）⇒ 正（　　）

□ **03** かつての卿相も今は俗陣を避け山砦跡地にある茅舎に仮寓している。

誤（　　）⇒ 正（　　）

□ **04** 最近手透きの和紙が、ある伽羅細工の包装に使われ、需要が遞増している。

誤（　　）⇒ 正（　　）

□ **05** 石炭を燃料に媒煙を吐き回漕する大型の貨物船が埠頭に湊泊している。

誤（　　）⇒ 正（　　）

□ **06** 政府や企業、自治体の思惑が錯争し、ごみ焼却場の着工が断行された。

誤（　　）⇒ 正（　　）

□ **07** 娘の結婚後暫く続いた親子の葛董は雛孫の笑顔により終わりを告げた。

誤（　　）⇒ 正（　　）

□ **08** 地震の影響で廠舎の屋根の一部が薄落する事故があり、点検を実施した。

誤（　　）⇒ 正（　　）

合格点	得点
7/8	/8

もっとも
よくでる
最重要問題!

でる度 ★★★

解答　解説

	誤		正	解説
01	（投）	⇒	（逗）	逗留《とうりゅう》＝旅先などにある期間とどまること。
02	（命）	⇒	（冥）	冥福《めいふく》＝死後の幸福のこと。 他例 冥《みょう》利《り》、また「福」が出題されることもある。
03	（陣）	⇒	（塵）	俗塵《ぞくじん》＝世の中のわずらわしい事柄のこと。
04	（透）	⇒	（漉・抄）	手《て》漉《す》き＝手で紙をすくこと。
05	（媒）	⇒	（煤）	煤煙《ばいえん》＝すすとけむり。
06	（争）	⇒	（綜）	錯綜《さくそう》＝複雑に入り組むこと。
07	（董）	⇒	（藤）	葛藤《かっとう》＝争い合うこと。
08	（薄）	⇒	（剝）	剝落《はくらく》＝はがれ落ちること。 他例 剝《む》く

でる度 ★★★

誤字訂正 ②

次の各文にまちがって使われている同じ読みの漢字が一字ある。左に誤字を、右に正しい漢字を記せ。

□ **01** 苛政に憤慨する市井の予望を担い、彼は国家の構造改革に参画している。

誤（　　）⇒ 正（　　）

□ **02** 灌漑技術が伝播し洪水による被害の問題解決に初光が見え始めた。

誤（　　）⇒ 正（　　）

□ **03** 尊師を絞殺した凶徒の濡れ絹を着せられ警察に捕まったが黙秘している。

誤（　　）⇒ 正（　　）

□ **04** 喉頭癌の原因となった病竈の摘出手術に成功し母は安度して長大息した。

誤（　　）⇒ 正（　　）

□ **05** 彼の末の松山を描いた倭絵は近世の巨匠の作品と比しても損色がない。

誤（　　）⇒ 正（　　）

□ **06** 菩提樹の枝にいる絶滅危惧種の猛斤類を塙から遠眼鏡で観察する。

誤（　　）⇒ 正（　　）

□ **07** 主君が英覧に供したとされる稗史を集輯し、その袖珍本を出版する。

誤（　　）⇒ 正（　　）

□ **08** 晴天時にこの灯台の羅旋階段を上がると紺碧の海が遠方まで眺望できる。

誤（　　）⇒ 正（　　）

合格点	得点
7/8	/8

もっとも
よくでる
最重要問題！

でる度 ★★★

解答	誤		正	解説
01	（予）	⇒	（輿）	輿望《よぼう》＝世間の人の信頼や期待のこと。 他例 輿《こし》（輦）
02	（初）	⇒	（曙）	曙光《しょこう》＝明るいきざし。
03	（絹）	⇒	（衣）	濡《ぬ》れ衣《ぎぬ》を着せる＝無実の罪を負わせる。
04	（度）	⇒	（堵）	安堵《あんど》＝安心すること。
05	（損）	⇒	（遜）	遜色《そんしょく》＝他と比べて劣ること。
06	（斤）	⇒	（禽）	猛禽《もうきん》類＝タカ目とフクロウ目の鳥の総称。
07	（英）	⇒	（叡）	叡覧《えいらん》＝天子が御覧になること。
08	（羅）	⇒	（螺）	螺旋階段《らせんかいだん》＝巻き貝のようにぐるぐると巻いた形状の階段のこと。

でる度★★★

四字熟語（書き取り）1

ポイント

四字熟語を構成する上の2字、下の2字が5問ずつ空欄となり、そこにあてはまる語を選択肢から選んで漢字に直す問題。

次の四字熟語に入る適切な語を□から選び漢字二字で記せ。

□ 01（　　）奮迅

□ 02 虚心（　　）

□ 03（　　）猛進

□ 04 長汀（　　）

□ 05（　　）神助

□ 06（　　）雀躍

□ 07（　　）万里

□ 08（　　）転生

□ 09（　　）戴天

□ 10（　　）凝議

きゅうしゅ
きょくほ
きんき
しし
たんかい
ちょとつ
てんゆう
ふぐ
ほうてい
りんね

合格点	得点
8/10	/10

もっとも
よくでる
最重要問題！

でる度 ★★★

上の２字、下の２字がそれぞれ問われる頻出の四字熟語もあるので、問題部分以外も書けるようにしましょう。

解答	解説
01 （獅子《しし》）奮迅《ふんじん》	物凄い勢いで活動すること。 他例「奮迅」が出題されることもある。
02 虚心《きょしん》（坦懐《たんかい》）	心が晴れやかで素直なこと。
03 （猪突《ちょとつ》）猛進《もうしん》	目標に向かい、しゃにむに進むこと。
04 長汀《ちょうてい》（曲浦《きょくほ》）	長く続いている海岸線。 他例「長汀」が出題されることもある。
05 （天佑《てんゆう》・天祐《てんゆう》）神助《しんじょ》	天や神の助け。
06 （欣喜《きんき》）雀躍《じゃくやく》	非常によろこぶこと。 他例「雀躍」が出題されることもある。
07 （鵬程《ほうてい》）万里《ばんり》	とても遠い道のりのたとえ。
08 （輪廻《りんね》）転生《てんしょう》	人が生死をとどまることなく繰りかえすこと。
09 （不倶《ふぐ》）戴天《たいてん》	恨みや憎しみがとても深いこと。 他例「戴天」が出題されることもある。
10 （鳩首《きゅうしゅ》）凝議《ぎょうぎ》	額を集めて熱心に相談すること。

でる度 ★★★

四字熟語（書き取り）②

前回（P.90）の復習！　読んでみよう。

1 獅子奮迅　2 虚心坦懐　3 猪突猛進　4 長汀曲浦 5 天佑（天祐）神助　6 欣喜雀躍　7 鵬程万里　8 輪廻転生 9 不倶戴天　10 鳩首凝議

次の四字熟語に入る適切な語を□から選び
漢字二字で記せ。

□ 01（　　　）同時

□ 02（　　　）重来

□ 03（　　　）準縄

□ 04（　　　）蜜語

□ 05 前途（　　　）

□ 06（　　　）身命

□ 07（　　　）一律

□ 08（　　　）坑儒

□ 09（　　　）妖怪

□ 10 四面（　　　）

きく
けんど
こり
せんぺん
そか
そったく
てんげん
ふしゃく
ふんしょ
りょうえん

合格点	得点
8/10	/10

もっとも
よくでる
最重要問題！

でる度 ★★★ ★★ ★

1ししふんじん　2きょしんたんかい　3ちょとつもうしん　4ちょうていきょくほ
5てんゆうしんじょ　6きんきじゃくやく　7ほうていばんり　8りんねてんしょう
9ふぐたいてん　10きゅうしゅぎょうぎ

解答	解説
01 （啐啄《そったく》）同時《どうじ》	逃すことのできないよい機会。
02 （捲土《けんど》・巻土《けんど》）重来《ちょうらい》	一旦衰えた勢力が戻りまき返すこと。注意「けんどじゅうらい」とも読む。
03 （規矩《きく》）準縄《じゅんじょう》	物事の基準や手本となるもの。
04 （甜言《てんげん》）蜜語《みつご》	聞いていて甘く快い言葉。他例「蜜語」が出題されることもある。
05 前途《ぜんと》（遼遠《りょうえん》）	目的地までの道程がとても長いこと。
06 （不惜《ふしゃく》）身命《しんみょう》	自分の身や命をかえりみないこと。
07 （千篇《せんぺん》・千編《せんぺん》）一律《いちりつ》	似たような物が多くてつまらないこと。
08 （焚書《ふんしょ》）坑儒《こうじゅ》	思想や言論などを弾圧すること。他例「坑儒」が出題されることもある。
09 （狐狸《こり》）妖怪《ようかい》	人に悪さをする生き物や化け物のこと。他例「妖怪」が出題されることもある。
10 四面《しめん》（楚歌《そか》）	周囲が全て敵で孤立していること。

でる度 ★★★

四字熟語（書き取り）③

前回（P.92）の復習！　読んでみよう。

1 啐啄同時　2 捲土（巻土）重来　3 規矩準縄 4 甜言蜜語　5 前途遼遠　6 不惜身命　7 千篇（千編）一律 8 焚書坑儒　9 狐狸妖怪　10 四面楚歌

次の四字熟語に入る適切な語を□から選び
漢字二字で記せ。

□ 01 周章（　　）

□ 02（　　）附会

□ 03 鶏鳴（　　）

□ 04（　　）喪志

□ 05（　　）嘗胆

□ 06 長身（　　）

□ 07 鱗次（　　）

□ 08（　　）走牛

□ 09（　　）秀麗

□ 10（　　）断機

がしん
がんぶつ
くとう
けんきょう
しっぴ
そうく
びもく
ぶんぼう
もうぼ
ろうばい

合格点 8/10 得点 /10

もっとも
よくでる
最重要問題!

でる度 ★★★

1そったくどうじ 2けんどちょうらい(じゅうらい) 3きくじゅんじょう 4てんげんみつご 5ぜんとりょうえん 6ふしゃくしんみょう 7せんぺんいちりつ 8ふんしょこうじゅ 9こりようかい 10しめんそか

解答	解説
01 周章《しゅうしょう》（狼狽《ろうばい》）	おおいにあわてふためくこと。他例「周章」が出題されることもある。
02 （牽強《けんきょう》）附会《ふかい》	自分に都合よく理屈をこじつけること。注意「牽強付会(傅会)」とも書く。
03 鶏鳴《けいめい》（狗盗《くとう》）	くだらない技能しかもたない人のたとえ。注意「けいめいこうとう」とも読む。
04 （玩物《がんぶつ》）喪志《そうし》	不用なものに熱中し本業を蔑ろにすること。他例「喪志」が出題されることもある。
05 （臥薪《がしん》）嘗胆《しょうたん》	目的の達成のため苦労に耐えること。他例「嘗胆」が出題されることもある。
06 長身《ちょうしん》（痩軀《そうく》）	背が高くて、やせていること。
07 鱗次《りんじ》（櫛比《しっぴ》）	鱗やくしのようにびっしり並ぶこと。他例「鱗次」が出題されることもある。
08 （蚊虻《ぶんぼう》）走牛《そうぎゅう》	小さなものが大きなものを制すること。
09 （眉目《びもく》）秀麗《しゅうれい》	容貌がすぐれて美しいこと。他例「秀麗」が出題されることもある。
10 （孟母《もうぼ》）断機《だんき》	物事を途中でやめるな、という教え。

でる度 ★★★

四字熟語（書き取り）④

前回（P.94）の復習！　読んでみよう。

1 周章狼狽	2 牽強附会（付会・傅会）	3 鶏鳴狗盗
4 玩物喪志	5 臥薪嘗胆	6 長身痩躯
7 鱗次櫛比	8 蚊虻走牛	9 眉目秀麗
10 孟母断機		

次の四字熟語に入る適切な語を□から選び漢字二字で記せ。

□ 01 魚目（　　　）

□ 02 疾風（　　　）

□ 03（　　　）迎合

□ 04 筆耕（　　　）

□ 05 君子（　　　）

□ 06 街談（　　　）

□ 07 赤手（　　　）

□ 08 亡羊（　　　）

□ 09 抜山（　　　）

□ 10（　　　）一触

あふ
えんせき
がいしゅう
がいせい
くうけん
けんでん
こうせつ
どとう
ひょうへん
ほろう

合格点	得点
8/10	/10

もっともよくでる最重要問題!

でる度 ★★★

1 しゅうしょうろうばい　2 けんきょうふかい　3 けいめいくとう(こうとう)
4 がんぶつそうし　5 がしんしょうたん　6 ちょうしんそうく　7 りんじしっぴ
8 ぶんぼうそうぎゅう　9 びもくしゅうれい　10 もうぼだんき

解答	解説
01 魚目《ぎょもく》（燕石《えんせき》）	本物とよく似ている偽物のこと。
02 疾風《しっぷう》（怒濤《どとう》）	時代のうつりかわりが激しいことのたとえ。
03 （阿附《あふ》・阿付《あふ》）迎合《げいごう》	人に気に入られようとこびること。
04 筆耕《ひっこう》（硯田《けんでん》）	文筆を生業とすること。
05 君子《くんし》（豹変《ひょうへん》）	今までの態度や考えを急にかえること。
06 街談《がいだん》（巷説《こうせつ》）	世間のいいかげんな噂。
07 赤手《せきしゅ》（空拳《くうけん》）	助けを借りず自力で物事を行うこと。
08 亡羊《ぼうよう》（補牢《ほろう》）	失敗した後で改めることのたとえ。
09 抜山《ばつざん》（蓋世《がいせい》）	威勢が強いこと。勇壮盛んなこと。
10 （鎧袖《がいしゅう》）一触《いっしょく》	相手を簡単に負かしてしまうこと。

でる度★★★

四字熟語（意味と読み）1

次の解説・意味にあてはまる四字熟語を□から選び、その傍線部分だけの読みをひらがなで記せ。

□ **01** 過ちを巧みにとりつくろうこと。

□ **02** 行動や運命をともにすること。

□ **03** この世に存在しないもののたとえ。

□ **04** 華やかな美人のたとえ。

□ **05** 外見は立派でも中身が伴わないこと。

□ **06** 小者が集まり、あれこれ騒ぐこと。

□ **07** 貴重なもの、重い地位、名望のたとえ。

□ **08** きわめて短い時間のたとえ。

一蓮托生
九鼎大呂
邑犬群吠
羊頭狗肉
紫電一閃
沈魚落雁
落筆点蠅
兎角亀毛

解答 | 解説

01 (てんよう)
落筆点蠅《らくひつてんよう》

02 (いちれん)
一蓮托生《いちれんたくしょう》(託生《たくしょう》)
他例「托生」が出題されることもある。

03 (きもう)
兎角亀毛《とかくきもう》
他例「兎角」が出題されることもある。

04 (らくがん)
沈魚落雁《ちんぎょらくがん》

05 (くにく)
羊頭狗肉《ようとうくにく》

06 (ゆうけん)
邑犬群吠《ゆうけんぐんばい》

07 (きゅうてい)
九鼎大呂《きゅうていたいりょ》

08 (いっせん)
紫電一閃《しでんいっせん》

でる度
★★★

四字熟語（意味と読み）2

次の解説・意味にあてはまる四字熟語を□から選び、その傍線部分だけの読みをひらがなで記せ。

□ **01** 人や物が群がって入り乱れるさま。

□ **02** 空が晴れわたること。

□ **03** むだにむなしい望みを抱くこと。

□ **04** 長所のない平凡なさまのたとえ。

□ **05** 聞いていて甘く快い言葉。

□ **06** 猛烈に勉学に励むこと。

□ **07** うるさいだけの無用の言論。

□ **08** 巡りあうことがきわめて難しいこと。

春蛙秋蟬
碧落一洗
盲亀浮木
磨穿鉄硯
甜言蜜語
稲麻竹葦
臨淵羨魚
浮花浪蕊

合格点 7/8 | 得点 /8

もっともよくでる最重要問題！

でる度 ★★★

解答

01（ ちくい ）

02（ へきらく ）

03（ せんぎょ ）

04（ ろうずい ）

05（ てんげん ）

06（ ません ）

07（ しゅんあ ）

08（ もうき ）

解説

稲麻竹葦《とうまちくい》

碧落一洗《へきらくいっせん》

臨淵羨魚《りんえんせんぎょ》

浮花浪蕊《ふかろうずい》

甜言蜜語《てんげんみつご》

磨穿鉄硯《ませんてっけん》

春蛙秋蟬《しゅんあしゅうぜん》

盲亀浮木《もうきふぼく》

でる度 ★★★

四字熟語（意味と読み）3

次の解説・意味にあてはまる四字熟語を□から選び、その傍線部分だけの読みをひらがなで記せ。

□ 01 到達できる頂点のこと。

□ 02 ぜいたくな暮らしをすること。

□ 03 友人を思う情が切実なこと。

□ 04 似た文字を書き誤ること。

□ 05 苦労して懸命に勉学に励むこと。

□ 06 物事の基準や手本となるもの。

□ 07 清貧に安んじることのたとえ。

□ 08 殺風景、風流のないことのたとえ。

- 魯魚章草
- 鉤縄規矩
- 象箸玉杯
- 箪食瓢飲
- 屋梁落月
- 焚琴煮鶴
- 円木警枕
- 百尺竿頭

合格点	得点
7/8	/8

もっとも
よくでる
最重要問題！

でる度 ★★★

解答	解説
01（ かんとう ）	百尺竿頭《ひゃくせき(ひゃくしゃく)かんとう》
02（ ぞうちょ ）	象箸玉杯《ぞうちょぎょくはい》
03（おくりょう）	屋梁落月《おくりょうらくげつ》
04（ ろぎょ ）	魯魚章草《ろぎょしょうそう》
05（ けいちん ）	円木警枕《えんぼくけいちん》
06（こうじょう）	鉤縄規矩《こうじょうきく》
07（ たんし ）	簞食瓢飲《たんしひょういん》
08（ ふんきん ）	焚琴煮鶴《ふんきんしゃかく》

でる度★★★

四字熟語（意味と読み）④

次の解説・意味にあてはまる四字熟語を□から選び、その傍線部分だけの読みをひらがなで記せ。

□ **01** どこにでもいる凡人のたとえ。

□ **02** 日、月のこと。

□ **03** 故国の滅亡を嘆く。

□ **04** 無駄な苦労をするたとえ。

□ **05** 永遠に続く誓いのこと。

□ **06** 万物が本性に従い自由に楽しみを得ることのたとえ。

□ **07** 気楽な老後生活を送ること。

□ **08** 地位などに大きな差があること。

凋氷画脂
含飴弄孫
鳶飛魚躍
麦秀黍離
河山帯礪
張三李四
雲竜井蛙
金烏玉兎

合格点	得点
7/8	/8

もっとも
よくでる
最重要問題!

でる度 ★★★

解答

01 (りし)

02 (ぎょくと)

03 (しょり)

04 (ちょうひょう)

05 (たいれい)

06 (えんぴ)

07 (がんい)

08 (せいあ)

解説

張《ちょう》三《さん》李《り》四《し》

金《きん》烏《う》玉《ぎょく》兎《と》

他例 **「金烏」が出題されることもある。**

麦《ばく》秀《しゅう》黍《しょ》離《り》

凋氷《ちょうひょう》(凋冰《ちょうひょう》)画《が》脂《し(かくし)》

河《か》山《ざん》帯《たい》礪《れい》(帯《たい》厲《れい》)

鳶《えん》飛《ぴ》魚《ぎょ》躍《やく》

含《がん》飴《い》弄《ろう》孫《そん》

雲竜《うんりょう(うんりゅう)》井蛙《せいあ》

でる度 ★★★

対義語・類義語 1

右の□の中の語を一度だけ使って漢字に直し、
対義語・類義語を記せ。

対義語

□ 01 熟視 ―（　　）

□ 02 中枢 ―（　　）

□ 03 捷径 ―（　　）

□ 04 秩序 ―（　　）

□ 05 出家 ―（　　）

類義語

□ 06 碇泊 ―（　　）

□ 07 要諦 ―（　　）

□ 08 遭遇 ―（　　）

□ 09 虚実 ―（　　）

□ 10 大略 ―（　　）

うろ
げんぞく
こうがい
こんとん
しんがん
とうびょう
ひけつ
べっけん
ほうちゃく
まっしょう

合格点	得点
8/10	/10

もっともよくでる最重要問題！

でる度 ★★★

解答

01（ 瞥見《べっけん》 ）

解説

熟視《じゅくし》＝じっとみること。
瞥見＝ちらっとみること。
他例 熟視――一瞥《いちべつ》、凝視《ぎょうし》―瞥見

02（ 末梢《まっしょう》 ）

中枢《ちゅうすう》＝物事の中心のこと。
末梢＝端のこと。取るに足りないこと。
他例 基幹《きかん》―末梢

03（ 迂路《うろ》 ）

捷径《しょうけい》＝近道のこと。
迂路＝遠回りの道のこと。

04（ 混《こん》(渾)沌《とん》 ）

秩序《ちつじょ》＝物事の正しい順序のこと。
混沌＝入りまじって区別できないさま。

05（ 還俗《げんぞく》 ）

出家《しゅっけ》＝仏門に入ること。
還俗＝出家した者が一般人に戻ること。
他例 遁世《とんせい》・得度《とくど》―還俗

06（ 投錨《とうびょう》 ）

碇泊《ていはく》＝船がいかりを下ろしとまること。
投錨＝船のいかりを下ろすこと。

07（ 秘訣《ひけつ》 ）

要諦《ようてい》＝物事の最も大事なところ。
秘訣＝人に知られていない効果的な方法。
他例 極意《ごくい》―秘訣

08（逢着《ほうちゃく》・逢著《ほうちゃく》）

遭遇《そうぐう》＝予期せず出会うこと。
逢着＝出会うこと。

09（ 真贋《しんがん》 ）

虚実《きょじつ》＝嘘と本当。
真贋＝本物と偽物。

10（ 梗概《こうがい》 ）

大略《たいりゃく》＝だいたいの内容。
梗概＝あらすじ。
他例 粗筋《あらすじ》―梗概

でる度 ★★★

対義語・類義語 ②

右の□の中の語を一度だけ使って漢字に直し、
対義語・類義語を記せ。

対義語

□ 01 強靱 ―（　　　）

□ 02 明朗 ―（　　　）

□ 03 起工 ―（　　　）

□ 04 不毛 ―（　　　）

□ 05 険阻 ―（　　　）

類義語

□ 06 経緯 ―（　　　）

□ 07 結局 ―（　　　）

□ 08 朝暮 ―（　　　）

□ 09 滞在 ―（　　　）

□ 10 空前 ―（　　　）

あんうつ
しゅんせい
しょせん
ぜいじゃく
たんせき
てんまつ
とうりゅう
ひよく
へいたん
みぞう

合格点 8/10　得点 /10

もっとも よくでる 最重要問題！

でる度 ★★★

	解答	解説
01	（ 脆弱《ぜいじゃく》 ）	強靱《きょうじん》＝ねばりがあり、強いこと。 脆弱＝もろくよわいこと。 他例 堅牢《けんろう》・頑丈《がんじょう》—脆弱
02	（ 暗鬱《あんうつ》 ）	明朗《めいろう》＝明るくほがらかなさま。 暗鬱＝くらくなりふさぎこんでいること。
03	（ 竣成《しゅんせい》 ）	起工《きこう》＝工事を開始すること。 竣成＝大規模な建造物などができること。
04	（ 肥沃《ひよく》 ）	不毛《ふもう》＝土地がやせて作物が育たないこと。 肥沃＝土地が豊かで農作物がよく育つこと。
05	（ 平坦《へいたん》 ）	険阻《けんそ》＝地勢がけわしいさま。 平坦＝土地などに凹凸がないこと。
06	（ 顛末《てんまつ》 ）	経緯《けいい・いきさつ》＝物事がそこに至った事情。 顛末＝物事の初めから終わりまでの事情。
07	（ 所詮《しょせん》 ）	結局《けっきょく》＝最後に落ち着くところ。 所詮＝最後にいきつくところ。
08	（ 旦夕《たんせき》 ）	朝暮《ちょうぼ》＝朝と暮れのこと。 旦夕＝朝と晩のこと。
09	（ 逗留《とうりゅう》 ）	滞在《たいざい》＝旅先などにある期間とどまること。 逗留＝旅先などにある期間とどまること。
10	（ 未曽有《みぞう》 ）	空前《くうぜん》＝今までに例のないこと。 未曽有＝今まで一度も起きていないこと。 他例 破天荒《はてんこう》—未曽有

でる度 ★★★

対義語・類義語 ③

右の□の中の語を一度だけ使って漢字に直し、
対義語・類義語を記せ。

対義語

□ 01 懸絶 ―（　　　）

□ 02 諫言 ―（　　　）

□ 03 公平 ―（　　　）

□ 04 憂慮 ―（　　　）

□ 05 枯渇 ―（　　　）

類義語

□ 06 誘発 ―（　　　）

□ 07 退屈 ―（　　　）

□ 08 奇怪 ―（　　　）

□ 09 消長 ―（　　　）

□ 10 妙趣 ―（　　　）

あんど
けんたい
じゃっき
だいごみ
ついしょう
はくちゅう
ふちん
へんぱ
めんよう
ゆうしゅつ

合格点	得点
8/10	/10

もっとも
よくでる
最重要問題!

でる度 ★★★

解答

01（伯仲《はくちゅう》）

02（追従《ついしょう》）

03（偏頗《へんぱ》）

04（安堵《あんど》・案堵《あんど》）

05（湧出《ゆうしゅつ》・涌出《ゆうしゅつ》）

06（惹起《じゃっき》）

07（倦怠《けんたい》）

08（面妖《めんよう》）

09（浮沈《ふちん》）

10（醍醐味《だいごみ》）

解説

01
懸絶《けんぜつ》＝甚だしく差があること。
伯仲＝差がなく優劣がつかないこと。

02
諫言《かんげん》＝目上の人などを諫めること。
追従＝人の気に入るような言動をとること。

03
公平《こうへい》＝かたよりがなく平等なこと。
偏頗＝かたよりがあり公平ではないこと。

04
憂慮《ゆうりょ》＝よくないことになるのではないかと心配すること。
安堵＝心が落ち着くこと。

05
枯渇《こかつ》＝水がかれること。
湧出＝地中からわきでること。
他例 枯渇―充溢《じゅういつ》・潤沢《じゅんたく》

06
誘発《ゆうはつ》＝あることが原因で問題などをひきおこすこと。
惹起＝事件や問題などをひきおこすこと。

07
退屈《たいくつ》＝飽きがきて嫌になること。
倦怠＝飽きがきて嫌になること。

08
奇怪《きかい》＝不思議なこと。あやしいこと。
面妖＝不思議なこと。あやしいこと。
他例 胡乱《うろん》―面妖

09
消長《しょうちょう》＝物事の勢いが衰えることと盛んになること。
浮沈＝ういたりしずんだりすること。

10
妙趣《みょうしゅ》＝すぐれた趣のこと。
醍醐味＝物事の本当の面白さのこと。

でる度 ★★★

対義語・類義語 ④

右の□の中の語を一度だけ使って漢字に直し、
対義語・類義語を記せ。

対義語

- □ 01 会心 ―（　　）
- □ 02 旧套 ―（　　）
- □ 03 浅瀬 ―（　　）
- □ 04 進取 ―（　　）
- □ 05 侮蔑 ―（　　）

類義語

- □ 06 永眠 ―（　　）
- □ 07 不世出 ―（　　）
- □ 08 根城 ―（　　）
- □ 09 糊塗 ―（　　）
- □ 10 腹心 ―（　　）

いけい
けう
ここう
ざんしん
しんえん
そうくつ
たいえい
ちょうせい
つうこん
びほう

合格点 8/10 得点 /10

もっともよくでる最重要問題!

でる度 ★★★

解答 / 解説

01（ 痛恨《つうこん》 ）

会心《かいしん》＝期待通りで満足すること。
痛恨＝とても残念に思うこと。

02（ 斬新《ざんしん》 ）

旧套《きゅうとう》＝昔からの古い形式や慣習のこと。
斬新＝発想などが一際あたらしいさま。
他例 陳腐《ちんぷ》―斬新

03（ 深淵《しんえん》 ）

浅瀬《あさせ》＝川や海などの浅い場所。
深淵＝ふかいふち。

04（ 退嬰《たいえい》 ）

進取《しんしゅ》＝進んで物事に取り組むこと。
退嬰＝あたらしいことに取り組む意欲に欠けること。

05（ 畏敬《いけい》 ）

侮蔑《ぶべつ》＝さげすむこと。
畏敬＝おそれうやまうこと。

06（ 長逝《ちょうせい》 ）

永眠《えいみん》＝死ぬこと。
長逝＝死ぬこと。

07（稀有《けう》・希有《けう》）

不世出《ふせいしゅつ》＝めったに出現しないほどすぐれていること。
稀有＝めったにないこと。

08（ 巣窟《そうくつ》 ）

根城《ねじろ》＝本拠とする城のこと。
巣窟＝（主に悪者が）住んでいる場所。

09（ 弥縫《びほう》 ）

糊塗《こと》＝一時しのぎのごまかし。
弥縫＝失敗などを一時的にとりつくろうこと。

10（ 股肱《ここう》 ）

腹心《ふくしん》＝心から信頼している人。
股肱＝手足となる、最も頼りとする部下。

でる度 ★★★

故事・諺 1

次の故事・成語・諺のカタカナの部分を漢字で記せ。

□ **01** センダンは双葉より芳し。 (　　)

□ **02** 天網カイカイ疎にして漏らさず。 (　　)

□ **03** コウヤの白袴。 (　　)

□ **04** エンオウの契り。 (　　)

□ **05** カデンに履を納れず。 (　　)

□ **06** 豆腐にかすがい、糠にクギ。 (　　)

□ **07** 洛陽のシカを高める。 (　　)

□ **08** 命長ければホウライに会う。 (　　)

□ **09** シャカに宗旨なし。 (　　)

□ **10** コウゼンの気を養う。 (　　)

合格点 **8**/10　得点 /10

もっとも よくでる 最重要問題！

でる度 ★★★

解答	解説
01（ 栴檀 ）	大成する人は幼少の頃からすぐれている。
02（ 恢恢・恢々 ）	悪事を犯した者には、必ず天罰が下るということ。
03（ 紺屋 ）	他人のことで忙しく、自分のことは疎かになることのたとえ。 他例「白袴《しろばかま》」が出題されることもある。
04（ 鴛鴦 ）	夫婦仲がきわめてよいことのたとえ。
05（ 瓜田 ）	人から疑われるような紛らわしい行為は避けるのがよいという意。
06（ 釘 ）	手応えや効果がまったくないことのたとえ。 他例「糠《ぬか》（粳）」が出題されることもある。
07（ 紙価 ）	著書が好評で、飛ぶように売れること。
08（ 蓬莱 ）	長生きをすれば、意外な幸運に巡り合うことがある。
09（ 釈迦 ）	仏教はみなシャカの教えなので、宗派の争いが無意味なことにいう。
10（ 浩然 ）	たくましく、物事にとらわれないのびのびとした気を培う。

でる度 ★★★

故事・諺 ②

次の故事・成語・諺のカタカナの部分を漢字で記せ。

□ 01 ヒョウタン相容れず。（　　）

□ 02 ソウコウの妻は堂より下さず。（　　）

□ 03 身から出たサビ。（　　）

□ 04 昔とったキネヅカ。（　　）

□ 05 テップの急。（　　）

□ 06 一斑を見てゼンピョウをトす。（　　）

□ 07 イソギワで舟を破る。（　　）

□ 08 トタンの苦しみ。（　　）

□ 09 枯れ木も山のニギわい。（　　）

□ 10 瓢箪からコマが出る。（　　）

合格点 8/10 得点 /10

もっとも
よくでる
最重要問題!

でる度 ★★★

解答	解説
01（ 氷炭 ）	性質が反対で、互いに調和せず、一致しないことのたとえ。
02（ 糟糠 ）	貧しい時から連れ添ってきた妻を、出世しても見捨てない。
03（ 錆(銹) ）	自分が犯した悪行の報いとして、自分自身が苦しむこと。
04（ 杵柄 ）	かつて鍛えた腕前や技。
05（ 轍鮒 ）	差し迫った危機のたとえ。
06（ 全豹 ）	物事の一部を見て、一切を推し量る。
07（ 磯際 ）	物事が達成する寸前で失敗してしまうことのたとえ。
08（ 塗炭 ）	泥水に溺れ、火に焼かれるような、きわめて激しい苦しみ。
09（ 賑(殷) ）	つまらないものでも、ないよりはあるほうがましだ。
10（ 駒 ）	意外なことが実際に起こることのたとえ。

でる度 ★★★

故事・諺 ③

次の故事・成語・諺のカタカナの部分を漢字で記せ。

□ 01 ウケに入る。（　　）

□ 02 渇してもトウセンの水を飲まず。（　　）

□ 03 人間万事サイオウが馬。（　　）

□ 04 チョッカンは一番槍より難し。（　　）

□ 05 カンリを貴んで頭足を忘る。（　　）

□ 06 オウム能く言えども飛鳥を離れず。（　　）

□ 07 コチョウの夢の百年目。（　　）

□ 08 蜘蛛網張ってホウオウを待つ。（　　）

□ 09 ジュウバを殺して狐狸を求む。（　　）

□ 10 天地は万物のゲキリョ、光陰は百代の過客。（　　）

合格点	得点
8/10	/10

もっともよくでる最重要問題!

でる度 ★★★

	解答	解説
01	(有卦)	運が向いてきて、する事なす事うまくいく。
02	(盗泉)	どんなに困っていても、不正には手を出さないことのたとえ。
03	(塞翁)	人生の吉凶禍福は予測し難いということ。
04	(直諫)	目上の地位を恐れずいさめることの難しさをたとえていう言葉。
05	(冠履)	根本を軽視し、枝葉末節を重視することのたとえ。
06	(鸚鵡)	口先ばかり達者で、行動が伴わないなら鳥獣と同じだということ。
07	(胡(蝴)蝶)	人生を振り返ってみて、夢であったかのようだと驚くこと。
08	(鳳凰)	弱小な者が自分の力を顧みず、強大な者に立ち向かうこと。
09	(戎馬)	小さな利益を得るために、大きな犠牲を払うことのたとえ。
10	(逆旅)	この世は全て、はかないものだということ。

でる度★★★ 故事・諺 ④

次の故事・成語・諺のカタカナの部分を漢字で記せ。

□ **01** リッスイの余地も無い。 (　　)

□ **02** タカジョウの子は鳩を馴らす。 (　　)

□ **03** 戦を見て矢をハぐ。 (　　)

□ **04** 歳寒くしてショウハクの凋むに後るるを知る。 (　　)

□ **05** 武士は食わねど高ヨウジ。 (　　)

□ **06** 自家ヤクロウ中の物。 (　　)

□ **07** 朝菌はカイサクを知らず。 (　　)

□ **08** セイアは以て海を語る可からず。 (　　)

□ **09** 百尺カントウに一歩を進む。 (　　)

□ **10** ガイコツを乞う。 (　　)

合格点 8/10 | 得点 /10

もっともよくでる最重要問題!

でる度 ★★★

解答	解説
01 (立錐)	人や物が密集しているさま。
02 (鷹匠)	子どもは親の仕事を見て、似たようなことをするものだ。
03 (矧)	事が起こってから、慌てて準備することのたとえ。
04 (松柏)	人の真価は、困難に直面し初めて知られるということ。
05 (楊枝・楊子)	武士が清貧に甘んじ気位を高くもつことにいう。
06 (薬籠)	いつでも自分の思い通りに扱える物や人のたとえ。
07 (晦朔)	短命で、はかないことのたとえ。
08 (井蛙)	見聞の狭い者には、物事を大局的に語ることはできない。
09 (竿頭)	工夫を尽くした上にさらに工夫を加えて、向上をはかる。
10 (骸骨)	辞職を願い出る。

でる度
★★★

故事・諺 5

次の故事・成語・諺のカタカナの部分を漢字で記せ。

□ 01 キョウボクは風に折らる。 (　　)

□ 02 サギを烏と言いくるめる。 (　　)

□ 03 コウジ魔多し。 (　　)

□ 04 チョウモンの一針。 (　　)

□ 05 文章は経国の大業にして不朽のセイジなり。 (　　)

□ 06 中流に舟を失えばイッピョウも千金。 (　　)

□ 07 アメと鞭。 (　　)

□ 08 ソバの花見て蜜をとれ。 (　　)

□ 09 ヒンセンも移す能わず。 (　　)

□ 10 リカに冠を正さず。 (　　)

解答	解説
01 (喬木)	地位の高い者やとび抜けてすぐれた者は風当たりが強く、災厄を受けやすいというたとえ。
02 (鷺)	理を非だと、また非を理だと言いくるめる。
03 (好事)	うまくいきそうなことには、邪魔が入りやすい。
04 (頂門)	急所を突いた痛切な戒め。
05 (盛事)	すぐれた文章を作ることは治国に匹敵する大事業で、不朽の偉業である。 他例 「経国《けいこく》」が出題されることもある。
06 (一瓢)	時と場合によっては、つまらない物も価値を生じるというたとえ。
07 (飴)	譲歩する一方で、厳しく押さえつける指導の方法。
08 (蕎麦)	ちょうどよい機会を見計らって、事を行え。
09 (貧賤)	意志が強く立派な人は、困窮にあっても節操を守る。
10 (李下)	人から疑われるような紛らわしい行為は避けるのがよいという意。

でる度 ★★★

文章題 1

文章中の傍線のカタカナを漢字に直し、波線の漢字の読みをひらがなで記せ。

□ **01** 普通選挙が始めてヨウヤく公人の問題に上がったが、あれまでに仕上げる為に、中村君が奔走尽力の功労は尋常では無い。
（木下尚江「鉄窓の歌」より）（　　　　）

□ **02** 左は山つづきのガケに赤松が斜めに岩の間から庭の上へさし出して居る。
（夏目漱石「草枕」より）（　　　　）

□ **03** 身体の調子は頗る良いのだが、肉体労働が少し過ぎるらしい。
（中島敦「光と風と夢」より）（　　　　）

□ **04** 治者忠信にして寛なるが故に、民その営を忽せにしないからである。
（中島敦「弟子」より）（　　　　）

□ **05** この二三週間、流言が頻りに飛んでいる。
（中島敦「光と風と夢」より）（　　　　）

□ **06** かかりしかば余は心より其の人と為りに服せざるを得ざりき。斯くして二人の交は成れり。
（山路愛山「北村透谷君」より）（　　　　）

合格点	得点
5/6	/6

でる度 ★★★

もっともよくでる最重要問題!

解答	解説
01（ 漸 ）	漸く＝長い時間を費やして。また、苦労して実現したさま。 他例 漸次《ぜんじ》 ※読みで出題されることもある。
02（ 崖 ）	山などの切り立った場所のこと。 他例 断崖《だんがい》
03（ すこぶ ）	頗る＝程度が甚だしいさま。
04（ ゆるが ）	忽せ＝物事をおろそかにするさま。 他例 忽然《こつぜん》・忽《たちま》ち・軽忽《けいこつ》
05（ しき ）	頻り＝何度も同じことが引き続き起こるさま。
06（ か ）	斯く＝このように。 他例 斯学《しがく》・斯《これ》・斯民《しみん》

でる度★★★

文章題②

文章中の傍線のカタカナを漢字に直し、波線の漢字の読みをひらがなで記せ。

□ **01** もう少しで涙が眼の中にタまろうとした所を、彼女は瞬きで胡麻化した。

（夏目漱石「明暗」より）（　　　）

□ **02** それは確かに写本であった。しかも漢文でツヅってあった様に思う。

（夏目漱石「硝子《がらす》戸の中」より）（　　　）

□ **03** 先生は自分を嫌う結果、とうとう世の中迄厭になったのだろうと推測していた。

（夏目漱石「こころ」より）（　　　）

□ **04** 神に祈念するを以て惟一の施為となすや、恰も彼の念仏講の愚輩の為すところを学ばんとするものの如し。

（北村透谷「各人心宮内の秘宮」より）（　　　）

□ **05** 芭蕉は夙に伊藤坦庵、田中桐江などの学者に漢学を学んだと伝えられている。

（芥川龍之介「芭蕉雑記」より）（　　　）

□ **06** 猶詳しく聞くと、その村には尾谷川という清い渓流もあるという。

（田山花袋「重右衛門の最後」より）（　　　）

合格点	得点
5/6	/6

解答	解説
01 （ 溜 ）	溜まる＝一か所に集まり増える。 他例 蒸溜《じょうりゅう》
02 （ 綴 ）	綴る＝言葉を並べて文章などをつくる。 他例 点綴《てんてい》
03 （ いや ）	不快に思うさま。 他例 厭悪《えんお》・厭《あ》きる・厭忌《えんき》
04 （ あたか ）	恰も＝ある物事が他とよく似ていることを表す。まるで。
05 （ つと ）	夙に＝ずっと前から。 他例 夙志《しゅくし》
06 （ なお ）	さらに加えて。そのうえ。また。

でる度★★★

文章題 ③

文章中の傍線のカタカナを漢字に直し、波線の漢字の読みをひらがなで記せ。

□ **01** 戦争以来実業がボッコウしたというのが間違ってる。

（内田魯庵「社会百面相」より）（　　　）

□ **02** 其の青田にカンガイする、三間許りの野川が、草原の中を貫いて流れていた。

（石川啄木「二筋の血」より）（　　　）

□ **03** 伏して惟んみるに、陛下恭倹の徳あり、加うるに聡明叡智の才を以てす。

（木下尚江「政治の破産者・田中正造」より）（　　　）

□ **04** この思想境は余が所謂一種の平民的虚無思想の聚成《しゅうせい》したるところなり。

（北村透谷「徳川氏時代の平民的理想」より）（　　　）

□ **05** いやしくも芸術品である以上には、悉く皆美の価値によって批判される。

（萩原朔太郎「詩の原理」より）（　　　）

□ **06** 僅かばかりの痩せた畑も斯の老爺が作るらしかった。

（島崎藤村「千曲川のスケッチ」より）（　　　）

合格点	得点
5/6	/6

もっともよくでる最重要問題！

でる度 ★★★

解答 / 解説

01 （ 勃興 ）
勢力などが急に盛んになること。
他例 勃発《ぼっぱつ》

02 （ 灌漑 ）
水路を引くなどして農作物に必要な水を供給すること。
他例 灌木《かんぼく》

03 （ おも ）
惟んみる＝よく考える。
他例 思惟《しい・しゆい》・惟《ただ》

04 （ いわゆる ）
世間一般で言われている。
他例 謂《いわ》れ

05 （ ことごと ）
悉く＝関係している物全部。

06 （ ろうや ）
年老いた男性のこと。
他例 田爺《でんや》・村爺《そんや》

でる度 ★★★

読み❶

前回（P.42）の復習！（1～7は音読み、8～10は訓読み）

| 1 鍾愛 | 2 優渥 | 3 懸吊 | 4 鶏肋 | 5 弥縫策 |
| 6 茸茸 | 7 姦詐 | 8 摺る | 9 椛 | 10 鰯 |

次の傍線部分の読みをひらがなで記せ。
1～7は音読み、8～10は訓読みである。

□ **01** 王が最も愛した姫妾の肖像画だ。（　　）

□ **02** どうか、御諒恕下さい。（　　）

□ **03** 近郷を托鉢した。（　　）

□ **04** ライバルを相手に気焔を吐く。（　　）

□ **05** 離れで翰墨の遊びをする。（　　）

□ **06** 土砂が川の水を堰塞している。（　　）

□ **07** 父の方が庖厨に入ることが多い。（　　）

□ **08** 川の阿にボートをとめた。（　　）

□ **09** ある文豪の軌跡を辿る。（　　）

□ **10** ウイルスに体が蝕まれた。（　　）

1しょうあい 2ゆうあく 3けんちょう 4けいろく 5びほうさく
6じょうじょう 7かんさ 8する 9もみじ 10いわし

解答	解説
01（きしょう）	正妻以外の、愛して養っている女性のこと。 他例 臣妾《しんしょう》
02（りょうじょ）	相手の立場などを思い、許すこと。 他例 諒《りょう》する・諒《まこと》に
03（たくはつ）	修行僧が経を唱えながら、鉄鉢に食物や金銭の施しを受けること。 他例 托《たの》む
04（きえん）	燃え上がるような盛んな意気のこと。 他例 余焔《よえん》
05（かんぼく）	詩などを作ること。
06（えんそく）	水の流れを土砂などで止めること。 他例 堰堤《えんてい》・堰《せ》く
07（ほうちゅう）	台所。
08（くま）	曲がって入り組んだところ。 他例 阿《おもね》る・四阿《あずまや》
09（たど）	辿る＝ある手がかりをもとに進む。
10（むしば）	蝕む＝少しずつからだや精神を損なう。

でる度 ★★★

読み ②

前回（P.130）の復習！（1～7は音読み、8～10は訓読み）

1 姫妾　2 諒恕　3 托鉢　4 気焔　5 翰墨
6 堰塞　7 庖厨　8 川の阿　9 辿る　10 蝕む

次の傍線部分の読みをひらがなで記せ。
1～7は音読み、8～10は訓読みである。

□ **01** 輔弼の責だと糾弾された。（　　）

□ **02** 辰砂を顔料に使った。（　　）

□ **03** 歴史書に錯謬を見つけた。（　　）

□ **04** 没義道に扱われた。（　　）

□ **05** 地産の物で肴核を用意する。（　　）

□ **06** 樹齢百年を超える老杉がある。（　　）

□ **07** 烹炊員として船に乗る。（　　）

□ **08** 有志の兵の湊まるに感激す。（　　）

□ **09** 瑞瑞しい感覚を取り戻したい。（　　）

□ **10** 白布で全体を奄うべからず。（　　）

合格点	得点
8/10	/10

これも狙われる！

でる度 ★★

1 きしょう　2 りょうじょ　3 たくはつ　4 きえん　5 かんぼく
6 えんそく　7 ほうちゅう　8 川のくま　9 たどる　10 むしばむ

解答　**解説**

01（ほひつ）
天子や君主などの政治を補佐すること。また、その役。

02（しんしゃ）
深紅色または赤褐色の鉱物。
他例 佳辰《かしん》

03（さくびゅう）
間違えること。
他例 謬見《びゅうけん》

04（もぎどう）
人の道に外れた行為。

05（こうかく）
酒の肴と果物。また、料理。
他例 酒肴《しゅこう》

06（ろうさん）
長い年月を経た杉。

07（ほうすい）
煮ることと、炊くこと。
他例 割烹《かっぽう》・烹煎《ほうせん》

08（あつ）
湊まる＝物事が一か所に寄る。
他例 湊泊《そうはく》

09（みずみず）
瑞瑞しい＝若若しい。
他例 瑞穂《みずほ》

10（おお）
奄う＝かぶせて下のものを隠す。
他例 奄《たちま》ち

でる度 ★★★

読み 3

前回（P.132）の復習！（1～7は音読み、8～10は訓読み）

1 輔弼　2 辰砂　3 錯謬　4 没義道　5 肴核
6 老杉　7 烹炊　8 湊まる　9 瑞瑞しい　10 奄う

**次の傍線部分の読みをひらがなで記せ。
1～7は音読み、8～10は訓読みである。**

□ **01** 或問形式の質疑に応じる。　（　　）

□ **02** 岸荻の散りけるがわびし。　（　　）

□ **03** 近所の寺で歌唄を習う。　（　　）

□ **04** 陰暦でいう亥月に結婚した。　（　　）

□ **05** 彼は胡乱な言動が多い。　（　　）

□ **06** 渉禽類は水辺などで採餌する。　（　　）

□ **07** 狙公猿を愛す。　（　　）

□ **08** 山里にも屢訪れ給う。　（　　）

□ **09** 裳着の式の用意に忙しい。　（　　）

□ **10** 沼に群生する真菰を刈る。　（　　）

合格点	得点
8/10	/10

これも狙われる!

でる度 ★★

1 ほひつ　2 しんしゃ　3 さくびゅう　4 もぎどう　5 こうかく
6 ろうさん　7 ほうすい　8 あつまる　9 みずみずしい　10 おおう

解答	解説
01（わくもん）	仮に設けた質問に答える形で、自分の意見を述べる文章形式の一つ。
02（がんてき）	岸にある荻のこと。 他例 荻花《てきか・てっか》・荻《おぎ》
03（かばい）	仏をたたえる歌を歌うこと。
04（がいげつ）	陰暦の十月。
05（うろん）	胡散臭いこと。
06（しょうきん）	渉禽類＝浅い水辺で水生動植物を餌としている鳥。 他例 鳴禽《めいきん》
07（そこう）	猿を飼っている人のこと。 他例 狙撃《そげき》
08（しばしば）	幾度となく繰り返されるさま。
09（もぎ）	公卿の女子が成人したしるしに初めて裳を着る儀式のこと。 他例 裳裾《もすそ》
10（まこも）	イネ科の多年草。

でる度 ★★★

読み④

前回（P.134）の復習！（1～7は音読み、8～10は訓読み）

| 1 或問 | 2 岸荻 | 3 歌唄 | 4 亥月 | 5 胡乱 |
| 6 渉禽 | 7 狙公 | 8 屢 | 9 裳着 | 10 真菰 |

次の傍線部分の読みをひらがなで記せ。
1～7は音読み、8～10は訓読みである。

□ 01 その革命も辛酉の年に起こった。（　　）

□ 02 今年の甜菜は出来がよい。（　　）

□ 03 杜撰な管理体制を改める。（　　）

□ 04 昔はギャンブルに耽溺していた。（　　）

□ 05 すでに釜中の魚も同然だ。（　　）

□ 06 地域の名産を蒐荷し宣伝する。（　　）

□ 07 上巳の節句に草餅を供する。（　　）

□ 08 採った夏野菜を水に晒した。（　　）

□ 09 鴇色のスカーフを首に巻く。（　　）

□ 10 舞子の艶姿に見とれた。（　　）

合格点	得点
8/10	/10

これも狙われる！

でる度 ★★

1 わくもん　2 がんてき　3 かばい　4 がいげつ　5 うろん
6 しょうきん　7 そこう　8 しばしば　9 もぎ　10 まこも

	解答	解説
01	（ しんゆう ）	干支の一つで、五十八番目の組み合わせ。
02	（ てんさい ）	砂糖大根の別名。 他例 甜瓜《てんか》
03	（ ずさん ）	手法がぞんざいでミスの多いこと。 他例 杜漏《ずろう》・杜《ふさ》ぐ
04	（ たんでき ）	(多くよくないことに)のめり込むこと。 他例 耽読《たんどく》
05	（ ふちゅう ）	釜中の魚＝目前に死や危険が差し迫っていることのたとえ。
06	（ しゅうか ）	荷物を集めること。 他例 蒐集《しゅうしゅう》
07	（ じょうし ）	五節句の一つ。現在の三月三日。 他例 辛巳《しんし》
08	（ さら ）	晒す＝水に漬けて、あくなどを抜く。 他例 店晒《たなざら》し
09	（ ときいろ ）	鴇の羽のような薄い桃色。 他例 鴇《とき》
10	（ あですがた ）	色っぽく美しい姿。

でる度 ★★★

読み 5

前回（P.136）の復習！（1～7は音読み、8～10は訓読み）

1 辛酉	2 甜菜	3 杜撰	4 耽溺	5 釜中
6 蘘荷	7 上巳	8 晒す	9 鴇色	10 艶姿

次の傍線部分の読みをひらがなで記せ。
1～7は音読み、8～10は訓読みである。

□ **01** 境内で神鹿が闊《かっ》歩《ぽ》している。（　　）

□ **02** 碩徳の御高説を承る。（　　）

□ **03** その兇徒は焚刑に処せられた。（　　）

□ **04** 暁闇の中を漁船が行く。（　　）

□ **05** それは大海の一粟である。（　　）

□ **06** 嬰児の泣き声が聞こえた。（　　）

□ **07** この店は瓶酒の品揃えがよい。（　　）

□ **08** 同学の誼で援助する。（　　）

□ **09** 賢材を擢き役に就かせる。（　　）

□ **10** 周の衰うるを見て迺ち遂に去る。（　　）

合格点	得点
8/10	/10

これも狙われる!

でる度 ★★

1 しんゆう　2 てんさい　3 ずさん　4 たんでき　5 ふちゅう
6 しゅうか　7 じょうし　8 さらす　9 ときいろ　10 あですがた

解答	解説
01（ しんろく ）	神の使いとして神社で飼う鹿。 他例 逐鹿《ちくろく》
02（ せきとく ）	徳の高い人のこと。
03（ ふんけい ）	火刑。
04（ぎょうあん）	夜明け前のほの暗い闇のこと。
05（ いちぞく ）	大海の一粟＝広い所にとても小さい物があるたとえ。 他例 稲粟《とうぞく》
06（ えいじ ）	生まれたばかりの赤ちゃん。
07（ へいしゅ ）	瓶詰めにした酒のこと。 他例 瓶子《へいじ・へいし》
08（ よしみ ）	ゆかり。また、親しいつきあい。
09（ ぬ ）	擢く＝全体の中から一部を取り出す。 他例 擢《ぬき》んでる
10（ すなわ ）	迺ち＝そして。

でる度 ★★★

読み⑥

前回（P.138）の復習！（1～7は音読み、8～10は訓読み）

1 神鹿	2 碩徳	3 焚刑	4 暁闇	5 一粟
6 嬰児	7 瓶酒	8 誼	9 擢く	10 迺ち

次の傍線部分の読みをひらがなで記せ。
1～7は音読み、8～10は訓読みである。

□ **01** 妖姫に関する伝説が伝わる。（　　）

□ **02** 外甥の遊び相手になった。（　　）

□ **03** 倭語に訳せる者を求めた。（　　）

□ **04** 厨芥を肥料などに再利用する。（　　）

□ **05** 読者の叱正を待つ。（　　）

□ **06** 雛孫を連れ、遊園地へ出かけた。（　　）

□ **07** 頁岩は割れやすい特徴をもつ。（　　）

□ **08** 煽てられていい気になっていた。（　　）

□ **09** 年齢を重ね恕せることが増えた。（　　）

□ **10** 月を翫ぶに良夜とす。（　　）

合格点	得点
8/10	/10

これも狙われる!

でる度 ★★

1しんろく　2せきとく　3ふんけい　4ぎょうあん　5いちぞく
6えいじ　7へいしゅ　8よしみ　9ぬく　10すなわち

解答	解説
01（ようき）	妖しい雰囲気の女性のこと。 他例 妖《なまめ》かしい
02（がいせい）	妻の兄弟姉妹の産んだ男の子ども。嫁いだ姉妹の産んだ男の子ども。 他例 甥姪《せいてつ》
03（わご）	日本語。 他例 倭《わ》訓《くん》
04（ちゅうかい）	調理場や台所から出る、野菜などのくずや食べ物の残りのこと。 他例 厨《ず》子《し》・厨《くりや》
05（しっせい）	詩文などの誤りを厳しく正すこと。 他例 叱責《しっせき》
06（すうそん）	幼い孫のこと。 他例 雛僧《すうそう》
07（けつがん）	粘土などの堆積岩。
08（おだ）	煽てる＝相手の喜ぶことを言って得意にさせる。 他例 煽《あお》る
09（ゆる）	恕す＝大目に見る。
10（もてあそ）	翫ぶ＝心の慰みとして愛好する。 他例 賞翫《しょうがん》

でる度 ★★★

読み 7

前回（P.140）の復習！（1～7は音読み、8～10は訓読み）

1 妖姫	2 外甥	3 倭語	4 厨芥	5 叱正
6 雛孫	7 頁岩	8 煽てる	9 恕す	10 翫ぶ

次の傍線部分の読みをひらがなで記せ。
1～7は音読み、8～10は訓読みである。

□ **01** 岡阜に登り町を眺めた。　（　　）

□ **02** 重鎮を党首に推戴する。　（　　）

□ **03** 鉄桶水を漏らさぬ堅守だった。　（　　）

□ **04** 蔚蔚たる原始林を探査する。　（　　）

□ **05** 同じ手口で鼠盗に物色された。　（　　）

□ **06** インフレの昂進を止める。　（　　）

□ **07** 吃緊の課題を取り上げる。　（　　）

□ **08** この道は荊の道と分かって進む。　（　　）

□ **09** 霊験灼な仏に祈る。　（　　）

□ **10** 相手の足を掬って技をかける。　（　　）

合格点	得点
8/10	/10

1ようき　2がいせい　3わご　4ちゅうかい　5しっせい
6すうそん　7けつがん　8おだてる　9ゆるす　10もてあそぶ

解答	解説
01（ こうふ ）	高い台地。
02（ すいたい ）	推し戴くこと。代表者として迎えること。
03（ てっとう ）	鉄桶水を漏らさず＝守備などが堅固で隙がない。
04（ うつうつ ）	草や木が茂っているさま。
05（ そとう ）	こそどろのこと。 他例 鼠《そ》輩《はい》
06（ こうしん ）	物事の度合いが激しくなる。 他例 昂然《こうぜん》・昂《たかぶ》る
07（ きっきん ）	差し迫ってとても重要な事柄。 他例 吃驚《きっきょう》
08（ いばら ）	荊の道＝険しい人生のたとえ。
09（ あらたか ）	神仏の利益や薬の効き目が抜群にあること。
10（ すく ）	掬う＝下から素早く持ち上げる。

でる度 ★★★

読み⑧

前回（P.142）の復習！（1～7は音読み、8～10は訓読み）

1 岡阜	2 推戴	3 鉄桶	4 蔚蔚	5 鼠盗
6 昂進	7 吃緊	8 荊	9 灼な	10 掬う

次の傍線部分の読みをひらがなで記せ。
1～7は音読み、8～10は訓読みである。

□ **01** 各地の寓話を集輯する。（　　）

□ **02** 諜報員として敵基地に潜入する。（　　）

□ **03** 今春未だ蛙声を聞かず。（　　）

□ **04** なんとも豪宕な発言であった。（　　）

□ **05** 戎器の密売が横行している。（　　）

□ **06** 新車の乗り心地を嘗試する。（　　）

□ **07** 決勝ゴールに快哉を叫ぶ。（　　）

□ **08** 神棚の榊を取り替える。（　　）

□ **09** 今問うことを須いず。（　　）

□ **10** 轡を並べて当選した。（　　）

合格点 **8**/10 | 得点 /10

これも狙われる!

でる度 ★★

1こうふ　2すいたい　3てっとう　4うつうつ　5そとう
6こうしん　7きっきん　8いばら　9あらたかな　10すくう

解答	解説
01（しゅうしゅう）	掻き集め編集すること。
02（ちょうほう）	敵の情報を探り、味方に知らせること。 他例 防諜《ぼうちょう》
03（あせい）	蛙の鳴き声のこと。 他例 井蛙《せいあ》
04（ごうとう）	気持ちが大きく、小さなことにこだわらないこと。
05（じゅうき）	戦争で使う器具など。 他例 戎馬《じゅうば》
06（しょうし）	試してみること。 他例 大嘗会《だいじょうえ》・嘗《な》める
07（かいさい）	とても痛快だと思うこと。
08（さかき）	ツバキ科の常緑小高木。また、神事に用いる木の総称。
09（もち）	須いる＝求める。必要とする。 他例 須《ま》つ
10（くつわ）	轡を並べる＝揃って同じことをする。

でる度 ★★★

読み 9

前回（P.144）の復習！（1～7は音読み、8～10は訓読み）

1 集輯　2 諜報　3 蛙声　4 豪宕　5 戎器
6 嘗試　7 快哉　8 榊　9 須いる　10 轡

**次の傍線部分の読みをひらがなで記せ。
1～7は音読み、8～10は訓読みである。**

□ **01** 混ぜる薬を秤量する。（　　）

□ **02** 長身痩軀のモデルに憧れている。（　　）

□ **03** 勾欄に匠の技が光る。（　　）

□ **04** 駁するほどの価値もない。（　　）

□ **05** 不壊不動の境地に達した。（　　）

□ **06** 雨合羽に桐油紙を用いた。（　　）

□ **07** 暴戻な君主の一生を描いた。（　　）

□ **08** 匁の単位で真珠の重さを記す。（　　）

□ **09** 朽ちた檜垣を取り替える。（　　）

□ **10** 友の病に伏したるを戚える。（　　）

合格点	得点
8/10	/10

これも狙われる!

でる度 ★★

1しゅうしゅう　2ちょうほう　3あせい　4ごうとう　5じゅうき
6しょうし　7かいさい　8さかき　9もちいる　10くつわ

解答	解説
01 （しょうりょう・ひょうりょう）	秤で重量をはかること。
02 （そうく）	長身痩軀＝背が高くて、痩せていること。
03 （こうらん）	宮殿などの廊下や橋などに、転落防止や装飾のために付けられた柵状のもの。 他例 勾引《こういん》・勾玉《まがたま》
04 （ばく）	駁する＝他人の意見などに反論すること。 他例 論駁《ろんばく》
05 （ふえ）	壊れないこと。 他例 壊《え》死《し》
06 （とうゆ）	桐油紙＝桐油をひいた紙のこと。
07 （ぼうれい）	乱暴で道理に反する行為。
08 （もんめ）	尺貫法の重さの単位。
09 （ひがき）	檜の板を編んで造った垣根。 他例 檜《ひ》扇《おうぎ》
10 （うれ）	戚える＝心配する。 他例 戚《いた》む・姻戚《いんせき》

でる度 ★★★

読み ⑩

前回（P.146）の復習！（1～7は音読み、8～10は訓読み）

1 秤量　2 痩軀　3 勾欄　4 駁する　5 不壊
6 桐油　7 暴戾　8 匁　9 檜垣　10 戚える

次の傍線部分の読みをひらがなで記せ。
1～7は音読み、8～10は訓読みである。

□ **01** その功績は世界中に喧伝された。（　　　）

□ **02** 喋喋と述べる彼に疲弊する。（　　　）

□ **03** 母は詐欺集団の爪牙にかかった。（　　　）

□ **04** 鯨が水を呑吐するが如し。（　　　）

□ **05** 国王の允許をもらい出兵した。（　　　）

□ **06** 汀渚で釣りをする。（　　　）

□ **07** 不快そうな口吻を洩らしている。（　　　）

□ **08** 塘に生えた春草の上に坐す。（　　　）

□ **09** 返し歌を頃く考える。（　　　）

□ **10** 相手の顔色を覗っている。（　　　）

合格点	得点
8/10	/10

これも狙われる！

でる度 ★★

1しょうりょう・ひょうりょう　2そうく　3こうらん　4ばくする　5ふえ
6とうゆ　7ぼうれい　8もんめ　9ひがき　10うれえる

解答	解説
01（けんでん）	盛んに言いふらし、世間に知らせること。
02（ちょうちょう）	口数の多いさま。
03（そうが）	爪牙にかかる＝犠牲になる。
04（どんと）	飲むことと、吐くこと。飲んだり吐いたりすること。 他例 併呑《へいどん》
05（いんきょ）	許すこと。 他例 允可《いんか》
06（ていしょ）	渚。
07（こうふん）	口吻を洩らす＝それとなく感情を言葉にする。 他例 吻合《ふんごう》
08（つつみ）	水をためるために造った土手。
09（しばら）	頃く＝わずかな時間。
10（うかが）	覗う＝様子を探る。

でる度 ★★★

読み 11

前回（P.148）の復習！（1～7は音読み、8～10は訓読み）

1 喧伝　2 喋喋　3 爪牙　4 呑吐　5 允許
6 汀渚　7 口吻　8 塘　9 頃く　10 覗う

**次の傍線部分の読みをひらがなで記せ。
1～7は音読み、8～10は訓読みである。**

□ **01** 董狐の筆を誓う。（　　）

□ **02** 精巧な伽羅細工を買った。（　　）

□ **03** 坤軸が揺らいだかと思われた。（　　）

□ **04** 希少植物の蕃殖方法を研究する。（　　）

□ **05** 彼は薙髪し全国を行脚した。（　　）

□ **06** 錫杖の音が境内から聞こえる。（　　）

□ **07** 孔子の説いた斯道を研究する。（　　）

□ **08** 城跡の周りの壕を再利用する。（　　）

□ **09** 斑入りの美しい花を母に贈った。（　　）

□ **10** 主君が嘉する戦績をあげた。（　　）

合格点	得点
8/10	/10

これも狙われる!

でる度 ★★

1けんでん　2ちょうちょう　3そうが　4どんと　5いんきょ
6ていしょ　7こうふん　8つつみ　9しばらく　10うかがう

解答	解説
01（　とうこ　）	董狐の筆＝権勢を恐れず、ありのままに事実を発表すること。 他例 骨董《こっとう》・董《ただ》す
02（　きゃら　）	伽羅細工＝名木で様様な細工をすること。 他例 御伽噺《おとぎばなし》
03（　こんじく　）	大地の中心を貫き支えていると想像されている軸のこと。 他例 乾坤《けんこん》
04（はんしょく）	動物・植物が生まれ増えること。 他例 蕃境《ばんきょう》
05（ちはつ・ていはつ）	髪を剃ること。仏門に入ること。
06（しゃくじょう）	僧侶などが持つ杖。 他例 錫《すず》
07（　しどう　）	孔子の説く聖人の道のこと。 他例 斯界《しかい》
08（　ほり　）	地面を掘り造った溝のこと。
09（　ふい　）	斑入り＝地の色とは違う色が斑に入りまじっていること。 他例 虎斑《とらふ》
10（　よみ　）	嘉する＝褒めたたえる。

でる度 ★★★

読み 12

前回（P.150）の復習！（1～7は音読み、8～10は訓読み）

1 董狐	2 伽羅	3 坤軸	4 蕃殖	5 薙髪
6 錫杖	7 斯道	8 壕	9 斑入り	10 嘉する

次の傍線部分の読みをひらがなで記せ。
1～7は音読み、8～10は訓読みである。

□ 01 大きな斧斤を担ぐ。（　　）

□ 02 彼女の艶冶な立ち姿は絵になる。（　　）

□ 03 耳を聾する大音響だ。（　　）

□ 04 万国叶和について宣う。（　　）

□ 05 鰐魚を捕えること易からず。（　　）

□ 06 晦匿し秋を窺う。（　　）

□ 07 一九六二年は壬寅である。（　　）

□ 08 関係者全員が私を詑いていた。（　　）

□ 09 歪になった関係を修復したい。（　　）

□ 10 徳化が国中に亘る。（　　）

合格点 **8**/10　得点 /10

これも狙われる!

でる度 ★★

1 とうこ　2 きゃら　3 こんじく　4 はんしょく　5 ちはつ・ていはつ
6 しゃくじょう　7 しどう　8 ほり　9 ふいり　10 よみする

	解答	解説
01	(ふきん)	斧《おの》。 他例 斧正《ふせい》
02	(えんや)	艶かしく美しいこと。
03	(ろう)	聾する＝耳が聞こえなくなる、聞こえなくする。
04	(きょうわ)	心を合わせ、仲よくすること。 他例 叶《かな》う
05	(がくぎょ)	鰐《わに》のこと。
06	(かいとく)	自分の才能や知恵を隠すこと。
07	(じんいん)	干支の一つで、三十九番目の組み合わせ。
08	(あざむ)	詑く＝だます。
09	(いびつ)	歪んでいること。
10	(わた)	亘る＝ある範囲に及ぶ。

でる度 ★★★

読み⑬

前回（P.152）の復習！（1～7は音読み、8～10は訓読み）

1 斧斤　2 艶冶　3 聾する　4 叶和　5 鰐魚
6 晦匿　7 壬寅　8 詑く　9 歪に　10 亘る

次の傍線部分の読みをひらがなで記せ。
1～7は音読み、8～10は訓読みである。

□ **01** この土地は山に匝囲されている。（　　）

□ **02** 万事亨通と報告せよ。（　　）

□ **03** こびりついた蠟涙を拭き取る。（　　）

□ **04** 厭悪の情に駆り立てられる。（　　）

□ **05** 画人彬彬としその業盛んなり。（　　）

□ **06** 弗弗の人臣に連なる。（　　）

□ **07** 摯実な研究と努力を続ける。（　　）

□ **08** 手厚い饗しを受ける。（　　）

□ **09** 和紙を漉く体験をした。（　　）

□ **10** 決勝は弥が上にも盛り上がった。（　　）

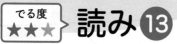

合格点	得点
8/10	/10

これも狙われる!

でる度 ★★★ ★★ ★

1 ふきん　2 えんや　3 ろうする　4 きょうわ　5 がくぎょ
6 かいとく　7 じんいん　8 あざむく　9 いびつに　10 わたる

	解答	解説
01	(そうい)	まわりを囲むこと。 他例 匝《めぐ》る
02	(こうつう)	よどみなく事がはこぶ。
03	(ろうるい)	蠟燭が溶けて流れたもの。
04	(えんお)	ひどく嫌い憎むこと。
05	(ひんぴん)	盛んに文物が起こるさま。
06	(ふつふつ)	賛成しない。逆らう。
07	(しじつ)	心がこもっていて真面目なこと。
08	(もてな)	饗し＝待遇のこと。
09	(す)	漉く＝水に溶かした原料を薄く伸ばし、紙などを作る。
10	(いや)	弥が上に＝さらにその上に。

でる度 ★★★

読み 14

前回（P.154）の復習！（1～7は音読み、8～10は訓読み）

1 匝囲　2 亨通　3 蠟涙　4 厭悪　5 彬彬
6 弗弗　7 摯実　8 饗し　9 漉く　10 弥が上に

次の傍線部分の読みをひらがなで記せ。
1～7は音読み、8～10は訓読みである。

□ **01** 調合に薬匙を用いる。（　　）

□ **02** 数数の障碍が立ちはだかった。（　　）

□ **03** 嘉猷をもって民を治めん。（　　）

□ **04** 智者は禎祥が現れる前に気づく。（　　）

□ **05** 晃晃たる星の輝きを詩にする。（　　）

□ **06** 畑にいる老爺に道を尋ねた。（　　）

□ **07** 鉤餌に大魚がかかったようだ。（　　）

□ **08** 魁の功名を立てる。（　　）

□ **09** 僻事を並べてもむだだ。（　　）

□ **10** 朝顔の葉から雨の雫が垂れる。（　　）

合格点	得点
8/10	/10

これも狙われる！

でる度 ★★

1 そうい　2 こうつう　3 ろうるい　4 えんお　5 ひんぴん
6 ふつふつ　7 しじつ　8 もてなし　9 すく　10 いやが上に

解答	解説
01（やくし）	薬を扱うときに使う匙。
02（しょうがい）	妨げる物事。 他例 碍《さまた》げる
03（かゆう）	よいやりかたのこと。 他例 猷《はか》る
04（ていしょう）	めでたいしるしのこと。
05（こうこう）	光り輝くさま。
06（ろうや）	年老いた男性のこと。
07（こうじ）	釣り針につけた餌のこと。
08（さきがけ）	他よりも物事のはじめとなること。
09（ひがごと）	道理や事実に反すること。 他例 僻言《ひがごと》
10（しずく）	したたり落ちる液体の粒のこと。

でる度★★★

表外の読み①

前回（P.50）の復習！（全て常用漢字の表外の読み）

1労う	2垂とする	3斉しく	4弁える	5某かの
6概ね	7適	8扱く	9額ずく	10見える

次の傍線部分は常用漢字である。その表外の読みをひらがなで記せ。

□ **01** 彼の申し出を諾う。（　　）

□ **02** 人一倍の努力で購われた成功だ。（　　）

□ **03** 悪い予感が心を過った。（　　）

□ **04** 市街に逃げた猛獣を誘き出す。（　　）

□ **05** 序でがあったら寄ってください。（　　）

□ **06** 運動不足で体が鈍った。（　　）

□ **07** 細やかな誕生日会を開く。（　　）

□ **08** 耳が敏いとよく褒められる。（　　）

□ **09** この畑は一組の夫婦が墾いた。（　　）

□ **10** 説明会に島民が挙って参加した。（　　）

合格点	得点
8/10	/10

これも狙われる!

でる度 ★★

1 ねぎらう　2 なんなんとする　3 ひとしく　4 わきまえる　5 なにがしかの
6 おおむね　7 たまたま　8 しごく　9 ぬかずく　10 まみえる

解答	解説
01（ うべな ）	諾う＝承知する。
02（ あがな ）	購う＝何かを代償にして得る。
03（ よぎ ）	過る＝横切る。通り過ぎる。
04（ おび ）	誘き出す＝だまして誘い出す。
05（ つい ）	序で＝あることをする際、同時に他のことをするよい機会。
06（ なま ）	鈍る＝力などが弱くなる。 他例 鈍色《にびいろ》
07（ ささ ）	細やか＝ひっそりと控えめなさま。
08（ さと ）	敏い＝感覚や反応などが鋭い。
09（ ひら ）	墾く＝土地を切り開く。
10（ こぞ ）	挙って＝全員で。

でる度 ★★★

表外の読み ②

前回（P.158）の復習！（全て常用漢字の表外の読み）

1 諾う　2 購う　3 過る　4 誘き出す　5 序で 6 鈍る　7 細やか　8 敏い　9 墾く　10 挙って

次の傍線部分は常用漢字である。その表外の読みをひらがなで記せ。

□ **01** 道に迷い、剰え人も通らない。（　　）

□ **02** 濃やかな配慮が行き届いている。（　　）

□ **03** 日日、勉学に勤しんでいる。（　　）

□ **04** 説明を克く理解する。（　　）

□ **05** 万、お受けします。（　　）

□ **06** 今は肯えて事実を伏せておく。（　　）

□ **07** 練習試合で実力を験された。（　　）

□ **08** 仕事の分量を均す。（　　）

□ **09** ゴールは略同時だった。（　　）

□ **10** 巻を措く能わず。（　　）

合格点	得点
8/10	/10

これも狙われる!

でる度 ★★

1 うべなう　2 あがなう　3 よぎる　4 おびき出す　5 ついで
6 なまる　7 ささやか　8 さとい　9 ひらく　10 こぞって

解答 / 解説

解答	解説
01（ あまつさ ）	剰え＝その上。
02（ こま ）	濃やか＝配慮が隅隅に行き届いているさま。
03（ いそ ）	勤しむ＝つとめ励む。
04（ よ ）	克く＝十分に。
05（ よろず ）	全てのこと。万事。
06（ あ ）	肯えて＝自分からすすんで。 他例 肯《うべな》う
07（ ため ）	験す＝物事の真偽などの実際を調べる。
08（ なら ）	均す＝平均にする。
09（ ほぼ ）	完全に近い。だいたい。
10（ お ）	巻を措く能わず＝書物に夢中になって中断せず最後まで読まずにはいられない。

でる度 ★★★

表外の読み ③

前回（P.160）の復習！（全て常用漢字の表外の読み）

1 剰え	2 濃やか	3 勤しむ	4 克く	5 万
6 肯えて	7 験す	8 均す	9 略	10 措く

次の傍線部分は常用漢字である。その表外の読みをひらがなで記せ。

□ **01** 妄りに人を信じてはいけない。（　　）

□ **02** 賢しい口の利き方を注意する。（　　）

□ **03** 事件の真相を審らかにする。（　　）

□ **04** 笛の音が清かに聞こえてくる。（　　）

□ **05** 騒動の仔細を糾して判断する。（　　）

□ **06** 寺の荘かな空気を感じる。（　　）

□ **07** 病状が革まった。（　　）

□ **08** 老いの遊びに水彩画を習っている。（　　）

□ **09** 結婚相手の両親によく事えた。（　　）

□ **10** 設立者の碑を建てた。（　　）

合格点	得点
8/10	/10

これも狙われる!

でる度 ★★

1 あまつさえ　2 こまやか　3 いそしむ　4 よく　5 よろず
6 あえて　7 ためす　8 ならす　9 ほぼ　10 おく

	解答	解説
01	（ みだ ）	妄りに＝むやみに。
02	（ さか ）	賢しい＝利口ぶる。
03	（ つまび ）	審らか＝詳しいさま。
04	（ さや ）	清か＝音や声がよく聞こえるさま。
05	（ ただ ）	糾す＝厳しく問う。
06	（ おごそ ）	荘か＝大きく、いかめしいさま。
07	（ あらた ）	革まる＝病態が急に悪くなる。
08	（ すさ ）	遊び＝気の向くままに行うこと。
09	（ つか ）	事える＝目上の人に奉仕する。
10	（ いしぶみ ）	功績などを後世に伝えるため文字などを刻み、建てる石のこと。

でる度
★★★

表外の読み④

前回（P.162）の復習！（全て常用漢字の表外の読み）

1 妄りに　2 賢しい　3 審らか　4 清か　5 糾す 6 荘か　7 革まる　8 遊び　9 事える　10 碑

次の傍線部分は常用漢字である。その表外の読みをひらがなで記せ。

□ **01** 条件の良い申し入れを頑に拒む。（　　）

□ **02** 態とではないかと疑われる。（　　）

□ **03** 直向きに作業している。（　　）

□ **04** 彼は常に周りをも慮る。（　　）

□ **05** 不正を働いた役員を斥ける。（　　）

□ **06** 出火原因を詳らかに調査した。（　　）

□ **07** 寧ろこっちの方が好きだ。（　　）

□ **08** 百歳になるまで生き存えてきた。（　　）

□ **09** グラスが割れ、手に創を負う。（　　）

□ **10** 努努怠ってはならない。（　　）

合格点	得点
8/10	/10

これも狙われる!

でる度 ★★

1 みだりに　2 さかしい　3 つまびらか　4 さやか　5 ただす
6 おごそか　7 あらたまる　8 すさび　9 つかえる　10 いしぶみ

解答		解説
01	（ かたくな ）	意地を張り、自分の意見などを変えないさま。
02	（ わざ ）	態と＝意図的に。故意に。
03	（ ひた ）	直向き＝一つのことに心を集中するさま。
04	（おもんぱか）	慮る＝周りの状況などを見てよく考える。
05	（ しりぞ ）	斥ける＝職などを辞めさせる。 他例 斥《うかが》う
06	（ つまび ）	詳らか＝物事の細部まで明瞭なさま。
07	（ むし ）	寧ろ＝二つを比べ、もう一方よりもこちらを選ぶ気持ちを表す。
08	（ ながら ）	存える＝長く生きる。
09	（ きず ）	切るなどして皮膚や筋肉が裂けたりした部分。
10	（ ゆめゆめ ）	(後ろに禁止を表す語を伴って)決して。

でる度 ★★★

熟語の読み 1

次の熟語の読み（音読み）と、その語義にふさわしい訓読みを（送りがなに注意して）ひらがなで記せ。

例 健勝……勝れる → けんしょう……すぐ

ア
- □ 01 編輯 （　　）
- □ 02 輯める （　　）

イ
- □ 03 切瑳 （　　）
- □ 04 瑳く （　　）

ウ
- □ 05 劃定 （　　）
- □ 06 劃る （　　）

エ
- □ 07 醇風 （　　）
- □ 08 醇い （　　）

オ
- □ 09 徽言 （　　）
- □ 10 徽い （　　）

合格点	得点
8/10	/10

これも狙われる!

でる度 ★★

解答	解説
01（へんしゅう）	資料などをある方針のもとに集め、書物などにすること。
02（あつ）	輯める＝素材などを寄せて整える。
03（せっさ）	学問などに励むこと。
04（みが）	瑳く＝学問などを上達させる。
05（かくてい）	区切りをはっきり定めること。
06（くぎ）	劃る＝境界をつける。
07（じゅんぷう）	人情が厚い風習のこと。 他例 醇朴《じゅんぼく》……醇い
08（あつ）	醇い＝心入れの程度が大きい。
09（きげん）	良い言葉のこと。
10（よ）	徽い＝すぐれていて美しい。

でる度 ★★★

熟語の読み②

次の熟語の読み（音読み）と、その語義にふさわしい訓読みを（送りがなに注意して）ひらがなで記せ。

例 健勝……勝れる → けんしょう……すぐ

ア
- □ 01 堰塞 （　　　）
- □ 02 堰く （　　　）

イ
- □ 03 嘉尚 （　　　）
- □ 04 嘉する （　　　）

ウ
- □ 05 綿亙 （　　　）
- □ 06 亙る （　　　）

エ
- □ 07 匡弼 （　　　）
- □ 08 匡す （　　　）

オ
- □ 09 萌生 （　　　）
- □ 10 萌す （　　　）

解答	解説
01（えんそく）	水の流れを土砂などで止めること。
02（せ）	堰く＝流れを遮ってとめる。
03（かしょう）	大層褒めること。 他例 嘉《か》瑞《ずい》……嘉《よ》い
04（よみ）	嘉する＝立派であると褒める。
05（めんこう）	長くつながり続いていること。 他例 聯亙《れんこう》……亙る
06（わた）	亙る＝端から端まで及ぶ。
07（きょうひつ）	間違いを正し、足りない部分を補うこと。
08（ただ）	匡す＝悪いことなどを改めさせる。
09（ほうせい・ぼうせい）	物事が始まる兆しがあらわれること。 他例 萌《ほう》芽《が》……萌《めぐ》む
10（きざ）	萌す＝物事が始まる気配がある。

でる度 ★★★

熟語の読み ③

次の熟語の読み（音読み）と、その語義にふさわしい訓読みを（送りがなに注意して）ひらがなで記せ。

例 健勝……勝れる → けんしょう……すぐ

ア
- □ 01 晦蔵 （　　）
- □ 02 晦ます （　　）

イ
- □ 03 臆度 （　　）
- □ 04 臆る （　　）

ウ
- □ 05 果毅 （　　）
- □ 06 毅い （　　）

エ
- □ 07 輔弼 （　　）
- □ 08 弼ける （　　）

オ
- □ 09 敦朴 （　　）
- □ 10 敦い （　　）

解答	解説
01（ かいぞう ）	自分の才能などを人から隠すこと。 他例 晦冥《かいめい》……晦《くら》い
02（ くら ）	晦ます＝見つからないように人から隠す。
03（ おくたく ）	推測すること。
04（ おしはか ）	臆る＝推測する。
05（ かき ）	決断力があり、意志の強いこと。 他例 沈毅《ちんき》・弘毅《こうき》……毅い
06（ つよ ）	毅い＝意志が固く、物事に屈しない。
07（ ほひつ ）	天子や君主などの政治を補佐すること。また、その役。 他例 匡弼《きょうひつ》……弼ける
08（ たす ）	弼ける＝輔佐する。
09（ とんぼく ）	正直で飾らないこと。 他例 敦厚《とんこう》……敦い
10（ あつ ）	敦い＝心入れの程度が大きい。

でる度 ★★★

熟語の読み④

次の熟語の読み（音読み）と、その語義にふさわしい訓読みを（送りがなに注意して）ひらがなで記せ。

例 健勝……勝れる → けんしょう……すぐ

ア
- □ 01 錯謬 （　　）
- □ 02 謬る （　　）

イ
- □ 03 耽溺 （　　）
- □ 04 耽る （　　）

ウ
- □ 05 厭悪 （　　）
- □ 06 悪む （　　）

エ
- □ 07 歎傷 （　　）
- □ 08 歎く （　　）

オ
- □ 09 膏沃 （　　）
- □ 10 膏える （　　）

合格点	得点
8/10	/10

これも狙われる!

でる度 ★★

解答	解説
01（さくびゅう）	間違えること。 他例 謬説《びゅうせつ》……謬る
02（あやま）	謬る＝順序などを間違える。
03（たんでき）	(多くよくないことに)のめり込むこと。
04（ふけ）	耽る＝一つのことに夢中になる。
05（えんお）	ひどく嫌い憎むこと。 他例 羞《しゅう》悪《お》……悪む
06（にく）	悪む＝ひどく嫌う。
07（たんしょう）	嘆き悲しむこと。 他例 歎賞《たんしょう》……歎《たた》える
08（なげ）	歎く＝ひどく悲しむ。
09（こうよく）	土地がよく肥えていること。 他例 膏田《こうでん》……膏える
10（こ）	膏える＝土地の生産力があがる。

でる度★★★ 共通の漢字 1

前回(P.66)の復習!(各問いは全て共通する常用漢字一字を含む)

> 1 りょそう - せいそう　2 せつり - ほうせつ　3 きゅうせんぽう - せんえいか　4 きょうけん - きょうえつ　5 とくがく - こんとく

次の各組の二文の(　)には共通する漢字が入る。その読みを□から選び、常用漢字(一字)で記せ。

□ **01**
- 毎月の電力を(　　)算する。
- (　　)怨を晴らすため旅に出る。

□ **02**
- (　　)雲は急を告げていた。
- 和(　　)両様の構えをした。

□ **03**
- 雑誌に載り店が(　　)昌した。
- 換気をして細菌の(　　)殖を防ぐ。

□ **04**
- 放(　　)な生活をしている。
- 息子は(　　)楽に耽っている。

□ **05**
- 風(　　)を害する建設に反対する。
- 体を寒冷地域に馴(　　)させる。

いつ
せい
せき
せん
ぞう
ち
はん
ふう

合格点	得点
4/5	/5

これも狙われる!

でる度 ★★

1 旅装 - 盛装　2 摂理 - 包摂　3 急先鋒 - 先鋭化
4 恭謙 - 恭悦　5 篤学 - 懇篤

解答 | 解説

積算《せきさん》＝数を次次と加えて計算すること。累計。

01（ 積 ）

積怨《せきえん》＝以前からの恨みのこと。

戦雲《せんうん》＝武力衝突が起こりそうな緊迫した気配のこと。

02（ 戦 ）

和戦《わせん》＝和解と武力を用いた争いのこと。

繁昌《はんじょう》＝賑わい栄えること。

03（ 繁 ）

繁殖《はんしょく》＝動物・植物が生まれ増えること。

放逸《ほういつ》＝勝手気ままなこと。

04（ 逸 ）

逸楽《いつらく》＝自由気ままに遊び楽しむこと。

風致《ふうち》＝（特に自然の）趣のこと。

05（ 致 ）

馴致《じゅんち》＝なれさせること。

でる度 ★★★

共通の漢字 ②

前回（P.174）の復習！（各問いは全て共通する常用漢字一字を含む）

> 1 せきさん - せきえん　2 せんうん - わせん　3 はんじょう - はんしょく　4 ほういつ - いつらく　5 ふうち - じゅんち

次の各組の二文の（　）には共通する漢字が入る。その読みを□から選び、常用漢字（一字）で記せ。

□ **01**
- 庭の（　　）水に鯉を放つ。
- 事故で（　　）下の客となった。

□ **02**
- 一（　　）の寺院を建てる。
- 酒に酔い気（　　）が壮大になる。

□ **03**
- 曖昧（　　）糊とした言い方だ。
- 解決策を（　　）索している。

□ **04**
- 彼女に（　　）情を抱いている。
- その活躍に欽（　　）の念を抱く。

□ **05**
- 家臣となり軍を統（　　）する。
- 年賀状に筆で（　　）慶と書いた。

う
えん
ぎょ
けん
せん
びょう
ぼ
も

合格点 4/5 | 得点 /5

これも狙われる！

でる度 ★★

1 積算 - 積怨　2 戦雲 - 和戦　3 繁昌 - 繁殖
4 放逸 - 逸楽　5 風致 - 馴致

解答

解説

01（ 泉 ）

泉水《せんすい》＝庭園の池のこと。

泉下《せんか》の客となる＝亡くなる。

02（ 宇 ）

一宇《いちう》＝一棟の建物などのこと。

気宇《きう》＝心のもち方のこと。

03（ 模 ）

模糊《もこ》＝ぼんやりしているさま。

模索《もさく》＝色色と試しながら探すこと。

04（ 慕 ）

慕情《ぼじょう》＝（特に異性に対して）親しく思う心持ちのこと。

欽慕《きんぼ》＝敬い仰ぐこと。

05（ 御 ）

統御《とうぎょ》＝全体をまとめ、支配すること。

御慶《ぎょけい》＝新年を祝う言葉。およろこび。

でる度 ★★★

共通の漢字 ③

前回（P.176）の復習！（各問いは全て共通する常用漢字一字を含む）

1 せんすい - せんか　2 いちう - きう　3 もこ - もさく
4 ぼじょう - きんぼ　5 とうぎょ - ぎょけい

次の各組の二文の（　）には共通する漢字が入る。その読みを□から選び、常用漢字（一字）で記せ。

□ **01**
深く詮(　　)する必要はない。
(　　)莫たる風景を思い描く。

□ **02**
所属チームが(　　)体化した。
最近の若者は怯(　　)に感じる。

□ **03**
先月、(　　)歯会を催した。
当時の好(　　)を調べる。

□ **04**
結果は(　　)飾され喧伝された。
若い芸妓に(　　)黛を施す。

□ **05**
論文の撤(　　)を要求した。
港に(　　)漕店が並んでいる。

かい
がく
ぎ
さく
じゃく
しょう
ふ
ふん

合格点	得点
4/5	/5

これも狙われる!

でる度 ★★

1 泉水 - 泉下　2 一宇 - 気宇　3 模糊 - 模索
4 慕情 - 欽慕　5 統御 - 御慶

解答 / 解説

01（ 索 ）

詮索《せんさく》＝事細かく調べ、求めること。

索莫《さくばく》＝物寂しいさま。

02（ 弱 ）

弱体《じゃくたい》化《か》＝組織などの勢力が衰えること。

怯弱《きょうじゃく》＝気の小さいこと。

03（ 尚 ）

尚歯《しょうし》＝高齢者を尊敬すること。

好尚《こうしょう》＝好み。また、はやり。

04（ 粉 ）

粉飾《ふんしょく》＝うわべを飾るなどして立派に見せようとすること。

粉黛《ふんたい》＝おしろいと黛。化粧。

05（ 回 ）

撤回《てっかい》＝一度提出などをした物事を取り下げること。

回漕《かいそう》＝旅客や荷物を船で運ぶこと。

でる度★★★

共通の漢字 4

前回（P.178）の復習！（各問いは全て共通する常用漢字一字を含む）

1せんさく-さくばく　2じゃくたいか-きょうじゃく　3しょうし-こうしょう　4ふんしょく-ふんたい　5てっかい-かいそう

次の各組の二文の（　）には共通する漢字が入る。その読みを□から選び、常用漢字（一字）で記せ。

□ **01**
- 時(　　)を矯正する。
- (　　)履のごとく捨てられた。

□ **02**
- あらゆる(　　)念を追い払った。
- 蕪(　　)な放言をお許し下さい。

□ **03**
- 啓蒙家を失い昏(　　)する。
- 彼は若い頃酒色に(　　)溺した。

□ **04**
- 彼は慢(　　)する言行が多い。
- すぐに(　　)言を撤回した。

□ **05**
- 漸く抑(　　)者が解放された。
- 代表して(　　)別の辞を述べた。

おん
かん
ざつ
とん
ぶ
へい
りゅう
わく

合格点 4/5 得点 /5

これも狙われる!

でる度 ★★

1 詮索 - 索莫　2 弱体化 - 怯弱　3 尚歯 - 好尚
4 粉飾 - 粉黛　5 撤回 - 回漕

解答

解説

01 (弊)

時弊《じへい》=その時代の悪い風習や慣習。

弊履《へいり》=破れた履物。また、なんの価値もないもの。

02 (雑)

雑念《ざつねん》=集中を妨げる思い。

蕪雑《ぶざつ》=様様なものが入りまじり、整っていないこと。

03 (惑)

昏惑《こんわく》=道理にうとく、分別がつかないこと。

惑溺《わくでき》=ある事柄に心酔し、判断力をなくすこと。

04 (侮)

慢侮《まんぶ》=蔑んで見くびること。

侮言《ぶげん》=相手を見下して言う言葉のこと。

05 (留)

抑留《よくりゅう》=他国の人や船舶を強制的に移動できないようにすること。

留別《りゅうべつ》=旅立つ人が残る人に別れを告げること。

でる度 ★★★

書き取り 1

前回（P.84）の復習！（9・10は同音異字の2語）

1 シッシン　2 ホウキ　3 フンパン　4 ワびる　5 キゼン 6 ヒッパク　7 アタカも　8 ショウユ　9-10 ホウガ

次の傍線部分のカタカナを漢字で記せ。

□ **01** メシベを顕微鏡で見る。（　　）

□ **02** テイテツを取り外す。（　　）

□ **03** 詐欺集団のシュカイが捕まった。（　　）

□ **04** ヒノキ舞台を踏む。（　　）

□ **05** ホオヅエをついて話を聞くな。（　　）

□ **06** 長くコンスイ状態が続いている。（　　）

□ **07** ワニ皮のバッグを愛用している。（　　）

□ **08** 彼はギキョウ心のある男だ。（　　）

□ **09** 野ビルを摘みに出かける。（　　）

□ **10** 山ビルに気をつける。（　　）

合格点 8/10　得点 /10

これも狙われる!　でる度 ★★

1 湿疹　2 蜂起　3 噴飯　4 詫(侘)びる　5 毅然
6 逼迫　7 恰も・宛も　8 醤油　9-10 萌芽 - 奉加

解答		解説
01	(雌蕊)	種子植物の中心部にある、メスの生殖器官。
02	(蹄鉄)	馬のひづめの底に打つ金具のこと。 他例 馬蹄《ばてい》
03	(首魁)	悪事などの張本人のこと。
04	(檜)	檜舞台＝自らの腕を披露する晴れの場所のこと。
05	(頬杖)	肘をつき、手のひらでほおを支えること。
06	(昏睡)	意識が完全になくなり、刺激に反応を示さない状態のこと。 他例 昏倒《こんとう》
07	(鰐)	ワニ目の爬虫類《はちゅうるい》。
08	(義侠)	正しい道理などを重んじ、弱者を助けること。
09	(蒜)	野蒜＝ユリ科の多年草。
10	(蛭)	山蛭＝ヤマビル科のヒル。

でる度 ★★★

書き取り ②

前回（P.182）の復習！（9・10は同訓異字の2語）

1メシベ　2テイテツ　3シュカイ　4ヒノキ　5ホオヅエ
6コンスイ　7ワニ　8ギキョウ　9-10ヒル

次の傍線部分のカタカナを漢字で記せ。

□ 01 新たな申請をシュンキョした。（　　）

□ 02 三大勢力がテイリツしている。（　　）

□ 03 カイショウのある相手を好む。（　　）

□ 04 アカヌけた着こなしをする。（　　）

□ 05 荒荒しい虎をジュンチする。（　　）

□ 06 なかなか来ない配達にイラだつ。（　　）

□ 07 光を当てドウコウ反射を見る。（　　）

□ 08 油断が事故をジャッキする。（　　）

□ 09 春夏連覇のガイカをあげる。（　　）

□ 10 ガイカ預金をはじめる。（　　）

合格点 8/10 | 得点 /10

これも狙われる!

でる度 ★★

1 雌蕊　2 蹄鉄　3 首魁　4 檜　5 頬杖
6 昏睡　7 鰐　8 義侠　9-10 蒜 - 蛭

解答	解説
01（　峻拒　）	厳しい態度で断ること。 他例 峻別《しゅんべつ》
02（　鼎立　）	三者がお互い張り合い、譲らないこと。 他例 鼎談《ていだん》
03（　甲斐性　）	気力が充実し頼りになる気質のこと。特に、経済的な能力。
04（　垢抜　）	垢抜ける＝洗練される。
05（　馴致　）	徐徐にある状態になっていくこと。なれさせること。
06（　苛　）	苛だつ＝いらいらする。 他例 苛《いじ》める
07（　瞳孔　）	眼球の中央にある穴で、目に入る光量を調節する器官。
08（　惹起　）	事件や問題などをひきおこすこと。
09（　凱歌　）	凱歌をあげる＝勝って声をあげる。
10（　外貨　）	他国のお金。

でる度 ★★★

書き取り③

前回（P.184）の復習！（9・10は同音異字の2語）

1シュンキョ　2テイリツ　3カイショウ　4アカヌける
5ジュンチ　6イラだつ　7ドウコウ　8ジャッキ　9-10ガイカ

次の傍線部分のカタカナを漢字で記せ。

□ 01 バターが徐徐にトロける。（　　）

□ 02 投手から野手にクラ替えした。（　　）

□ 03 両者のツバ競り合いが続く。（　　）

□ 04 スリ集団のエジキとなった。（　　）

□ 05 ロッカン筋の痛みを鎮める。（　　）

□ 06 カバンを買い替える。（　　）

□ 07 空想がホウマツに帰する。（　　）

□ 08 札束をワシヅカみにする。（　　）

□ 09 水が気管に入りセく。（　　）

□ 10 彼との久久の再会に気がセく。（　　）

合格点	得点
8/10	/10

これも狙われる!

でる度 ★★

1 峻拒　2 鼎立　3 甲斐性　4 垢抜ける
5 馴致　6 苛だつ　7 瞳孔　8 惹起　9-10 凱歌 - 外貨

解答	解説
01 （ 蕩（盪） ）	蕩ける＝固形のものが溶ける。
02 （ 鞍 ）	鞍替え＝仕事などをかえる。
03 （ 鍔（鐔） ）	鍔競り合い＝勢力が拮抗《きっこう》していて、緊迫した状況の中で争うこと。
04 （ 餌食 ）	人の野心や欲望などのため、犠牲となるもの。
05 （ 肋間 ）	あばら骨のあいだ。 他例 肋骨《ろっこつ》
06 （ 鞄 ）	書類などを入れて持ち運ぶための用具。
07 （ 泡沫 ）	あわのようにはかないもののたとえ。
08 （ 鷲掴 ）	鷲掴み＝手のひらを大きく開き手荒につかむこと。
09 （ 咳（喘・嗽） ）	咳く＝せきをする。
10 （ 急 ）	急く＝早くしようとあせる。

でる度 ★★★

書き取り④

前回（P.186）の復習！（9・10は同訓異字の2語）

1トロける　2クラ替え　3ツバ競り合い　4エジキ　5ロッカン
6カバン　7ホウマツ　8ワシヅカみ　9-10せく

次の傍線部分のカタカナを漢字で記せ。

□ **01** 出立のテハズは整っている。（　　）

□ **02** ケイフンで肥料を作る。（　　）

□ **03** ボダイジュの木陰で休む。（　　）

□ **04** 劇でコウコウヤに扮する。（　　）

□ **05** 名人にゴして戦った。（　　）

□ **06** キママな独身生活を楽しむ。（　　）

□ **07** 隣人とアイサツを交わす。（　　）

□ **08** 恵まれた環境の彼をヒガむ。（　　）

□ **09** それは皆が使うジョウトウ句だ。（　　）

□ **10** 新居のジョウトウ式に出る。（　　）

合格点 8/10　得点 /10

これも狙われる！

でる度 ★★

1 蕩(盪)ける　2 鞍替え　3 鍔(鐔)競り合い　4 餌食　5 肋間
6 鞄　7 泡沫　8 鷲掴み　9-10 咳(喘・嗽)く - 急く

解答	解説
01（ 手筈 ）	物事を行う前に決めておく順序など。
02（ 鶏糞 ）	にわとりのふんのこと。 他例 胸糞《むなくそ》
03（ 菩提樹 ）	クワ科の常緑高木。 他例 菩薩《ぼさつ》・菩提《ぼだい》
04（ 好好爺 ）	やさしい老人のこと。
05（ 伍 ）	伍する＝他人と同じ位置に並ぶ。
06（ 気儘 ）	遠慮などをせず自分の思うままに振る舞うこと。
07（ 挨拶 ）	人に会った時や別れる時に交わす、礼儀にかなった言葉や動作のこと。
08（ 僻 ）	僻む＝物事を素直に受け取らず、自分が不利だと思い込む。
09（ 常套 ）	常套句＝ある場面で決まって使う言葉のこと。
10（ 上棟 ）	家を建てる時に柱など骨組みを組み立て、屋根の一番高いところに木を上げること。またその時に行う儀式。

でる度 ★★★

書き取り⑤

前回（P.188）の復習！（9・10は同音異字の2語）

1 テハズ　2 ケイフン　3 ボダイジュ　4 コウコウヤ　5 ゴする
6 キママ　7 アイサツ　8 ヒガむ　9-10 ジョウトウ

次の傍線部分のカタカナを漢字で記せ。

□ 01 摘んだサワラビをゆでる。（　　）

□ 02 恋のサヤアてが始まった。（　　）

□ 03 スポーツのダイゴミをあじわう。（　　）

□ 04 サワやかな春の風を感じる。（　　）

□ 05 海兵たちは海のモクズと消えた。（　　）

□ 06 大都市へとヘンボウを遂げた。（　　）

□ 07 ワキメも振らずに研究する。（　　）

□ 08 コトナカれ主義の教師が増えた。（　　）

□ 09 宇宙飛行士の夢がツイえた。（　　）

□ 10 新しい試みの資金がツイえた。（　　）

合格点 8/10 | 得点 /10

これも狙われる!

でる度 ★★★ ★★ ★

1 手筈　2 鶏糞　3 菩提樹　4 好好爺　5 伍する
6 気儘　7 挨拶　8 僻む　9-10 常套 - 上棟

解答		解説
01	(早蕨)	芽を出したばかりのわらび。
02	(鞘当)	鞘当て=二人の男性が一人の女性を巡り争うこと。 他例 利《り》鞘《ざや》
03	(醍醐味)	本当の面白さのこと。
04	(爽)	爽やか=気持ちがすっきりして快い。
05	(藻屑)	海の藻屑と消える=海戦などで海に沈み死ぬ。
06	(変貌)	姿・様子が違う状態になること。 他例 相《そう》貌《ぼう》
07	(脇目)	脇目も振らず=よそ見せず、そのことだけを見たり、専念したりする。
08	(事勿)	事勿れ主義=問題が起こらず、平穏に済ませたいと望む消極的な考え方のこと。 他例 勿《もち》論《ろん》
09	(潰(弊))	潰える=希望や計画が断たれる。
10	(費)	費える=使われて減ったりなくなったりする。

でる度 ★★★

書き取り 6

前回（P.190）の復習！（9・10は同訓異字の2語）

| 1 サワラビ | 2 サヤアて | 3 ダイゴミ | 4 サワやか | 5 モクズ |
| 6 ヘンボウ | 7 ワキメ | 8 コトナカれ | 9-10 ツイえる |

次の傍線部分のカタカナを漢字で記せ。

□ 01 式場にハイゼンする。（　　）

□ 02 彼女の涙にモラい泣きした。（　　）

□ 03 彼女はケイベツの色を表した。（　　）

□ 04 議長のイスを狙っている。（　　）

□ 05 ジンゾウの移植手術を受けた。（　　）

□ 06 歴史上の英雄にアコガれる。（　　）

□ 07 金の腕時計がサンゼンと輝く。（　　）

□ 08 話し合いがマトまった。（　　）

□ 09 逆転本塁打にカイサイを叫ぶ。（　　）

□ 10 両親からの借金をカイサイする。（　　）

合格点	得点
8/10	/10

これも狙われる!

でる度 ★★

1 早蕨	2 鞘当て	3 醍醐味	4 爽やか	5 藻屑
6 変貌	7 脇目	8 事勿れ	9-10 潰(弊)える - 費える	

	解答	解説
01	(配膳)	客の前に料理を行き渡らせること。 他例 食膳《しょくぜん》
02	(貰)	貰い泣き＝他人が泣くのに誘われ、自分も泣くこと。
03	(軽蔑)	劣ったものとして見下げること。 他例 蔑《ないがし》ろ
04	(椅子)	官職などの地位。
05	(腎臓)	脊椎動物の泌尿器系の器官。
06	(憧(憬))	憧れる＝理想とする物事などに心をひかれる。
07	(燦(粲)然)	はっきりと鮮やかに輝くさま。
08	(纏)	纏まる＝話し合いなどに決着がつく。
09	(快哉)	とても晴れ晴れとした気持ちになること。
10	(皆済)	借りたお金を返し終えること。

でる度 ★★★

書き取り 7

前回（P.192）の復習！（9・10は同音異字の2語）

1 ハイゼン　2 モラい泣き　3 ケイベツ　4 イス　5 ジンゾウ
6 アコガれる　7 サンゼン　8 マトまる　9-10 カイサイ

次の傍線部分のカタカナを漢字で記せ。

□ 01 初めての子どもをモウけた。（　　）

□ 02 赤ちゃん用のセッケンを使う。（　　）

□ 03 身をテイして大統領を守った。（　　）

□ 04 同級生の結婚をウラヤんだ。（　　）

□ 05 老若男女がミコシを担いだ。（　　）

□ 06 サクソウした問題を整理する。（　　）

□ 07 雀が私のパンをツイバんだ。（　　）

□ 08 名歌をボッコン鮮やかに記した。（　　）

□ 09 祖父は和紙をスく職人だった。（　　）

□ 10 胸のスく思いがした。（　　）

合格点 8/10　得点 /10

これも狙われる!

でる度 ★★

1 配膳　2 貰い泣き　3 軽蔑　4 椅子　5 腎臓
6 憧(憬)れる　7 燦(粲)然　8 纏まる　9-10 快哉 - 皆済

解答	解説
01 (儲)	儲ける=子どもをさずかる。
02 (石鹼)	汚れを落とすために使う洗剤の一つ。
03 (挺)	身を挺する=自分の身を投げ出して事に当たる。
04 (羨)	羨む=他人の恵まれた環境などを悔しがり、自分もそうなりたいと思う。
05 (神輿・御輿)	神のみたまなどが乗るとされる乗り物。
06 (錯綜)	複雑に入り組むこと。
07 (啄(啅))	啄む=鳥がくちばしで物をつついて食べる。
08 (墨痕)	筆で書いたすみのあとのこと。 他例 痕跡《こんせき》・痕蹟《こんせき》(迹)
09 (漉・抄)	漉く=水に溶かした原料を薄く伸ばし、紙などを作る。
10 (空)	空く=つかえがなくなりさっぱりする。

でる度 ★★★

書き取り⑧

前回（P.194）の復習！（9・10は同訓異字の2語）

1 モウける　2 セッケン　3 テイする　4 ウラヤむ　5 ミコシ
6 サクソウ　7 ツイバむ　8 ボッコン　9-10 スく

次の傍線部分のカタカナを漢字で記せ。

□ **01** 朝から母のシッセイが飛んだ。（　　）

□ **02** 生命をトして戦った。（　　）

□ **03** 保守派のキュウセンポウに立つ。（　　）

□ **04** 隣からニギやかな声がする。（　　）

□ **05** 右腕をダッキュウした。（　　）

□ **06** サンゴショウの保全に協力する。（　　）

□ **07** セキツイ動物を分類する。（　　）

□ **08** 絵画のシンガン鑑定を依頼する。（　　）

□ **09** その計画にはシュコウしかねる。（　　）

□ **10** 父のためにシュコウを調えた。（　　）

合格点	得点
8/10	/10

これも狙われる!

でる度 ★★

1 儲ける　2 石鹼　3 挺する　4 羨む　5 神輿・御輿
6 錯綜　7 啄(啅)む　8 墨痕　9-10 漉く・抄く - 空く

解答		解説
01	(叱声)	しかるこえのこと。 他例 叱責《しっせき》
02	(賭)	賭する＝ある目的のために、失うことを覚悟して事に当たる。 他例 賭《かけ》
03	(急先鋒)	一番前に立ち、勢いよく行動すること。 他例 先鋒《せんぽう》
04	(賑(殷))	賑やか＝人の声などが盛んに聞こえてくるさま。
05	(脱臼)	骨の関節がはずれること。
06	(珊瑚礁)	サンゴや藻類などが集積してできた隆起した岩や島。
07	(脊椎)	体の中軸となる骨格を構成する骨のこと。
08	(真贋)	本物と偽物。 他例 贋作《がんさく》
09	(首肯)	賛成すること。
10	(酒肴)	さけとさかな。

でる度 ★★★

書き取り 9

前回（P.196）の復習！（9・10は同音異字の2語）

1 シッセイ　2 トする　3 キュウセンポウ　4 ニギやか　5 ダッキュウ 6 サンゴショウ　7 セキツイ　8 シンガン　9-10 シュコウ

次の傍線部分のカタカナを漢字で記せ。

□ **01** 政界総マクりの記事を読む。（　　）

□ **02** バンサン会に招待される。（　　）

□ **03** キョウリョウ工事が終了した。（　　）

□ **04** カンゼンする所がない論文だ。（　　）

□ **05** 旅先でカキョウと仲良くなった。（　　）

□ **06** セコに長けた方に助言をもらう。（　　）

□ **07** ゴウオンとともに雪崩が起きた。（　　）

□ **08** 大黒柱用の木をコる。（　　）

□ **09** 傷がウんで痛みだした。（　　）

□ **10** 長い説法にウんでしまった。（　　）

合格点 **8**/10 得点 /10

これも狙われる!

でる度 ★★★ ★★ ★

1 叱声　2 賭する　3 急先鋒　4 賑(殷)やか　5 脱臼
6 珊瑚礁　7 脊椎　8 真贋　9-10 首肯 - 酒肴

解答	解説
01 (捲)	総捲り＝残らず取り上げ論評すること。 他例 捲《めく》る
02 (晩餐)	夕食。特に、改まった豪華な夕食をいう。
03 (橋梁)	川や道路などに架ける構造物。はし。
04 (間然)	間然する所がない＝非難する箇所がない。
05 (華僑)	外国に定住している中国人のこと。
06 (世故)	世故に長ける＝世の中の事情に詳しく世わたりがうまい。
07 (轟音)	大きく響き渡る音のこと。
08 (樵)	樵る＝木などを切る。
09 (膿)	膿む＝傷などがうみをもつ。
10 (倦)	倦む＝飽きる。嫌になる。

でる度 ★★★

誤字訂正 1

次の各文にまちがって使われている同じ読みの漢字が一字ある。左に誤字を、右に正しい漢字を記せ。

□ **01** 自らを樗材だと謙遜するが、多くの騒擾を収め、将として勘禄がある。

誤（　　）⇒ 正（　　）

□ **02** 政界を退き曽遊の地に隅居を構え悠々自適な生活を送っていると記した。

誤（　　）⇒ 正（　　）

□ **03** 苦諫を厭わない木鐸が雅馴な文体で記した啓盲書が蔵から発見された。

誤（　　）⇒ 正（　　）

□ **04** 皇帝は、要津へと変房を遂げた土地を治める者に冊封使を派遣した。

誤（　　）⇒ 正（　　）

□ **05** 卜占によると国家隆祥の嘉瑞が現れると出たが未だその兆候すらない。

誤（　　）⇒ 正（　　）

□ **06** 汗牛充到の書籍を保管し閲覧できる宏壮な資料館が漸く竣工した。

誤（　　）⇒ 正（　　）

□ **07** 寛爾として笑う嬰児に、結婚に反対していた妻の萱堂も愁眉を開いた。

誤（　　）⇒ 正（　　）

□ **08** 帰宅の途時、樹齢百年を超える老杉の前で巡回中の警察官に誰何された。

誤（　　）⇒ 正（　　）

合格点 7/8　得点 /8

これも狙われる!

でる度 ★★

解答　解説

	誤	正	解説
01	勘	貫	貫禄《かんろく》＝身に備わっている威厳などのこと。
02	隅	寓	寓居《ぐうきょ》＝自分の家をへりくだって使う言葉。
03	盲	蒙	啓蒙《けいもう》＝道理の乏しい者たちを、理解を深めるように教え導くこと。
04	房	貌	変貌《へんぼう》＝姿・様子が変わること。
05	祥	昌	隆昌《りゅうしょう》＝勢いが盛んなこと。栄えること。
06	到	棟	汗牛充棟《かんぎゅうじゅうとう》＝蔵書がとても多いことのたとえ。
07	寛	莞	莞爾《かんじ》＝にっこりとほほ笑むさま。
08	時	次	途次《とじ》＝目的地に行く途中。

でる度 ★★★

誤字訂正 ②

次の各文にまちがって使われている同じ読みの漢字が一字ある。左に誤字を、右に正しい漢字を記せ。

□ **01** 些事に糠泥する退嬰的な男が元国会議員の祖父の威光を笠に着ている。

誤（　　）⇒ 正（　　）

□ **02** 怪我明けは鈍かった動きも体力が久に復すと以前と遜色ない活躍をした。

誤（　　）⇒ 正（　　）

□ **03** 華燭の典の折に新婦が着用した錦絵を捺染した袴は途徹もなく高価らしい。

誤（　　）⇒ 正（　　）

□ **04** 放唐息子も賭博に没頭する悪癖を矯めて孝行するため両親と暮らしている。

誤（　　）⇒ 正（　　）

□ **05** 帝の調を受けた姫妾が剃髪し世俗を捨てた理由は謎とされている。

誤（　　）⇒ 正（　　）

□ **06** 厩舎の縞子窓を破り脱走した駿馬は暫くして近くの畦道で捕獲された。

誤（　　）⇒ 正（　　）

□ **07** 竪子のおごり昂った態度やたび重なる非礼をどうか御解容下さい。

誤（　　）⇒ 正（　　）

□ **08** 自分が編纂した叢書にとんでもない誤謬と乱丁が発覚し寒顔の至りだ。

誤（　　）⇒ 正（　　）

合格点 7/8 | 得点 /8

これも狙われる!

でる度 ★★

	解答 誤	正	解説
01	（糠）	⇒（拘）	拘泥《こうでい》＝こだわること。
02	（久）	⇒（旧）	旧《きゅう》＝もとの状態。
03	（徹）	⇒（轍）	途轍《とてつ》もない＝並外れている。 他例「途」が出題されることもある。
04	（唐）	⇒（蕩）	放蕩《ほうとう》＝酒や色事に溺れること。
05	（調）	⇒（寵）	寵《ちょう》＝特に気に入られること。
06	（縞）	⇒（格）	格子《こうし》＝細い木などにすかしを入れて組んだもの。
07	（解）	⇒（海）	海容《かいよう》＝広い心で失礼や罪を許すこと（主に手紙で許しを請う）。
08	（寒）	⇒（汗）	汗顔《かんがん》＝あせをかくほど恥ずかしいと感じること。

でる度 ★★★

四字熟語（書き取り）1

前回（P.96）の復習！　読んでみよう。

1 魚目燕石	2 疾風怒濤	3 阿附(阿付)迎合	4 筆耕硯田
5 君子豹変	6 街談巷説	7 赤手空拳	
8 亡羊補牢	9 抜山蓋世	10 鎧袖一触	

次の四字熟語に入る適切な語を□から選び漢字二字で記せ。

□ 01 阿鼻（　　　）

□ 02 （　　　）錦繡

□ 03 （　　　）定規

□ 04 自家（　　　）

□ 05 天神（　　　）

□ 06 （　　　）昇天

□ 07 紫電（　　　）

□ 08 徒手（　　　）

□ 09 （　　　）再拝

□ 10 道聴（　　　）

いっせん
きょうかん
きょくじつ
くうけん
しゃくし
ちぎ
どうちゃく
とせつ
とんしゅ
りょうら

合格点	得点
8/10	/10

これも狙われる!

でる度 ★★

1 ぎょもくえんせき　2 しっぷうどとう　3 あふげいごう　4 ひっこうけんでん　5 くんしひょうへん　6 がいだんこうせつ　7 せきしゅくうけん　8 ぼうようほろう　9 ばつざんがいせい　10 がいしゅういっしょく

	解答	解説
01	阿鼻《あび》（叫喚《きょうかん》）	甚だしく悲惨で、むごいさま。
02	（綾羅《りょうら》）錦繡《きんしゅう》	目がさめるほど美しいもの。 他例「錦繡」が出題されることもある。
03	（杓子《しゃくし》）定規《じょうぎ》	一形式にとらわれ融通がきかないこと。
04	自家《じか》（撞着《どうちゃく》・撞著《どうちゃく》）	同じ人の言動が前後で食い違うこと。 注意「じかどうじゃく」とも読む。
05	天神《てんしん》（地祇《ちぎ》）	全ての神神のこと。 注意「てんじんちぎ」とも読む。
06	（旭日《きょくじつ》）昇天《しょうてん》	勢いが非常に盛んなこと。
07	紫電《しでん》（一閃《いっせん》）	きわめて短い時間のたとえ。
08	徒手《としゅ》（空拳《くうけん》）	自分の力の他に頼るもののないこと。
09	（頓首《とんしゅ》）再拝《さいはい》	頭を下げて礼儀正しく礼をすること。
10	道聴《どうちょう》（塗説《とせつ》・途説《とせつ》）	曖昧な知識を知ったふりして話すこと。 他例「道聴」が出題されることもある。

四字熟語（書き取り）②

前回（P.204）の復習！　読んでみよう。

1 阿鼻叫喚　2 綾羅錦繡　3 杓子定規
4 自家撞着（撞著）　5 天神地祇　6 旭日昇天
7 紫電一閃　8 徒手空拳　9 頓首再拝　10 道聴塗説（途説）

次の四字熟語に入る適切な語を□から選び
漢字二字で記せ。

□ 01 曲学（　　）

□ 02 気息（　　）

□ 03 沈魚（　　）

□ 04（　　）美俗

□ 05（　　）夢幻

□ 06 一顧（　　）

□ 07 和光（　　）

□ 08 清濁（　　）

□ 09 挙措（　　）

□ 10 純真（　　）

あせい
えんえん
けいせい
じゅんぷう
しんたい
どうじん
へいどん
ほうまつ
むく
らくがん

合格点	得点
8/10	/10

これも狙われる！

でる度 ★★

1あびきょうかん　2りょうらきんしゅう　3しゃくしじょうぎ　4じかどうちゃく(どうじゃく)　5てんしん(てんじん)ちぎ　6きょくじつしょうてん　7しでんいっせん　8としゅくうけん　9とんしゅさいはい　10どうちょうとせつ

解答	解説
01 曲学《きょくがく》（阿世《あせい》）	真理を曲げ、時流などに迎合すること。
02 気息《きそく》（奄奄《えんえん》（淹淹《えんえん》））	今にも死んでしまいそうなさま。他例「気息」が出題されることもある。
03 沈魚《ちんぎょ》（落雁《らくがん》）	華やかな美人のたとえ。
04 （醇風《じゅんぷう》・淳風《じゅんぷう》）美俗《びぞく》	人情の厚いよい慣習のこと。
05 （泡沫《ほうまつ》）夢幻《むげん》	人生がはかないことのたとえ。他例「夢幻」が出題されることもある。
06 一顧《いっこ》（傾城《けいせい》）	絶世の美人のこと。
07 和光《わこう》（同塵《どうじん》）	才能を隠して世俗にまじりあうこと。
08 清濁《せいだく》（併呑《へいどん》）	度量が大きく、善悪の差別なく何事も受け入れること。
09 挙措《きょそ》（進退《しんたい》）	日常における立ち居振る舞いのこと。他例「挙措」が出題されることもある。
10 純真《じゅんしん》（無垢《むく》）	心にけがれがないこと。

でる度 ★★★

四字熟語（書き取り）③

前回（P.206）の復習！　読んでみよう。

1 曲学阿世　2 気息奄奄（淹淹）　3 沈魚落雁 4 醇風（淳風）美俗　5 泡沫夢幻　6 一顧傾城　7 和光同塵 8 清濁併呑　9 挙措進退　10 純真無垢

次の四字熟語に入る適切な語を□から選び漢字二字で記せ。

□ 01 張三（　　）

□ 02 捧腹（　　）

□ 03 膏火（　　）

□ 04（　　）玉兎

□ 05（　　）墨守

□ 06 一張（　　）

□ 07 鼓腹（　　）

□ 08（　　）三遷

□ 09 伏竜（　　）

□ 10 古色（　　）

いっし
きゅうとう
きんう
げきじょう
じせん
ぜっとう
そうぜん
ほうすう
もうぼ
りし

合格点 8/10 | 得点 /10

これも狙われる!

でる度 ★★★ ★★ ★

1 きょくがくあせい　2 きそくえんえん　3 ちんぎょらくがん
4 じゅんぷうびぞく　5 ほうまつむげん　6 いっこけいせい　7 わこうどうじん
8 せいだくへいどん　9 きょそしんたい　10 じゅんしんむく

解答	解説
01 張三《ちょうさん》（李四《りし》）	どこにでもいる凡人のたとえ。
02 捧腹《ほうふく》（絶倒《ぜっとう》）	おなかをかかえて笑うこと。注意「抱腹絶倒」とも書く。他例「捧腹・抱腹」が出題されることもある。
03 膏火《こうか》（自煎《じせん》）	才能が災いを招くことのたとえ。
04 （金烏《きんう》）玉兎《ぎょくと》	日、月のこと。
05 （旧套《きゅうとう》）墨守《ぼくしゅ》	古い慣習を固く守ること。
06 一張《いっちょう》（一弛《いっし》）	人をほどよく扱うことのたとえ。
07 鼓腹《こふく》（撃壌《げきじょう》）	人人が平和な生活を楽しむこと。
08 （孟母《もうぼ》）三遷《さんせん》	子どもの教育には環境が重要であることのたとえ。
09 伏竜《ふくりょう》（鳳雛《ほうすう》）	才能を活かす機会のない逸材のこと。注意「ふくりゅうほうすう」とも読む。
10 古色《こしょく》（蒼然《そうぜん》）	いかにも古く趣のあるさま。

でる度 ★★★

四字熟語（意味と読み）1

次の解説・意味にあてはまる四字熟語を□から選び、その傍線部分だけの読みをひらがなで記せ。

□ 01 とりとめがなく、あてにできない。

□ 02 逃すことのできないよい機会。

□ 03 何にも縛られないのんびりした生活。

□ 04 つまらないものも役立つ時がある。

□ 05 能力のない者が威張ること。

□ 06 意志が固く、動じないさま。

□ 07 とても悲しく、涙がとまらないさま。

□ 08 本末転倒になること。

確乎不抜
繫風捕影
啐啄同時
瓦釜雷鳴
釈根灌枝
泣血漣如
竹頭木屑
閑雲野鶴

合格点	得点
7/8	/8

これも狙われる!

でる度 ★★

解答

01 (けいふう)

02 (そったく)

03 (やかく)

04 (ぼくせつ)

05 (がふ)

06 (かっこ)

07 (れんじょ)

08 (かんし)

解説

繋風《けいふう》捕影《ほえい》

啐啄《そったく》同時《どうじ》

閑雲《かんうん》(間雲《かんうん》)野鶴《やかく》

竹頭《ちくとう》木屑《ぼくせつ》

瓦釜《がふ》雷鳴《らいめい》

確乎《かっこ》(確固《かっこ》)不抜《ふばつ》

泣血《きゅうけつ》漣如《れんじょ》

釈根《しゃくこん》灌枝《かんし》

でる度 ★★★

四字熟語（意味と読み）②

次の解説・意味にあてはまる四字熟語を□から選び、その傍線部分だけの読みをひらがなで記せ。

□ **01** 人間業とは思えないすぐれた作品のこと。

□ **02** 思いのままに考えを述べること。

□ **03** ふぞろいな物がまじり合うさま。

□ **04** 根本を追求し末節に固執しないこと。

□ **05** 迷って決心がつかない曖昧な態度。

□ **06** 建築などが頻繁に行われることのたとえ。

□ **07** おおいにあわてふためくこと。

□ **08** 物が勢いよく立派に生長するさま。

朝穿暮塞
参差錯落
禾黍油油
鬼斧神工
首鼠両端
横説竪説
周章狼狽
綱挙網疏

合格点	得点
7/8	/8

これも狙われる!

でる度 ★★

解答	解説
01 （ きふ ）	鬼《き》斧《ふ》神《しん》工《こう》
02 （ じゅせつ ）	横《おう》説《せつ》竪《じゅ》説《せつ》
03 （ しんし ）	参《しん》差《し》錯《さく》落《らく》
04 （ もうそ ）	綱《こう》挙《きょ》網《もう》疏《そ》
05 （ しゅそ ）	首《しゅ》鼠《そ》両《りょう》端《たん》
06 （ちょうせん）	朝《ちょう》穿《せん》暮《ぼ》塞《そく》
07 （ ろうばい ）	周《しゅう》章《しょう》狼《ろう》狽《ばい》
08 （ かしょ ）	禾《か》黍《しょ》油《ゆう》油《ゆう》

でる度 ★★★

四字熟語（意味と読み）3

次の解説・意味にあてはまる四字熟語を□から選び、その傍線部分だけの読みをひらがなで記せ。

□ 01 つけ入るすきを与えないこと。

□ 02 人間味がなく近寄りがたいさま。

□ 03 農作物がよく実ること。

□ 04 極楽往生できるよう心から願うこと。

□ 05 有名無実であることのたとえ。

□ 06 見識がとても狭いことのたとえ。

□ 07 問題解決のため、根本的な原因を取り除く。

□ 08 大工と、車などを作る職人のこと。

欣求浄土
梓匠輪輿
釜底抽薪
菟糸燕麦
五穀豊穣
管中窺豹
枯木寒巌
折衝禦侮

合格点	得点
7/8	/8

これも狙われる!

でる度 ★★★ ★★ ★

解答	解説
01（　ぎょぶ　）	折衝禦侮《せっしょうぎょぶ》
02（　かんがん　）	枯木寒巌《こぼくかんがん》
03（ほうじょう）	五穀豊穣《ごこくほうじょう》
04（　ごんぐ　）	欣求浄土《ごんぐじょうど》
05（　とし　）	菟糸燕麦《としえんばく》
06（　きひょう　）	管中窺豹《かんちゅうきひょう》
07（　ふてい　）	釜底抽薪《ふていちゅうしん》
08（　ししょう　）	梓匠輪輿《ししょうりんよ》

でる度 ★★★

対義語・類義語 1

右の□の中の語を一度だけ使って漢字に直し、
対義語・類義語を記せ。

対義語

□ 01 停頓 ―（　　　）

□ 02 僅少 ―（　　　）

□ 03 露出 ―（　　　）

□ 04 清楚 ―（　　　）

□ 05 文治 ―（　　　）

類義語

□ 06 契合 ―（　　　）

□ 07 排撃 ―（　　　）

□ 08 吉祥 ―（　　　）

□ 09 出塵 ―（　　　）

□ 10 精通 ―（　　　）

しだん
しゃへい
しんちょく
ずいそう
ちしつ
とんせい
のうえん
ばくだい
ぶだん
ふんごう

合格点 8/10 | 得点 /10

これも狙われる!

でる度 ★★★ ★★ ★

解答 / 解説

01 (進捗《しんちょく》(陟))

停頓《ていとん》＝物事が行き詰まること。
進捗＝物事がはかどること。
他例 凝滞《ぎょうたい》―進捗(陟)

02 (莫大《ばくだい》)

僅少《きんしょう》＝ほんの少し。
莫大＝量などがきわめて大きいさま。
他例 些少《さしょう》―莫大

03 (遮蔽《しゃへい》)

露出《ろしゅつ》＝あらわれ出ること。
遮蔽＝おおうなどして隠すこと。
他例 曝露《ばくろ》―遮蔽

04 (濃艶《のうえん》)

清楚《せいそ》＝飾り気がなく、さっぱりとしているさま。
濃艶＝なまめかしく美しいこと。

05 (武断《ぶだん》)

文治《ぶんち》＝教化や法令によって治めること。
武断＝軍事力で政治を行うこと。

06 (吻合《ふんごう》)

契合《けいごう》＝ぴったりと一致すること。
吻合＝二つの物事がぴったりと一致すること。

07 (指弾《しだん》)

排撃《はいげき》＝非難などをして、しりぞけること。
指弾＝非難し、しりぞけること。

08 (瑞相《ずいそう》)

吉祥《きっしょう・きちじょう》＝めでたいきざしのこと。
瑞相＝めでたいことの起こるきざし。

09 (遁《とん》(遯)世《せい》)

出塵《しゅつじん》＝出家すること。
遁世＝仏門に入ること。
他例 出家《しゅっけ》―遁(遯)世

10 (知悉《ちしつ》)

精通《せいつう》＝ある物事にとても詳しいこと。
知悉＝ある物事にとても詳しいこと。
他例 通暁《つうぎょう》―知悉

でる度 ★★★

対義語・類義語 ②

右の□の中の語を一度だけ使って漢字に直し、対義語・類義語を記せ。

対義語

□ 01 謙抑 ―（　　）

□ 02 匡正 ―（　　）

□ 03 重大 ―（　　）

□ 04 付与 ―（　　）

□ 05 優柔 ―（　　）

類義語

□ 06 魔手 ―（　　）

□ 07 逐電 ―（　　）

□ 08 絶壁 ―（　　）

□ 09 刊行 ―（　　）

□ 10 払拭 ―（　　）

いっそう
かだん
けんがい
ささい
しゅっぽん
じょうし
そうが
はくだつ
ふそん
わいきょく

合格点	得点
8/10	/10

これも狙われる!

でる度 ★★

解答 / 解説

01（不遜《ふそん》・不孫《ふそん》）

謙抑《けんよく》＝へりくだり、控えめにすること。
不遜＝うぬぼれていること。

02（歪曲《わいきょく》）

匡正《きょうせい》＝正しい状態に直すこと。
歪曲＝事実などを故意にまげて伝えること。

03（些《さ》(瑣)細《さい》）

重大《じゅうだい》＝軽軽しく扱えない大きな影響をもつこと。
些細＝取るに足りないさま。

04（剝奪《はくだつ》）

付与《ふよ》＝さずけ、与えること。
剝奪＝はぎ取ること。

05（果断《かだん》）

優柔《ゆうじゅう》＝ぐずぐずし、きっぱり決められないこと。
果断＝思い切って実行すること。

06（爪牙《そうが》）

魔手《ましゅ》＝人を害するもののたとえ。
爪牙＝人を傷つけるもの。

07（出奔《しゅっぽん》）

逐電《ちくでん》＝逃げて行方をくらますこと。
出奔＝逃げて姿をくらますこと。

08（懸崖《けんがい》）

絶壁《ぜっぺき》＝切り立ったがけのこと。
懸崖＝切り立ったがけのこと。

09（上梓《じょうし》）

刊行《かんこう》＝書籍などを印刷し、世に出すこと。
上梓＝出版すること。
他例 出版《しゅっぱん》―上梓

10（一掃《いっそう》）

払拭《ふっしょく》＝すっかり拭い去ること。
一掃＝残らず払い去ること。

でる度 ★★★

対義語・類義語 ③

右の□の中の語を一度だけ使って漢字に直し、対義語・類義語を記せ。

対義語

□ 01 断行 ―（　　）

□ 02 遵守 ―（　　）

□ 03 貫徹 ―（　　）

□ 04 昏迷 ―（　　）

□ 05 硬直 ―（　　）

類義語

□ 06 繁栄 ―（　　）

□ 07 頑丈 ―（　　）

□ 08 起用 ―（　　）

□ 09 洪水 ―（　　）

□ 10 地獄 ―（　　）

いはい
かくせい
けんろう
ざせつ
しかん
ちぎ
ならく
ばってき
はんらん
りゅうしょう

合格点	得点
8/10	/10

これも狙われる!

でる度 ★★★ ★★ ★

解答	解説
01（遅疑《ちぎ》）	断行《だんこう》＝反対を押し切り、思い切って動くこと。 遅疑＝迷いためらうこと。
02（違背《いはい》）	遵守《じゅんしゅ》＝規則などに従い、守ること。 違背＝命令などにそむくこと。 他例 遵奉《じゅんぽう》―違背
03（挫折《ざせつ》）	貫徹《かんてつ》＝最後までやり通すこと。 挫折＝計画などが途中でだめになること。
04（覚醒《かくせい》）	昏迷《こんめい》＝意識はあるが刺激に反応を示さないこと。 覚醒＝目をさますこと。
05（弛緩《しかん》）	硬直《こうちょく》＝身体などがかたくなること。 弛緩＝ゆるむこと。 他例 緊張《きんちょう》―弛緩
06（隆昌《りゅうしょう》）	繁栄《はんえい》＝発展すること。栄えること。 隆昌＝勢いが盛んなこと。栄えること。
07（堅牢《けんろう》）	頑丈《がんじょう》＝しっかりとしていて丈夫なさま。 堅牢＝しっかりとしていて丈夫なこと。
08（抜擢《ばってき》）	起用《きよう》＝ある役などに取り立てること。 抜擢＝多くの人の中から選出し役に就けること。
09（氾濫《はんらん》・汎濫《はんらん》）	洪水《こうずい》＝河川の水があふれ出すこと。 氾濫＝河川の水があふれ出すこと。
10（奈落《ならく》）	地獄《じごく》＝仏教で、悪事を行った者が死後に責め苦を受けるとされる場所。 奈落＝地獄。

でる度 ★★★

故事・諺 1

次の故事・成語・諺のカタカナの部分を漢字で記せ。

□ **01** ユウメイ境を異にする。（　　）

□ **02** シシに鞭打つ。（　　）

□ **03** 巧詐はセッセイに如かず。（　　）

□ **04** 門前ジャクラを張る。（　　）

□ **05** ウリの蔓に茄子はならぬ。（　　）

□ **06** 断じて行えばキシンも之を避く。（　　）

□ **07** ヌれ手で粟。（　　）

□ **08** 死は或いは泰山より重く、或いはコウモウより軽し。（　　）

□ **09** リョウキンは木を択ぶ。（　　）

□ **10** キンジョウに花を添える。（　　）

合格点	得点
8/10	/10

これも狙われる!

でる度 ★★

解答 / 解説

01 (幽明)
死に別れる。

02 (死屍)
亡くなった人の生前の行いを非難する。

03 (拙誠)
巧妙な小細工は、つたなくても心がこもっていることには及ばない。

04 (雀羅)
訪ねてくる人もいない、さびれたさま。

05 (瓜)
平凡な親からは非凡な子は生まれない。
他例 「茄子《なすび》・茄《なすび》」が出題されることもある。

06 (鬼神)
決心して断行すれば、妨げられることはないということ。

07 (濡)
何の苦労もしないで、利益を得ることのたとえ。
他例 「粟《あわ》」が出題されることもある。

08 (鴻毛)
人には、命を惜しむべき時と、潔く捨てるべき時とがある。

09 (良禽)
賢い人は君主をよく選んで仕えるというたとえ。

10 (錦上)
美しく立派なものに、さらに美しく立派なものを加えること。

でる度 ★★★

故事・諺 ②

次の故事・成語・諺のカタカナの部分を漢字で記せ。

□ 01 地獄のサタも金次第。（　　）

□ 02 ホウオウ群鶏と食を争わず。（　　）

□ 03 キカ居くべし。（　　）

□ 04 カセイは虎よりも猛し。（　　）

□ 05 ノウチュウの錐。（　　）

□ 06 家貧しくしてコウシ顕れ、世乱れて忠臣を識る。（　　）

□ 07 外面似菩薩、内心如ヤシャ。（　　）

□ 08 ブンボウ牛羊を走らす。（　　）

□ 09 シュツランの誉れ。（　　）

□ 10 セイコクを射る。（　　）

合格点 8/10　得点 /10

これも狙われる!

でる度 ★★

解答 / 解説

解答	解説
01（ 沙汰 ）	金さえあれば、世の中のことはどうにでもなる。
02（ 鳳凰 ）	超然としていることのたとえ。
03（ 奇貨 ）	貴重な好機は、逃さず大いに利用すべきである。
04（ 苛政 ）	人民を虐げる統治は、人食い虎よりも酷い。
05（ 嚢中 ）	すぐれた才能を持つ者は、無名でも必ず世に現れることのたとえ。
06（ 孝子 ）	逆境の時にこそ、真価を発揮する人が現れる。
07（ 夜叉 ）	外見は柔和だが、その中身は険悪である。 他例「菩薩《ぼさつ》」が出題されることもある。
08（ 蚊虻 ）	小さなものが大きなものを制すること。
09（ 出藍 ）	弟子が師よりもまさるという名誉。
10（ 正鵠 ）	物事の核心を衝く。

でる度 ★★★

故事・諺 3

次の故事・成語・諺のカタカナの部分を漢字で記せ。

□ 01 虻蜂取らず鷹のエジキ。 (　　)

□ 02 ノレンに腕押し。 (　　)

□ 03 カネや太鼓で探す。 (　　)

□ 04 三軍も帥を奪うべし、ヒップも志を奪うべからず。 (　　)

□ 05 創業は易くシュセイは難し。 (　　)

□ 06 エテに帆を揚げる。 (　　)

□ 07 火中のクリを拾う。 (　　)

□ 08 アイサツは時の氏神。 (　　)

□ 09 ケサと衣は心に着よ。 (　　)

□ 10 ヒルに塩。 (　　)

合格点	得点
8/10	/10

これも狙われる！

でる度 ★★

解答	解説
01 （ 餌食 ）	欲張りすぎて失敗してしまうことのたとえ。 他例 「虻蜂《あぶはち》」が出題されることもある。
02 （ 暖簾 ）	手応えがなく、張り合いのないことのたとえ。
03 （ 鉦 ）	大勢で大騒ぎをしながら、あちこち探し回る。
04 （ 匹夫 ）	大軍が守っても大将を討つことは可能だが、一人の凡人の固い志を変えさせることは不可能だ。
05 （ 守成 ）	創業はたやすいが、それを維持してゆくのは難しい。
06 （ 得手 ）	自信があることを発揮する機会が到来して勇んで行うこと。
07 （ 栗 ）	他人のために危険を冒すこと。
08 （ 挨拶 ）	争い事に仲裁人が出てきたら、その助言に従ったほうがよい。
09 （ 袈裟 ）	形だけ僧衣を纏っても、信仰しているとはいえないということ。
10 （ 蛭 ）	忌むものに出会って恐れ入り、縮み上がることのたとえ。

でる度 ★★★

故事・諺 4

次の故事・成語・諺のカタカナの部分を漢字で記せ。

□ **01** 人生　字を識るはユウカンの始め。（　　）

□ **02** カコウ有りといえども食らわずんばその旨きを知らず。（　　）

□ **03** 禍福はアザナえる縄の如し。（　　）

□ **04** 尋常の溝にはドンシュウの魚なし。（　　）

□ **05** 一文銭で生爪ハがす。（　　）

□ **06** 鍋釜がニギわう。（　　）

□ **07** クラ掛け馬の稽古。（　　）

□ **08** 尾をトチュウに曳く。（　　）

□ **09** ガベイに帰す。（　　）

□ **10** シンエンに臨んで薄氷をふむが如し。（　　）

合格点	得点
8/10	/10

これも狙われる！

でる度 ★★

解答	解説
01（ 憂患 ）	学問で知恵がつくと、苦悩や心配などをするようになり、学のない方が気楽だということ。
02（ 嘉肴・佳肴 ）	聖人の道も、学ばなければその価値はわからない。
03（ 糾(糺) ）	幸福と禍災は交互にやって来るものだ。
04（ 呑舟 ）	狭く小さな社会からは大人物は生まれない。
05（ 剝 ）	ひどくケチな人のたとえ。
06（ 賑(殷) ）	暮らしが豊かである。
07（ 鞍 ）	役に立たない無用な修練のたとえ。
08（ 塗中 ）	偉くなって不自由になるより、貧しくても自由な生活を送るほうがよい。
09（ 画餅 ）	計画したことが失敗するなどして無駄になること。
10（ 深淵 ）	とても危険な立場であることのたとえ。

でる度 ★★★

故事・諺 5

次の故事・成語・諺のカタカナの部分を漢字で記せ。

□ 01 クツワの音にも目を覚ます。 (　　)

□ 02 ヒシヅルほど子ができる。 (　　)

□ 03 ロギョの誤り。 (　　)

□ 04 エイジの貝を以て巨海を測る。 (　　)

□ 05 敷居をマタげば七人の敵あり。 (　　)

□ 06 イソのあわびの片思い。 (　　)

□ 07 猩猩《しょうじょう》は血を惜しむ、サイは角を惜しむ、日本の武士は名を惜しむ。 (　　)

□ 08 鬼の女房にヤシャがなる。 (　　)

□ 09 棚からボタモチ。 (　　)

□ 10 大山もギケツより崩る。 (　　)

合格点	得点
8/10	/10

これも狙われる!

でる度 ★★

解答

01 (轡(銜・勒))

02 (菱蔓)

03 (魯魚)

04 (嬰児)

05 (跨)

06 (磯)

07 (犀)

08 (夜叉)

09 (牡丹餅)

10 (蟻穴)

解説

01 ちょっとしたことにも敏感に反応するさま。

02 多くの子を持ち、栄えること。

03 似た文字を間違えること。

04 とうていできないことなどのたとえ。

05 社会に出ると、多くの敵がいるということ。

06 相手にその気がない片思いをしゃれて使う言葉。

07 どんなものにも守るべき大切なものがあるということ。

08 鬼のような男にはそれに合う心の邪悪な女が妻になる。

09 思い掛けない幸運が転がり込んでくることのたとえ。

10 少しの油断が大惨事を招くというたとえ。

でる度 ★★★

文章題 1

文章中の傍線のカタカナを漢字に直し、波線の漢字の読みをひらがなで記せ。

□ **01** ことに大学文科の西洋人を手痛くバトウしている。

(夏目漱石「三四郎」より) (　　　)

□ **02** フランシスはクララの頭に手を置きそえたままモクトウしていた。

(有島武郎「クララの出家」より) (　　　)

□ **03** 水面を掠めてとぶ時に、あの長い尾の尖端が水面を撫でて波紋を立てて行く。

(寺田寅彦「浅間山麓より」より) (　　　)

□ **04** イエスを祭司の長たちに売《わた》せ。然《さ》すれば爾の名、イエスの名と共に伝わらん。

(芥川龍之介「LOS CAPRICHOS」より) (　　　)

□ **05** 偶、「芭蕉俳句定本」を読んでいるうちに、海彼岸《かいひがん》の文学の影響を考えたから、「芭蕉雑記」の後に加えることにした。

(芥川龍之介「芭蕉雑記」より) (　　　)

□ **06** 場の内外一方ならず騒擾し、表門警護の看守巡査は、孰《いず》れも抜剣にて非常を戒めし程なりき。

(福田英子「妾の半生涯」より) (　　　)

合格点 5/6　得点 /6

これも狙われる!

でる度 ★★

解答	解説
01 （　罵倒　）	ひどくののしること。 他例 罵《ののし》る
02 （　黙禱　）	口には出さず心の中で祈ること。 他例 祈禱《きとう》
03 （　かす　）	掠める＝すれすれに通り過ぎる。 他例 奪掠《だつりゃく》
04 （　なんじ　）	対等以下の人を指す時に使う言葉。 他例 徒《と》爾《じ》・爾《じ》来《らい》
05 （　たまたま　）	偶然。
06 （そうじょう）	集団で騒ぎ、社会の秩序を乱すこと。 他例 擾乱《じょうらん》

でる度 ★★★

文章題 2

文章中の傍線のカタカナを漢字に直し、波線の漢字の読みをひらがなで記せ。

□ 01 其のカンテキを少時《しばらく》なりとも貪り得る今の身の嬉しさが、此の五十六字に形を変じたのである。（夏目漱石「思い出す事など」より）（　　　）

□ 02 昨年の秋タイセイ漫遊に出かけて、一月ほど前に帰朝した。

（田山花袋「田舎教師」より）（　　　）

□ 03 正義の上に刑罰の笞《しもと》の下った例は、古今を通じて東西に亙りて、何時の時代にもどんな処にでも起こったこと、起こり得ることである。

（平出修「逆徒」より）（　　　）

□ 04 叔父は又一切を引き受けて凡ての世話をして呉れました。

（夏目漱石「こころ」より）（　　　）

□ 05 悟空が三蔵に随って遥々天竺迄ついて行こうというのも唯この嬉しさ有難さからである。

（中島敦「悟浄歎異」より）（　　　）

□ 06 その瞬間に園の覚悟は定まった。彼は柱から身を起こして端坐した。

（有島武郎「星座」より）（　　　）

合格点	得点
5/6	/6

これも狙われる!

でる度 ★★

解答 / **解説**

01 （ 閑適 ）
心を静かにし、楽しむこと。
[他例] 等閑《とうかん》

02 （ 泰西 ）
西洋のこと。

03 （ わた ）
亙る＝端から端まで及ぶ。
[他例] 連亙《れんこう》

04 （ すべ ）
凡て＝ことごとく。全部。
[他例] 大凡《おおよそ》・凡《およ》そ

05 （ したが ）
随う＝他人の後ろについていく。

06 （ たんざ ）
正しい姿勢で座ること。
[他例] 坐《いなが》ら

でる度 ★★★

文章題③

文章中の傍線のカタカナを漢字に直し、波線の漢字の読みをひらがなで記せ。

□ **01** 彼の足元には黒塗りのマキエの手文庫が放り出してあった。（夏目漱石「門」より）（　　　）

□ **02** 人口が過剰するとトウタが行われる。限りある都市の地積が充つると四捨五入して余分を市外へ掃出さねばならぬ。
（内田魯庵「駆逐されんとする文人」より）（　　　）

□ **03** 但し演壇をあちこち歩き廻ったり、拳固を振りまわす労力はこの外であるのは勿論の事だ。
（寺田寅彦「話の種」より）（　　　）

□ **04** 男は入り口にうずくまるフランシスに眼をつけると、きっとクララの方に鋭い眸《ひとみ》を向けたが、フランシスの襟元を摑んで引きおこした。
（有島武郎「クララの出家」より）（　　　）

□ **05** 萎れた正太を見ると、何とかして三吉の方では斯の甥の銷沈《しょうちん》した意気を引き立たせたく思った。（島崎藤村「家」より）（　　　）

□ **06** けれども機嫌の悪い父の顔が、色々な表情を以て彼の脳髄を刺戟した。
（夏目漱石「それから」より）（　　　）

解答	解説
01（ 蒔絵 ）	漆工芸の技法の一つ。
02（ 淘汰 ）	不要なもの、不適切なものを除くこと。
03（ げんこ ）	にぎりこぶし。 他例 拳《こぶし》
04（ つか ）	摑む＝しっかり握り持つ。
05（ しお ）	萎れる＝元気がなくなりしょんぼりとする。
06（ しげき ）	外部から働きかけて感情などに作用し興奮させること。

でる度 ★★★

読み 1

前回（P.156）の復習！（1～7は音読み、8～10は訓読み）

1 薬匙	2 障碍	3 嘉猷	4 禎祥	5 晃晃
6 老爺	7 鉤餌	8 魁	9 僻事	10 雫

次の傍線部分の読みをひらがなで記せ。
1～7は音読み、8～10は訓読みである。

□ **01** 未だ粥薬の効なし。（　　）

□ **02** 葵花も咲き出でたり。（　　）

□ **03** 宮娃も興ずることあり。（　　）

□ **04** 葱翠たる山山を写真におさめる。（　　）

□ **05** 彼は自らの管窺を恥じた。（　　）

□ **06** 傭役する必要を上官が認めた。（　　）

□ **07** 彼は聡慧だと評された。（　　）

□ **08** 甑に坐するが如く暑い日が続く。（　　）

□ **09** 強い悔恨が彼の心を苛んでいる。（　　）

□ **10** 彼はよく穿ったことを言う。（　　）

合格点 8/10 得点 /10

ここまでがんばろう!

でる度 ★★★ ★★ ★

1 やくし 2 しょうがい 3 かゆう 4 ていしょう 5 こうこう
6 ろうや 7 こうじ 8 さきがけ 9 ひがごと 10 しずく

	解答	解説
01	（しゅくやく）	粥と薬。
02	（きか）	葵の花。
03	（きゅうあい）	宮中に仕えている女性のこと。
04	（そうすい）	青青としているさま。
05	（かんき）	視野が狭いこと。 他例 窺《うかが》う
06	（ようえき）	人を雇うこと。
07	（そうけい）	きわめて英明であること。 他例 聡《さと》い
08	（こしき）	甑に坐するが如し＝夏の暑さの甚だしいことのたとえ。
09	（さいな）	苛む＝責める。苦しめる。
10	（うが）	穿つ＝物事の真相などをたくみにとらえる。 他例 穿《ほじく・ほじ》る

でる度 ★★★

読み ②

前回（P.238）の復習！（1～7は音読み、8～10は訓読み）

1 粥薬　2 葵花　3 宮娃　4 葱翠　5 管窺
6 傭役　7 聡慧　8 甑　9 苛む　10 穿つ

次の傍線部分の読みをひらがなで記せ。
1～7は音読み、8～10は訓読みである。

□ **01** 金属を熔冶する。（　　）

□ **02** 大きな画帖に故郷の風景を描く。（　　）

□ **03** 洲渚で渡り鳥が羽を休めている。（　　）

□ **04** 研いだ鎌刃を用いて稲を刈る。（　　）

□ **05** 砧声かすかに聞こゆ。（　　）

□ **06** 諮諏し諫言を裁可す。（　　）

□ **07** 彼は斌斌たる人格をもっている。（　　）

□ **08** 彼の強気も萎んできた。（　　）

□ **09** 袱紗《ふくさ》を捌く所作が美しい。（　　）

□ **10** 師の一言一句も忽せにしない。（　　）

合格点 8/10 ｜ 得点 /10

ここまでがんばろう!

でる度 ★★★ ★★ ★

1 しゅくやく 2 きか 3 きゅうあい 4 そうすい 5 かんき
6 ようえき 7 そうけい 8 こしき 9 さいなむ 10 うがつ

解答	解説
01（ ようや ）	金属を溶かして鋳ること。
02（ がじょう ）	絵を描くための帳面。
03（ しゅうしょ ）	洲の汀《みぎわ》のこと。
04（ れんじん ）	鎌の刃のこと。 他例 利鎌《とがま・とかま》
05（ ちんせい ）	砧を打つ音のこと。 他例 砧《きぬた》
06（ ししゅ ）	上の者が下の者に相談すること。
07（ ひんぴん ）	外形と実質を共にもつさま。
08（ しぼ ）	萎む＝勢いがなくなっていく。
09（ さば ）	捌く＝絡まっているものなどを解き分ける。 他例 捌《さば・は》ける
10（ ゆるが ）	忽せ＝物事をいいかげんにすること。

でる度 ★★★

読み ③

前回（P.240）の復習！（1～7は音読み、8～10は訓読み）

1 熔冶	2 画帖	3 洲渚	4 鎌刃	5 砧声
6 諂諛	7 斌斌	8 萎む	9 捌く	10 忽せ

次の傍線部分の読みをひらがなで記せ。
1～7は音読み、8～10は訓読みである。

□ **01** 珍しい細工を施した腕釧を買う。（　　　）

□ **02** 彼は鷗盟を結ぶべき人物だ。（　　　）

□ **03** 勿体ぶらずに話してください。（　　　）

□ **04** 次の己丑は二〇六九年である。（　　　）

□ **05** 残りの作業を按排する。（　　　）

□ **06** 邪鬼、柊葉を嫌う。（　　　）

□ **07** 雅言を以て絢飾す。（　　　）

□ **08** 心のままに行うも矩をこえず。（　　　）

□ **09** 暗闇で携帯電話を摸る。（　　　）

□ **10** 今宵の月の燦らかさに歌を詠む。（　　　）

合格点	得点
8/10	/10

ここまで
がんばろう!

でる度 ★★★ ★★ ★

1ようや　2がじょう　3しゅうしょ　4れんじん　5ちんせい
6ししゅ　7ひんぴん　8しぼむ　9さばく　10ゆるがせ

解答 / 解説

01（わんせん）　仏像の装身具の一つ。

02（おうめい）　俗世を離れ、風流な交際をすること。

03（もったい）　勿体ぶる＝故意に重重しく振る舞う。

04（きちゅう）　干支の一つで、二十六番目の組み合わせ。

05（あんばい）　物事のぐあいなどを考慮し、配置したりする。

06（しゅうよう）　柊の葉のこと。

07（けんしょく）　美しく飾ること。
他例 絢《あや》

08（のり）　掟《おきて》。規則。

09（さぐ）　摸る＝見えない物を手足などの感覚で探す。

10（あき）　燦らか＝光が満ち満ちていて明るいさま。

でる度 ★★★

読み④

前回（P.242）の復習！（1～7は音読み、8～10は訓読み）

1 腕釧　2 鷗盟　3 勿体ぶる　4 己丑　5 按排
6 柊葉　7 絢飾　8 矩　9 摸る　10 燦らか

次の傍線部分の読みをひらがなで記せ。
1～7は音読み、8～10は訓読みである。

□ **01** その探偵はすぐ搔頭する。（　　）

□ **02** 仏像を請来し広めた。（　　）

□ **03** 彼は雑事も帥先して行う。（　　）

□ **04** 孜孜として研究に励んだ。（　　）

□ **05** 妃の芝眉を拝した。（　　）

□ **06** 腔腸動物が異常繁殖している。（　　）

□ **07** 穂先を傷めないように刈穫する。（　　）

□ **08** 天来の濡いを受けた。（　　）

□ **09** 蝦根を写生する。（　　）

□ **10** 葦火の煙が揺曳している。（　　）

合格点	得点
8/10	/10

ここまでがんばろう!

でる度 ★★★ ★★ ★

1 わんせん　2 おうめい　3 もったいぶる　4 きちゅう　5 あんばい
6 しゅうよう　7 けんしょく　8 のり　9 さぐる　10 あきらか

解答	解説
01 （ そうとう ）	頭を掻くこと。 他例 足《あ》掻《が》く
02 （しょうらい）	仏像や経典などを譲り受け、外国から持ってくること。
03 （ そっせん ）	先頭に立って物事を行うこと。
04 （ しし ）	熱心に努力し励むさま。
05 （ しび ）	他者の顔を敬って使う言葉。
06 （こうちょう）	腔腸動物＝クラゲなどの刺胞動物のこと。
07 （ がいかく ）	穀物などを刈り取ること。
08 （ うるお ）	濡い＝恵み。
09 （ えびね ）	ラン科の多年草。
10 （ あしび ）	葦を燃やす火のこと。

でる度
★★★

読み 5

前回（P.244）の復習！（1～7は音読み、8～10は訓読み）

1 搔頭	2 請来	3 帥先	4 孜孜	5 芝眉
6 腔腸	7 刈穫	8 濡い	9 蝦根	10 葦火

次の傍線部分の読みをひらがなで記せ。
1～7は音読み、8～10は訓読みである。

□ 01 盤桓した折、琴の音を聞いた。（　　）

□ 02 湛然たる水の底で光を放った。（　　）

□ 03 すでに脊椎の痛みはなくなった。（　　）

□ 04 鴨脚の並木道を共に歩む。（　　）

□ 05 子どもたちの笹船が迅瀬を下る。（　　）

□ 06 彼の敦厚な人柄にひかれた。（　　）

□ 07 姪孫の結婚式に参加した。（　　）

□ 08 ただ力を見せるのみに匪ず。（　　）

□ 09 天からの禄いだと喜ぶ。（　　）

□ 10 ざるを使い米を淘げる。（　　）

合格点	得点
8/10	/10

ここまで
がんばろう!

でる度 ★★★ ★★ ★

1そうとう　2しょうらい　3そっせん　4しし　5しび
6こうちょう　7がいかく　8うるおい　9えびね　10あしび

解答	解説
01（ばんかん）	うろうろ歩き回ること。
02（たんぜん）	水などが十分に満たされたさま。 他例 湛湛《たんたん》
03（せきつい）	体の中軸となる骨格を構成する骨のこと。
04（おうきゃく）	イチョウ。
05（じんらい）	流れの速い瀬のこと。
06（とんこう）	篤実で人情深いこと。
07（てっそん）	甥、または姪の子ども。
08（あら）	匪ず＝～ではない。
09（さいわ）	禄い＝天からもらう幸せのこと。
10（よな）	淘げる＝米を水に入れてゆらしてとぐ。

でる度 ★★★

読み 6

前回（P.246）の復習！（1～7は音読み、8～10は訓読み）

1 盤桓	2 湛然	3 脊椎	4 鴨脚	5 迅瀬
6 敦厚	7 姪孫	8 匿ず	9 禄い	10 淘げる

次の傍線部分の読みをひらがなで記せ。
1～7は音読み、8～10は訓読みである。

□ 01 蔵から琉璃の皿が出てきた。 （　　）

□ 02 宛然たる喜劇の一場面である。 （　　）

□ 03 彪蔚たる衣を召す。 （　　）

□ 04 竪子策を知らず。 （　　）

□ 05 亮然たる恩恵を受ける。 （　　）

□ 06 よく繭紬の頭巾をかぶっている。 （　　）

□ 07 形骸化した形式を簸却する。 （　　）

□ 08 公園に新しい辻札を立てる。 （　　）

□ 09 嵩高な口の利き方が鼻に付く。 （　　）

□ 10 塙に立って平原を眼下に見る。 （　　）

合格点	得点
8/10	/10

ここまで
がんばろう!

でる度 ★★★ ★★ ★

1 ばんかん　2 たんぜん　3 せきつい　4 おうきゃく　5 じんらい
6 とんこう　7 てっそん　8 あらず　9 さいわい　10 よなげる

解答	解説
01（ るり ）	青色の宝石。また、ガラスの古称。
02（ えんぜん ）	そっくりそのままであること。あたかも。まるで。
03（ ひょううつ・ひゅううつ ）	模様が美しいさま。
04（ じゅし ）	子ども。また、未熟な相手を軽蔑していう言葉。
05（ りょうぜん ）	明らかなさま。
06（ けんちゅう ）	柞蚕《さくさん》の糸で織られた織物のこと。 他例 紬紡糸《ちゅうぼうし》
07（ はきゃく ）	悪い部分を捨てること。
08（ つじふだ ）	禁令などを書いた、辻に立てた札。
09（ かさだか ）	横柄なさま。
10（ はなわ ）	山の突き出ている場所のこと。また、小高い場所。

でる度 ★★★

読み 7

前回（P.248）の復習！（1～7は音読み、8～10は訓読み）

1 琉璃	2 宛然	3 彪蔚	4 竪子	5 亮然
6 繭紬	7 簸却	8 辻札	9 嵩高	10 塙

次の傍線部分の読みをひらがなで記せ。
1～7は音読み、8～10は訓読みである。

□ **01** 簾政は十余年にも及んだ。（　　）

□ **02** 検査で腹部に病竈が見つかった。（　　）

□ **03** 品行方正な令婿であられた。（　　）

□ **04** 腫脹を抑える薬を服用する。（　　）

□ **05** 山奥に草庵を構えた。（　　）

□ **06** 鶏黍の席を用意する。（　　）

□ **07** 枇杷がかごに盛ってあった。（　　）

□ **08** 戦愈激しくなりぬ。（　　）

□ **09** 父に叛く決意を固めた。（　　）

□ **10** 瀞に小舟を寄せる。（　　）

合格点 8/10　得点 /10

ここまでがんばろう!

でる度 ★★★ ★★ ★

1 るり　2 えんぜん　3 ひょううつ・ひゅううつ　4 じゅし　5 りょうぜん
6 けんちゅう　7 はきゃく　8 つじふだ　9 かさだか　10 はなわ

解答	解説
01（れんせい）	幼い帝に代わり、皇太后などが政治を行うこと。 他例 御《み》簾《す》
02（びょうそう）	病気に侵されている部分。 他例 竈煙《そうえん》・竈《かまど》
03（れいせい）	他人の婿を敬って使う言葉。
04（しゅちょう）	炎症などによって一部が腫れること。
05（そうあん）	藁などで屋根を葺いた粗末な家のこと。
06（けいしょ）	心を込めて相手をもてなすこと。
07（びわ）	バラ科の常緑高木。また、その果実。
08（いよいよ）	ますます。
09（そむ）	叛く＝取り決めや主人の考えに反する。
10（とろ）	河川の深くてゆるやかな流れの場所のこと。

でる度 ★★★ 読み ⑧

前回（P.250）の復習！（1～7は音読み、8～10は訓読み）

1 簾政	2 病竈	3 令婿	4 腫脹	5 草庵
6 鶏黍	7 枇杷	8 愈	9 扳く	10 瀞

次の傍線部分の読みをひらがなで記せ。
1～7は音読み、8～10は訓読みである。

□ **01** 衿帯に城を成す。　（　　）

□ **02** 幽栖して静かに暮らす。　（　　）

□ **03** すでに閏月にもなりぬ。　（　　）

□ **04** 友と橘中の楽しみを味わう。　（　　）

□ **05** 汝、瀦滞するべからず。　（　　）

□ **06** 歴史を劃する大事件だった。　（　　）

□ **07** 轟然たる砲声に緊張が走った。　（　　）

□ **08** 柾目が美しく通った机を買う。　（　　）

□ **09** 事が順調すぎるのが曲者だ。　（　　）

□ **10** 人の為すことも亦かくの如し。　（　　）

合格点	得点
8/10	/10

ここまでがんばろう!

でる度 ★★★ ★★ ★

1 れんせい　2 びょうそう　3 れいせい　4 しゅちょう　5 そうあん
6 けいしょ　7 びわ　8 いよいよ　9 そむく　10 とろ

解答	解説
01（きんたい）	山や川に囲まれた自然の要害の地。 他例 衿《えり》
02（ゆうせい）	俗世を離れ、隠れ住むこと。
03（じゅんげつ）	太陰暦で季節のずれを調整するため十二か月に付け加える月。
04（きっちゅう）	橘中の楽しみ＝将棋や囲碁をする楽しみ。
05（ちょたい）	物事が停滞していること。
06（かく）	劃する＝はっきり区別する。
07（ごうぜん）	大音が響き渡るさま。
08（まさめ）	木を縦断した時の断面に見られるまっすぐな木目。
09（くせもの）	用心すべき事柄。
10（また）	同様に。

でる度 ★★★

読み 9

前回（P.252）の復習！（1～7は音読み、8～10は訓読み）

| 衿帯　2 幽栖　3 閏月　4 橘中　5 瀦滞
6 劃する　7 轟然　8 柾目　9 曲者　10 亦

次の傍線部分の読みをひらがなで記せ。
1～7は音読み、8～10は訓読みである。

□ **01** 児子の紙鳶、碧空に飛ぶ。　（　　）

□ **02** 彼女は孝悌の道を尽くした。　（　　）

□ **03** 弁疏をするつもりはない。　（　　）

□ **04** 彼の身の上には冥加がある。　（　　）

□ **05** 献芹の心失わず。　（　　）

□ **06** 木を切る音が打打と響く。　（　　）

□ **07** 自らを樗材と歎ずる。　（　　）

□ **08** 古を稽う。　（　　）

□ **09** 腕のいい杢に細工を施させた。　（　　）

□ **10** 新入社員が上司に楯突いた。　（　　）

合格点	得点
8/10	/10

ここまでがんばろう!

でる度 ★★★ ★★ ★

1 きんたい 2 ゆうせい 3 じゅんげつ 4 きっちゅう 5 ちょたい
6 かくする 7 ごうぜん 8 まさめ 9 くせもの 10 また

解答	解説
01 （ しえん ）	凧のこと。いかのぼり。
02 （ こうてい ）	父母に孝行で、兄など目上の人によくつかえること。
03 （ べんそ ）	言い訳や弁解をすること。
04 （ みょうが ）	知らず知らずに授かっている神の加護のこと。とてもありがたいこと。
05 （ けんきん ）	忠義をへりくだって使う言葉。
06 （ちょうちょう）	連続してかん高い音が響き渡るさま。
07 （ たん ）	歎ずる＝嘆く。
08 （ かんが ）	稽える＝物事をつきつめ、頭を働かせる。
09 （ もく ）	木を使って建物などをつくる人のこと。
10 （ たてつ ）	楯突く＝目上の者に反抗する。

でる度 ★★★

読み⑩

前回（P.254）の復習！（1～7は音読み、8～10は訓読み）

1 紙鳶	2 孝悌	3 弁疏	4 冥加	5 献芹
6 打打	7 歎ずる	8 稽える	9 杢	10 楯突く

次の傍線部分の読みをひらがなで記せ。
1～7は音読み、8～10は訓読みである。

□ **01** 未だ蟹行鳥跡に倦むことなし。（　　）

□ **02** 閣下の心中を察する。（　　）

□ **03** 冊封使として諸国を巡る。（　　）

□ **04** 腕を撫して主君の命を待つ。（　　）

□ **05** 嵐気に包まれて体が冷えた。（　　）

□ **06** 醇乎たる感謝の意を表す。（　　）

□ **07** 貴賤老若の別なし。（　　）

□ **08** 山中の苫屋で体を休める。（　　）

□ **09** 美しい二疋の紬を購入した。（　　）

□ **10** 斯くの如くにしてこれを知る。（　　）

合格点	得点
8/10	/10

ここまでがんばろう!

でる度 ★★★ ★★ ★

1しえん　2こうてい　3べんそ　4みょうが　5けんきん
6ちょうちょう　7たんずる　8かんがえる　9もく　10たてつく

解答	解説
01（かいこう）	蟹行文字の略で、横書きの文字。欧文。
02（こうか）	閤下。貴人や相手に対する敬称。
03（さくほう）	皇帝が任命書などを介して近隣諸国を支配下におくこと。
04（ぶ）	腕を撫す＝腕前を示すチャンスを待つ。
05（らんき）	水気を感じる山の空気のこと。
06（じゅんこ）	心や考えが純粋でまじりけのないさま。
07（きせん）	貴いことと賤しいこと。身分の高い人、低い人。
08（とまや）	苫で屋根を葺いた粗末な家のこと。
09（ひき）	布を数える場合の単位。
10（か）	斯く＝このように。こう。

でる度 ★★★

読み 11

前回（P.256）の復習！（1～7は音読み、8～10は訓読み）

1 蟹行	2 閤下	3 冊封	4 撫す	5 嵐気
6 醇乎	7 貴賤	8 苫屋	9 疋	10 斯く

次の傍線部分の読みをひらがなで記せ。
1～7は音読み、8～10は訓読みである。

□ **01** 綾子の着物を衣桁にかける。（　　）

□ **02** 詰問され遁辞を弄した。（　　）

□ **03** 暁の空に瑞雲がたなびく。（　　）

□ **04** かつての檮昧を悔いる。（　　）

□ **05** 品行を砥礪する。（　　）

□ **06** ある蓑笠の人に道を尋ねた。（　　）

□ **07** 小さな腫物を診てもらう。（　　）

□ **08** 元《おお》いに亨る、貞《ただ》しきに利《よ》ろし。（　　）

□ **09** 山道が峨しく進むこと難儀なり。（　　）

□ **10** 挨拶の時に吃ってしまった。（　　）

合格点 8/10 得点 /10

ここまでがんばろう!

でる度 ★★★ ★★ ★

1かいこう 2こうか 3さくほう 4ぶす 5らんき
6じゅんこ 7きせん 8とまや 9ひき 10かく

解答	解説
01（ りんず ）	滑らかで光沢のある絹織物のこと。
02（ とんじ ）	言い逃れの言葉。
03（ ずいうん ）	めでたいことの前兆として現れる雲のこと。
04（ とうまい ）	愚かなこと。
05（ しれい ）	学問などを高める努力をすること。研ぎ磨くこと。
06（ さりゅう ）	蓑と笠。
07（ しゅもつ ）	腫れもの。できもの。
08（ とお ）	亨る＝さしさわりなく行われる。
09（ けわ ）	峨しい＝急な傾斜で、登るのが難しい。
10（ ども ）	吃る＝滑らかに喋れなかったり、同じ音を何度も反復したりする。

でる度 ★★★

読み ⑫

前回（P.258）の復習！（1～7は音読み、8～10は訓読み）

1 綾子	2 遁辞	3 瑞雲	4 檮昧	5 砥礪
6 蓑笠	7 腫物	8 亨る	9 峨しい	10 吃る

次の傍線部分の読みをひらがなで記せ。
1～7は音読み、8～10は訓読みである。

□ **01** 大事な牒状が保管されている。（　　　）

□ **02** 卯酉線とは東西を結ぶ線である。（　　　）

□ **03** 今は些事にこだわる時ではない。（　　　）

□ **04** 剃度の式が行われた。（　　　）

□ **05** 矩形の器に料理を盛る。（　　　）

□ **06** そんな詮議立ては無益です。（　　　）

□ **07** 私を一瞥して去って行った。（　　　）

□ **08** 大きな箕を高く揚げてふる。（　　　）

□ **09** 真理の謂を問う。（　　　）

□ **10** 裏山に篠笹が生い茂っている。（　　　）

合格点	得点
8/10	/10

ここまでがんばろう!

でる度 ★★★ ★★ ★

1りんず　2とんじ　3ずいうん　4とうまい　5しれい
6さりゅう　7しゅもつ　8とおる　9けわしい　10どもる

	解答	解説
01	（ちょうじょう）	順番にまわしていく書状。
02	（ぼうゆう）	卯酉線＝天頂を通り、直角に子午線と交わる大円のこと。
03	（さじ）	取るに足りない、つまらないこと。 他例 些《いささ》か
04	（ていど）	剃髪し、僧や尼になること。
05	（くけい）	長方形。
06	（せんぎ）	評議し明らかにすること。
07	（いちべつ）	ちらっと見ること。
08	（み）	穀物をふるってチリなどを分ける農具のこと。
09	（いい）	～という意味。
10	（しのざさ）	根笹の仲間の総称。

でる度 ★★★

読み⑬

前回（P.260）の復習！（1～7は音読み、8～10は訓読み）

1 牒状　2 卯酉　3 些事　4 剃度　5 矩形
6 詮議　7 一瞥　8 箕　9 謂　10 篠笹

次の傍線部分の読みをひらがなで記せ。
1～7は音読み、8～10は訓読みである。

□ **01** 彼は煙霞の痼疾《こしっ》をもつ。（　　）

□ **02** この化粧品は繭糸が原料である。（　　）

□ **03** 今年は有卦に入っているらしい。（　　）

□ **04** 今は鷹揚な心持ちである。（　　）

□ **05** 尊師の劉覧を請う。（　　）

□ **06** 分娩の時、家族全員が集まった。（　　）

□ **07** 記念に贈られた賞牌を付ける。（　　）

□ **08** 思慕の念を奈とも抑え難い。（　　）

□ **09** 古書を春の日光に曝した。（　　）

□ **10** 惇い想いは十分に伝わった。（　　）

合格点	得点
8/10	/10

ここまでがんばろう!

でる度 ★★★ ★★ ★

1 ちょうじょう　2 ぼうゆう　3 さじ　4 ていど　5 くけい
6 せんぎ　7 いちべつ　8 み　9 いい　10 しのざさ

解答	解説
01（ えんか ）	煙霞の痼疾＝自然の趣を愛し、旅を好む習性のこと。
02（ けんし ）	繭と糸。また、きぬいと。
03（ うけ ）	有卦に入る＝運が向いてきて、する事なす事うまくいく。
04（ おうよう ）	ゆったりとし、小さなことにこだわらないさま。
05（りゅうらん）	他人が目を通すことを敬った言い方。
06（ ぶんべん ）	子どもを産むこと。
07（しょうはい）	賞として与える記章のこと。
08（ いかん ）	奈とも＝(下に打ち消しの語を伴い)どうにも。
09（ さら ）	曝す＝日光や風の当たるままにしておく。
10（ あつ ）	惇い＝まごころのこもっている。

でる度 ★★★

読み⑭

前回（P.262）の復習！（1～7は音読み、8～10は訓読み）

1 煙霞　2 繭糸　3 有卦　4 鷹揚　5 劉覧
6 分娩　7 賞牌　8 奈とも　9 曝す　10 惇い

次の傍線部分の読みをひらがなで記せ。
1～7は音読み、8～10は訓読みである。

□ 01 金無垢の煙管で煙草を吸う。（　　）

□ 02 濤声を聞きながら物思いに耽る。（　　）

□ 03 ここの港は昔要津として栄えた。（　　）

□ 04 後ろに脊梁山脈が聯亙する。（　　）

□ 05 昨年藍綬褒章を授かった。（　　）

□ 06 巽位に相手部隊の旗が見えた。（　　）

□ 07 鉛筆を文房具と汎称する。（　　）

□ 08 主君を丞ける職にいる。（　　）

□ 09 琢いてきた技術が評価される。（　　）

□ 10 兄は見窄らしい格好で現れた。（　　）

合格点	得点
8/10	/10

ここまでがんばろう!

でる度 ★★★ ★★ ★

1 えんか　2 けんし　3 うけ　4 おうよう　5 りゅうらん
6 ぶんべん　7 しょうはい　8 いかんとも　9 さらす　10 あつい

解答	解説
01（ きんむく ）	純金。
02（ とうせい ）	大きな波の音。
03（ ようしん ）	交通や商業上、重要な港。
04（ れんこう ）	長くつながり続いていること。
05（ らんじゅ ）	藍綬褒章＝公衆の利益や公共事業に貢献した人に与えられる褒章。
06（ そんい ）	南東の方角。 他例 巽《たつみ》
07（ はんしょう ）	同類のものをひとくくりにしていうこと。
08（ たす ）	丞ける＝輔佐する。
09（ みが ）	琢く＝人格・文章などを洗練されたものにする。
10（ みすぼ ）	見窄らしい＝外見が粗末で貧弱なさま。

でる度 ★★★

表外の読み①

前回（P.164）の復習！（全て常用漢字の表外の読み）

1 頑に　2 態と　3 直向き　4 慮る　5 斥ける
6 詳らか　7 寧ろ　8 存える　9 創　10 努努

次の傍線部分は常用漢字である。その表外の読みをひらがなで記せ。

□ **01** 偏に支援者のお蔭です。（　　）

□ **02** 鯛の身が解れる。（　　）

□ **03** 最近人間が熟れてきた。（　　）

□ **04** 彼女の白い項に艶やかさをみる。（　　）

□ **05** 夢か現かとつぶやいた。（　　）

□ **06** 事細かに論う必要はない。（　　）

□ **07** 計画の失敗を憾んだ。（　　）

□ **08** 壺の括れの部分が割れた。（　　）

□ **09** 協議したが凝りは消えなかった。（　　）

□ **10** 芸妓の雅やかな舞を楽しむ。（　　）

合格点 8/10 得点 /10

ここまでがんばろう!

でる度 ★★★ ★★ ★

1 かたくなに 2 わざと 3 ひた向き 4 おもんぱかる 5 しりぞける 6 つまびらか 7 むしろ 8 ながらえる 9 きず 10 ゆめゆめ

解答	解説
01 (ひとえ)	偏に＝ただその理由だけであるさま。もっぱら。
02 (ほぐ)	解れる＝食物のかたまりなどが細かくなる。
03 (こな)	熟れる＝世慣れして円満になる。
04 (うなじ)	首の後ろの部分のこと。
05 (うつつ)	現実のこと。
06 (あげつら)	論う＝物事の可否などを議論する。
07 (うら)	憾む＝思い通りにいかず残念に思う。
08 (くび)	括れ＝中ほどが細くなっていること。
09 (しこ)	凝り＝物事が終わった後に残るわだかまり。
10 (みやび)	雅やか＝品があり雅趣に富むさま。

でる度 ★★★

表外の読み ②

前回（P.266）の復習！（全て常用漢字の表外の読み）

1 偏に	2 解れる	3 熟れる	4 白い項	5 現
6 論う	7 憾む	8 括れ	9 凝り	10 雅やか

次の傍線部分は常用漢字である。その表外の読みをひらがなで記せ。

□ 01 会社の経理部を掌る。（　　）

□ 02 亡くなった主に殉う者もいた。（　　）

□ 03 ことがうまく運ばず焦れる。（　　）

□ 04 責任者に会社の意向を質す。（　　）

□ 05 抑間違い電話から始まった。（　　）

□ 06 陸でもない男と付き合った。（　　）

□ 07 団くなって乾杯をした。（　　）

□ 08 辛い過去を今の糧にする。（　　）

□ 09 皇太子に謁える。（　　）

□ 10 寡暮らしが長く続いている。（　　）

合格点 8/10　得点 /10

ここまでがんばろう!

でる度 ★★★ ★★ ★

1 ひとえに　2 ほぐれる　3 こなれる　4 白いうなじ　5 うつつ
6 あげつらう　7 うらむ　8 くびれ　9 しこり　10 みやびやか

解答	解説
01 （ つかさど ）	掌る＝職務として行う。管理などをする。
02 （ したが ）	殉う＝命を投げ出してつくす。死者を追って死ぬ。
03 （ じ ）	焦れる＝思うようにことが進まず、いらいらする。
04 （ ただ ）	質す＝質問をして確かめる。
05 （ そもそも ）	最初。元来。
06 （ ろく ）	陸でもない＝なんの価値もない。
07 （ まる ）	団い＝円形状の。
08 （ つら ）	辛い＝我慢しきれないほど精神的にも肉体的にも苦しいと感じられる。
09 （ まみ ）	謁える＝「会う」の謙譲語。
10 （ やもめ ）	夫をなくした女性のこと。

でる度 ★★★

表外の読み ③

前回（P.268）の復習！（全て常用漢字の表外の読み）

1 掌る	2 殉う	3 焦れる	4 質す	5 抑
6 陸でもない	7 団い	8 辛い	9 誂える	10 寡

次の傍線部分は常用漢字である。その表外の読みをひらがなで記せ。

□ **01** 玉の台と評される建物だ。（　　）

□ **02** 自然の理を説いた。（　　）

□ **03** 厄介ごとは凡て終わった。（　　）

□ **04** 彼の心の貞しさに敬意を表する。（　　）

□ **05** 彼は形は大きいが臆病者である。（　　）

□ **06** 錦彩なす並木道を行く。（　　）

□ **07** 祖父母は斜向かいに住んでいる。（　　）

□ **08** 異しい出来事が起こった。（　　）

□ **09** 原画と複製を校べる。（　　）

□ **10** 祖母は歯九十を重ねた。（　　）

合格点	得点
8/10	/10

ここまでがんばろう!

でる度 ★★★ ★★ ★

1 つかさどる　2 したがう　3 じれる　4 ただす　5 そもそも
6 ろくでもない　7 まるい　8 つらい　9 まみえる　10 やもめ

解答	解説
01 (うてな)	玉の台＝美しくて立派な建物のこと。
02 (ことわり)	物事の筋道のこと。
03 (すべ)	凡て＝ことごとく。全部。
04 (ただ)	貞しい＝まっすぐで人の道を曲げないさま。
05 (なり)	体つき。
06 (あや)	彩なす＝種種の美しい色などで飾る。
07 (はす)	斜向かい＝斜め前。
08 (あや)	異しい＝普通ではない。不思議な。
09 (くら)	校べる＝二つ以上の物を付き合わせ、相違などを調べる。
10 (よわい)	年齢。

でる度 ★★★

表外の読み ④

前回（P.270）の復習！（全て常用漢字の表外の読み）

1 台　2 理　3 凡て　4 貞しい　5 形
6 彩なす　7 斜向かい　8 異しい　9 校べる　10 歯

次の傍線部分は常用漢字である。その表外の読みをひらがなで記せ。

□ **01** 故に厳しく指導する。（　　）

□ **02** 法規に遵って判決した。（　　）

□ **03** 恩を徒や疎かにはできない。（　　）

□ **04** 謀が露呈した。（　　）

□ **05** 応に出立するべき時だ。（　　）

□ **06** 家でよく線香を薫く。（　　）

□ **07** 各国の賦を蔵へ運ぶ。（　　）

□ **08** シャツの領の汚れが気になる。（　　）

□ **09** 淑やかな所作が魅力的だ。（　　）

□ **10** 人生を登山に準える。（　　）

合格点	得点
8/10	/10

ここまでがんばろう！

でる度 ★★★ ★★ ★

1 うてな　2 ことわり　3 すべて　4 ただしい　5 なり
6 あやなす　7 はす向かい　8 あやしい　9 くらべる　10 よわい

解答	解説
01（ことさら）	故に＝考えがあってわざと。
02（したが）	遵う＝法律などの定めの通りにする。
03（あだ）	徒や疎か＝(「～に」の形で、後に否定の語を伴って)いいかげんに扱う。
04（はかりごと）	物事がうまく運ぶように事前に考えた計画のこと。たくらみ。
05（まさ）	応に＝(「～べし」の形で)当然しなければいけないさま。
06（た）	薫く＝火をつけて香などをくゆらす。
07（みつぎ）	支配者に献上する金品などのこと。
08（えり）	衣服の首回りの所。
09（しと）	淑やか＝言葉や動作などが静かで品があるさま。
10（なぞら）	準える＝ある物事を他の物と比べ、仮として考える。

でる度 ★★★

熟語の読み❶

次の熟語の読み（音読み）と、その語義にふさわしい訓読みを（送りがなに注意して）ひらがなで記せ。

例 健勝……勝れる → けんしょう……すぐ

ア
- □ 01 決潰 （　　）
- □ 02 潰える （　　）

イ
- □ 03 遁走 （　　）
- □ 04 遁れる （　　）

ウ
- □ 05 繫駕 （　　）
- □ 06 繫ぐ （　　）

エ
- □ 07 纂述 （　　）
- □ 08 纂める （　　）

オ
- □ 09 兇刃 （　　）
- □ 10 兇い （　　）

合格点 8/10　得点 /10

ここまでがんばろう!

でる度 ★★★ ★★ ★

解答	解説
01 (けっかい)	堤防などが崩れること。
02 (つい)	潰える＝崩れ壊れる。
03 (とんそう)	走って逃げること。 他例 遁辞《とんじ》……遁れる
04 (のが)	遁れる＝人に知られないように逃げる。
05 (けいが)	馬に乗り物を繋ぐこと。 他例 繋泊《けいはく》……繋ぐ
06 (つな)	繋ぐ＝ひもなどで結び、離れないようにする。
07 (さんじゅつ)	様様な材料を集め、書物を書くこと。 他例 編纂《へんさん》……纂める
08 (あつ)	纂める＝多くの物をよせてまとめる。
09 (きょうじん)	人を殺傷するために使われた刃物のこと。
10 (わる)	兇い＝よくない。

でる度 ★★★

熟語の読み ②

次の熟語の読み（音読み）と、その語義にふさわしい訓読みを（送りがなに注意して）ひらがなで記せ。

例 健勝……勝れる → けんしょう……すぐ

ア

□ 01 賂謝 （　　）

□ 02 賂う （　　）

イ

□ 03 禦侮 （　　）

□ 04 禦ぐ （　　）

ウ

□ 05 恢廓 （　　）

□ 06 恢い （　　）

エ

□ 07 斡流 （　　）

□ 08 斡る （　　）

オ

□ 09 勃爾 （　　）

□ 10 勃かに （　　）

解答	解説
01（ろしゃ）	賄賂のこと。
02（まいな）	賂う＝謝礼などのために物を贈る。
03（ぎょぶ）	侮られないようにする。
04（ふせ）	禦ぐ＝さえぎり進入されないようにする。
05（かいかく）	(心が)広く大きいこと。
06（ひろ）	恢い＝心が広く大きい。
07（あつりゅう）	巡り流れること。
08（めぐ）	斡る＝ぐるぐると回る。
09（ぼつじ）	突然起こること。
10（にわ）	勃かに＝突然に。

でる度 ★★★

熟語の読み③

次の熟語の読み（音読み）と、その語義にふさわしい訓読みを（送りがなに注意して）ひらがなで記せ。

例 健勝……勝れる → けんしょう……すぐ

ア
- □ 01 鳩合　（　　）
- □ 02 鳩める　（　　）

イ
- □ 03 淳化　（　　）
- □ 04 淳い　（　　）

ウ
- □ 05 挺進　（　　）
- □ 06 挺んでる　（　　）

エ
- □ 07 赫灼　（　　）
- □ 08 赫く　（　　）

オ
- □ 09 郁郁　（　　）
- □ 10 郁しい　（　　）

解答	解説
01（きゅうごう）	ある目的のため、人人を呼び集めること。
02（あつ）	鳩める＝多くの物などを一か所に寄せる。
03（じゅんか）	手厚く教化すること。
04（あつ）	淳い＝誠意が感じられる。
05（ていしん）	大勢に先んじて進むこと。
06（ぬき）	挺んでる＝人より先立ち進む。
07（かくしゃく）	光り輝いていて明るいさま。
08（かがや）	赫く＝あかあかと光を放つ。
09（いくいく）	香りが盛んなさま。
10（かぐわ）	郁しい＝よい香りがする。

でる度 ★★★

熟語の読み ④

次の熟語の読み（音読み）と、その語義にふさわしい訓読みを（送りがなに注意して）ひらがなで記せ。

例 健勝……勝れる → けんしょう……すぐ

ア
- □ 01 弘誓（　　）
- □ 02 弘い（　　）

イ
- □ 03 董督（　　）
- □ 04 董す（　　）

ウ
- □ 05 峻嶺（　　）
- □ 06 峻い（　　）

エ
- □ 07 卦兆（　　）
- □ 08 卦い（　　）

オ
- □ 09 背戻（　　）
- □ 10 戻る（　　）

合格点	得点
8/10	/10

ここまでがんばろう!

でる度 ★

解答 / **解説**

01 （ ぐぜい ） 全ての衆生を救おうとする菩薩の誓い。

02 （ ひろ ） 弘い＝大きい範囲に行き届いている。

03 （ とうとく ） 取り締まること。

04 （ ただ ） 董す＝監督する。

05 （ しゅんれい ） 険しく高い峰のこと。

06 （ たか ） 峻い＝山などが険しく立っているさま。

07 （ かちょう ） 占いで出た形のこと。

08 （ うらな ） 卦い＝人の運勢など未来の事象を予言すること。

09 （ はいれい ） 背くこと。

10 （ もと ） 戻る＝規則などに反する。

でる度 ★★★

共通の漢字 ①

前回（P.180）の復習！（各問いは全て共通する常用漢字一字を含む）

1 じへい - へいり　2 ざつねん - ぶざつ　3 こんわく - わくでき
4 まんぶ - ぶげん　5 よくりゅう - りゅうべつ

次の各組の二文の（　）には共通する漢字が入る。その読みを□から選び、常用漢字（一字）で記せ。

□ 01
縦（　　）たる態度で接した。
恩師の温（　　）に接した。

□ 02
彼女に（　　）慕の情を抱く。
社長の椅子に（　　）着する。

□ 03
販売の（　　）解を求めた。
どうぞ御（　　）察ください。

□ 04
美術史に関しては半（　　）通だ。
閣下の裁（　　）を仰いだ。

□ 05
（　　）忽をお詫びします。
（　　）餐を差し上げた次第です。

か
きん
じゅう
そ
よう
り
りょう
れん

合格点 4/5　得点 /5

ここまでがんばろう!

でる度 ★★★ ★★ ★

1 時弊 - 弊履　2 雑念 - 蕪雑　3 昏惑 - 惑溺
4 慢侮 - 侮言　5 抑留 - 留別

解答	解説
01（ 容 ）	縦容《しょうよう》＝ゆったりと落ち着いているさま。 温容《おんよう》＝温和な顔付き。
02（ 恋 ）	恋慕《れんぼ》＝異性に思いを寄せること。 恋着《れんちゃく》＝執着すること。
03（ 了 ）	了解《りょうかい》＝物事の意味などを理解し認めること。 了察《りょうさつ》＝相手の事情などをくむこと。
04（ 可 ）	半可通《はんかつう》＝乏しい知識で知ったかぶりすること。 裁可《さいか》＝主君が臣下の案を判決し許すこと。
05（ 粗 ）	粗忽《そこつ》＝不注意で起きたミス。 粗餐《そさん》＝人にすすめる食事をへりくだって使う言葉。

でる度 ★★★

共通の漢字 ②

前回(P.282)の復習！(各問いは全て共通する常用漢字一字を含む)

> 1 しょうよう-おんよう　2 れんぼ-れんちゃく　3 りょうかい-りょうさつ　4 はんかつう-さいか　5 そこつ-そさん

次の各組の二文の（　）には共通する漢字が入る。その読みを［　］から選び、常用漢字（一字）で記せ。

□ **01**
重大な秘密が(　　)在する。
政界の(　　)魔殿と言われる。

□ **02**
彼の行動は軌(　　)となった。
広(　　)に影響が及ぶ結果だ。

□ **03**
倉(　　)の間に執筆した。
(　　)爾ながらお伺いします。

□ **04**
不正を認め(　　)謝した。
捜査の内容を具(　　)する。

□ **05**
多くの仲間が(　　)没した。
新しい布(　　)を試す。

い
じん
せき
そつ
ちん
はん
ふく
へん

合格点	得点
4/5	/5

ここまでがんばろう!

でる度 ★★★ ★★ ★

1 縦容 - 温容　2 恋慕 - 恋着　3 了解 - 了察
4 半可通 - 裁可　5 粗忽 - 粗餐

解答 / 解説

01 （ 伏 ）

伏在《ふくざい》＝中に隠れて存在していること。

伏魔殿《ふくまでん》＝陰謀などをたくらむ者が大勢集まっている場所。

02 （ 範 ）

軌範《きはん》＝行動や判断の基準となるもの。手本。

広範《こうはん》＝力などの及ぶ領域が広いこと。

03 （ 卒 ）

倉卒《そうそつ》＝忙しく落ち着かないさま。

卒爾《そつじ》ながら＝突然で失礼ですが。

04 （ 陳 ）

陳謝《ちんしゃ》＝理由を述べて謝ること。

具陳《ぐちん》＝詳しく述べること。

05 （ 陣 ）

陣没《じんぼつ》＝戦場で死ぬこと。

布陣《ふじん》＝団体競技などでの人員配置などの態勢。

でる度 ★★★

共通の漢字 ③

前回(P.284)の復習！(各問いは全て共通する常用漢字一字を含む)

1 ふくざい-ふくまでん 2 きはん-こうはん 3 そうそつ-そつじ
4 ちんしゃ-ぐちん 5 じんぼつ-ふじん

次の各組の二文の（　）には共通する漢字が入る。その読みを□から選び、常用漢字（一字）で記せ。

□ 01
ついに大使の(　　)遇を得た。
その臣は(　　)謀に富む人物だ。

□ 02
爾(　　)音信がない。
御(　　)駕お願い申し上げます。

□ 03
御(　　)情を賜ります。
姪は(　　)紀まさに十八歳だ。

□ 04
莫大な財産を蕩(　　)する。
(　　)日庭を弄っていた。

□ 05
二人は深(　　)まで談笑した。
税額の誤りを(　　)正する。

ご
こう
じん
たい
ち
ほう
らい
れん

合格点	得点
4/5	/5

ここまでがんばろう!

でる度 ★★★ ★★ ★

1 伏在 - 伏魔殿　2 軌範 - 広範　3 倉卒 - 卒爾
4 陳謝 - 具陳　5 陣没 - 布陣

解答　解説

01 (知)

知遇《ちぐう》＝能力などが認められ、丁重にもてなされること。

知謀《ちぼう》＝巧みな策略のこと。

02 (来)

爾来《じらい》＝それ以降。

来駕《らいが》＝他人の訪問を敬っていう言葉。

03 (芳)

芳情《ほうじょう》＝他人の厚意の心を敬っていう言葉。

芳紀《ほうき》＝女性の若く美しい年頃のこと。

04 (尽)

蕩尽《とうじん》＝財産などを使い果たすこと。

尽日《じんじつ》＝一日中。

05 (更)

深更《しんこう》＝真夜中。

更正《こうせい》＝誤りを改め正すこと。

でる度 ★★★

共通の漢字 4

前回(P.286)の復習！(各問いは全て共通する常用漢字一字を含む)

1 ちぐう - ちぼう　2 じらい - らいが　3 ほうじょう - ほうき
4 とうじん - じんじつ　5 しんこう - こうせい

次の各組の二文の（　）には共通する漢字が入る。その読みを□から選び、常用漢字（一字）で記せ。

□ 01
冷(　　)三斗の思いをした。
彼は(　　)馬の労をいとわない。

□ 02
王政の(　　)替を描いた作品だ。
国家の(　　)昌を願う。

□ 03
(　　)的な場面に出くわす。
夕方の繁(　　)な通りを避けた。

□ 04
試験結果に長大(　　)する。
気(　　)を通じている。

□ 05
深(　　)なる同情を起こした。
十年に及ぶ御(　　)誼を謝する。

う
えん
かん
げき
こう
じょう
そく
りゅう

合格点	得点
4/5	/5

ここまでがんばろう!

でる度 ★★★ ★★ ★

1 知遇 - 知謀　2 爾来 - 来駕　3 芳情 - 芳紀
4 蕩尽 - 尽日　5 深更 - 更正

解答

解説

01 (汗)

冷汗三斗《れいかん》＝恥ずかしい思いをしたり恐ろしい思いをしたりすること。

汗馬《かんば》の労＝戦場での功績。また、物事の成功のために奔走する苦労。

02 (隆)

隆替《りゅうたい》＝盛んになることと衰えること。

隆昌《りゅうしょう》＝勢いが盛んなこと。栄えること。

03 (劇)

劇的《げきてき》＝芝居のような感動や緊張を覚えるさま。

繁劇《はんげき》＝とても忙しいこと。

04 (息)

長大息《ちょうたいそく》＝長く大きく空気を吐くこと。

気息《きそく》＝呼吸。また、気持ち。

05 (厚)

深厚《しんこう》＝気持ちがとても深く強いこと。

厚誼《こうぎ》＝親しいつきあいのこと。

でる度 ★★★

書き取り ①

前回（P.198）の復習！（9・10は同訓異字の2語）

1 総マクリ　2 バンサン　3 キョウリョウ　4 カンゼン　5 カキョウ
6 セコ　7 ゴウオン　8 コる　9-10 ウむ

次の傍線部分のカタカナを漢字で記せ。

□ 01 突然の大声に思わずヒルんだ。（　　）

□ 02 他をリョウガする料理の腕前だ。（　　）

□ 03 スイカのハシュ期をずらした。（　　）

□ 04 ノコギリを注意して扱う。（　　）

□ 05 王のゲキリンに触れてしまった。（　　）

□ 06 釣ったニジマスを料理する。（　　）

□ 07 ケイセンを引いて文を書く。（　　）

□ 08 海辺でカニを捕る。（　　）

□ 09 セッコウで型をとった。（　　）

□ 10 先行部隊をセッコウに出す。（　　）

1 総捲り　2 晩餐　3 橋梁　4 間然　5 華僑
6 世故　7 轟音　8 樵る　9-10 膿む - 倦む

解答	解説
01 (怯)	怯む＝おじけづく。
02 (凌駕・陵駕)	他をしのぎ、その上に出ること。
03 (播種)	播種期＝田畑などに作物のたねをまく時期のこと。
04 (鋸)	薄い鋼板に歯を刻んだ、木材などを切断する道具。
05 (逆鱗)	逆鱗に触れる＝目上の人を激しく怒らせてしまう。
06 (虹鱒)	サケ科の淡水魚。
07 (罫線)	一定の間隔で引かれた線のこと。
08 (蟹)	十脚目短尾亜目の甲殻類の総称。
09 (石膏)	硫酸カルシウムと水からなる鉱物。
10 (斥候)	相手の動静や地形を調べること。また、そのために派遣する兵士のこと。

でる度 ★★★

書き取り②

前回（P.290）の復習！（9・10は同音異字の2語）

1 ヒルむ　2 リョウガ　3 ハシュ　4 ノコギリ　5 ゲキリン
6 ニジマス　7 ケイセン　8 カニ　9-10 セッコウ

次の傍線部分のカタカナを漢字で記せ。

□ 01 カの子斑の和紙を買う。（　　）

□ 02 道路のクボみに足をとられる。（　　）

□ 03 装飾し、キンジョウに花を添えた。（　　）

□ 04 完成を見届け、キセキに入った。（　　）

□ 05 契約に成功し経歴にハクがつく。（　　）

□ 06 亡き母の面影がシノばれる。（　　）

□ 07 経済がキタイに瀕している。（　　）

□ 08 財政再建のブンスイレイとなる。（　　）

□ 09 新記録に場内がワく。（　　）

□ 10 ファンの声援に勇気がワく。（　　）

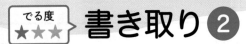

1 怯む 2 凌駕・陵駕 3 播種 4 鋸 5 逆鱗
6 虹鱒 7 罫線 8 蟹 9-10 石膏 - 斥候

解答	解説
01 (鹿)	鹿の子斑＝白い斑点がある模様のこと。
02 (窪・凹)	窪み＝周囲より低くなっている場所。
03 (錦上)	錦上に花を添える＝美しく立派なものに、さらに美しく立派なものを加える。
04 (鬼籍)	鬼籍に入る＝死亡する。
05 (箔)	箔がつく＝値打ちが加わる。
06 (偲・慕)	偲ぶ＝過去の出来事や遠く離れた人や場所などを懐かしく思い出す。
07 (危殆)	危殆に瀕する＝とてもあぶない状態になる。
08 (分水嶺)	方向性が決まる、わかれ目のたとえ。
09 (沸)	沸く＝興奮して騒ぐ。
10 (湧・涌)	湧く＝考え、感情などが生じる。

でる度 ★★★

書き取り ③

前回（P.292）の復習！（9・10は同訓異字の2語）

1 カの子斑　2 クボみ　3 キンジョウ　4 キセキ　5 ハク
6 シノぶ　7 キタイ　8 ブンスイレイ　9-10 ワく

次の傍線部分のカタカナを漢字で記せ。

- □ 01 彼はこのカイワイによく現れる。（　　）
- □ 02 ニラがよく効いていておいしい。（　　）
- □ 03 彼の魅力に皆がホれ込んでいる。（　　）
- □ 04 ホウバイ笑みがたき。（　　）
- □ 05 彼はエイヨウの限りを尽くした。（　　）
- □ 06 仕事中もシャベってばかりだ。（　　）
- □ 07 急逝した友にモクトウを捧げた。（　　）
- □ 08 師のイハツを継いだ。（　　）
- □ 09 内職してココウを凌ぐ。（　　）
- □ 10 ココウの臣として仕える。（　　）

合格点 8/10　得点 /10

ここまでがんばろう!

でる度 ★★★ / ★★ / ★

1 鹿の子斑　2 窪み・凹み　3 錦上　4 鬼籍　5 箔
6 偲ぶ・慕ぶ　7 危殆　8 分水嶺　9-10 沸く - 湧く・涌く

解答	解説
01（界隈）	あたり一帯。
02（韮）	ユリ科の多年草。
03（惚）	惚れる＝人物の魅力に心を奪われる。
04（朋輩・傍輩）	朋輩笑みがたき＝主人や会社が同じ仲間は表面上は親しく見えるが互いにねたましく思っているものだ。
05（栄耀）	さかえてぜいたくをすること。
06（喋(喃)）	喋る＝ものを言う。
07（黙禱）	口には出さず心の中で祈ること。
08（衣鉢）	衣鉢を継ぐ＝弟子が師から奥義などを受け継ぐ。
09（糊(餬)口）	糊口を凌ぐ＝なんとかして暮らしていく。 他例 虎《こ》口《こう》
10（股肱）	手足となって働く、最も頼りとする部下のこと。

でる度★★★

書き取り④

前回（P.294）の復習！（9・10は同音異字の２語）

1 カイワイ　2 ニラ　3 ホれる　4 ホウバイ　5 エイヨウ
6 シャベる　7 モクトウ　8 イハツ　9-10 ココウ

次の傍線部分のカタカナを漢字で記せ。

□ **01** 文豪の全集を買いアサった。　（　　）

□ **02** 事実無根のウワサが飛び交う。　（　　）

□ **03** どうぞ、ごレンサツ下さい。　（　　）

□ **04** 映画を見てルイセンが緩む。　（　　）

□ **05** 彼女の人気はガゼン高まった。　（　　）

□ **06** 彼はオクメンもなく語り出した。　（　　）

□ **07** 両社のミツゲツ時代が終わる。　（　　）

□ **08** 軍艦のソウダ手になった。　（　　）

□ **09** 地震で建物がカシいだ。　（　　）

□ **10** 土釜で飯をカシいだ。　（　　）

合格点 8/10 得点 /10

ここまでがんばろう!

でる度 ★★★ ★★ ★

1 界隈　2 韮　3 惚れる　4 朋輩・傍輩　5 栄耀
6 喋(喃)る　7 黙禱　8 衣鉢　9-10 糊(餬)口 - 股肱

	解答	解説
01	(漁)	漁る＝物などを探し回る。
02	(噂)	世間で言いふらされている不確かな話。
03	(憐察)	あわれんでさっすること。
04	(涙腺)	涙腺が緩む＝なみだを流す。
05	(俄然)	急に。
06	(臆面)	気おくれした様子のこと。
07	(蜜月)	親密な関係。
08	(操舵)	船を進めるため、かじをとること。
09	(傾)	傾ぐ＝かたむく。
10	(炊(爨))	炊ぐ＝米などをたく。

でる度 ★★★

書き取り ⑤

前回（P.296）の復習！（9・10は同訓異字の2語）

1 アサる　2 ウワサ　3 レンサツ　4 ルイセン　5 ガゼン
6 オクメン　7 ミツゲツ　8 ソウダ　9-10 カシぐ

次の傍線部分のカタカナを漢字で記せ。

□ **01** キンサで優勝を逃した。（　　）

□ **02** 偽の情報を流しカクランする。（　　）

□ **03** 大きなフのある花が咲いた。（　　）

□ **04** 強いショウノウの匂いがする。（　　）

□ **05** 仲ムツまじい夫婦が羨ましい。（　　）

□ **06** コソクな戦法に冷静に対処する。（　　）

□ **07** 質のよいケイセキを採掘する。（　　）

□ **08** キキョウな振る舞いを注意する。（　　）

□ **09** 無駄な購入を控えセッケンする。（　　）

□ **10** 新製品が市場をセッケンする。（　　）

合格点	得点
8/10	/10

ここまでがんばろう！

でる度 ★★★ ★★ ★

1 漁る　2 噂　3 憐察　4 涙腺　5 俄然
6 臆面　7 蜜月　8 操舵　9-10 傾ぐ - 炊(爨)ぐ

	解答	解説
01	僅差	わずかの違い。
02	攪乱	かきみだすこと。
03	斑	まだら。ぶち。
04	樟脳	独特の香りをもつ結晶。防虫剤などに使用。
05	睦	睦まじい＝(特に男女の)仲がよい。
06	姑息	その場しのぎ。
07	珪石	ガラスなどの原料となる鉱物。
08	奇矯	言動が普通とは異なっていること。
09	節倹	無駄をおさえ、質素にすること。
10	席捲・席巻	激しい勢いで自身の勢力範囲にすること。

でる度 ★★★

書き取り⑥

前回（P.298）の復習！（9・10は同音異字の2語）

1キンサ　2カクラン　3フ　4ショウノウ　5ムツまじい 6コソク　7ケイセキ　8キキョウ　9-10セッケン

次の傍線部分のカタカナを漢字で記せ。

□ **01** 三十歳のことをジリツとも言う。（　　）

□ **02** 紅葉したツタウルシも美しい。（　　）

□ **03** 新たなショウカイ機を開発した。（　　）

□ **04** 国家のリュウショウを願う。（　　）

□ **05** 庭のヤエムグラが蕃殖している。（　　）

□ **06** 実績をカンガみて判断した。（　　）

□ **07** ミノカサを着けた村人に会った。（　　）

□ **08** 図工でデンプン糊を使った。（　　）

□ **09** 曲がった根性をタめ直してやる。（　　）

□ **10** 花嫁の美しさにタめ息をつく。（　　）

合格点	得点
8/10	/10

ここまでがんばろう!

でる度 ★★★ ★★ ★

1 僅差　2 攪乱　3 斑　4 樟脳　5 睦まじい
6 姑息　7 珪石　8 奇矯　9-10 節倹 - 席捲・席巻

解答	解説
01（ 而立 ）	三十歳。
02（ 蔦漆 ）	ウルシ科の落葉性つる植物。
03（ 哨戒 ）	敵の襲撃を用心し、見張ること。
04（ 隆昌 ）	勢いが盛んなこと。栄えること。
05（ 八重葎 ）	アカネ科の一年草または多年草。
06（ 鑑 ）	鑑みる＝先例や手本などと照らし合わせて考える。
07（ 蓑(簑)笠 ）	みのとかさ。
08（ 澱粉 ）	植物の光合成によって作られる多糖類の一つ。
09（ 矯 ）	矯める＝悪い性質などを正す。
10（ 溜 ）	溜め息＝心配や感心などした時にする長い息のこと。

でる度 ★★★

書き取り 7

前回（P.300）の復習！（9・10は同訓異字の2語）

1 ジリツ　2 ツタウルシ　3 ショウカイ　4 リュウショウ
5 ヤエムグラ　6 カンガみる　7 ミノカサ　8 デンプン　9-10 タめる

次の傍線部分のカタカナを漢字で記せ。

□ 01 絵の具をバラで買った。（　　）

□ 02 凶悪犯罪者のソウガにかかった。（　　）

□ 03 友人の多彩な才能にシットする。（　　）

□ 04 ザッパクな知識をひけらかす。（　　）

□ 05 今日は恩師のショウツキ命日だ。（　　）

□ 06 世にケンデンされた名曲を聴く。（　　）

□ 07 両者を結ぶチュウタイは消えた。（　　）

□ 08 タンペイキュウに事を起こす。（　　）

□ 09 人工呼吸でソセイした。（　　）

□ 10 最近ソセイ品が出回っている。（　　）

合格点 8/10 | 得点 /10

ここまでがんばろう!

でる度 ★★★ ★★ ★

1 而立　2 蔦漆　3 哨戒　4 隆昌
5 八重葎　6 鑑みる　7 蓑(簑)笠　8 澱粉　9-10 矯める - 溜める

解答	解説
01 (散)	もともとひとまとまりの物を一つ一つに分けたもの。
02 (爪牙)	爪牙にかかる＝犠牲になる。
03 (嫉妬・疾妬)	自分よりすぐれている人をうらやむこと。
04 (雑駁(駮))	様様なものが入りまじり、まとまっていないこと。
05 (祥月)	一周忌以後の、故人の死去した月と同じ月。
06 (喧伝)	盛んに言いふらし、世間に知らせること。
07 (紐帯)	血縁、利害関係などの結びつき。
08 (短兵急)	出し抜けにするさま。
09 (蘇(甦)生)	よみがえること。
10 (粗製)	作りが雑なこと。

でる度 ★★★

書き取り ⑧

前回（P.302）の復習！（9・10は同音異字の2語）

| 1 バラ | 2 ソウガ | 3 シット | 4 ザッパク | 5 ショウツキ |
| 6 ケンデン | 7 チュウタイ | 8 タンペイキュウ | 9-10 ソセイ |

次の傍線部分のカタカナを漢字で記せ。

□ **01** 彼はサイリな観察眼をもつ。　（　　）

□ **02** 避難用にハシゴを設置した。　（　　）

□ **03** 客をロウラクして入会させる。　（　　）

□ **04** 相手のシンタンを寒からしめた。　（　　）

□ **05** ナゾめいた言葉を残して去った。　（　　）

□ **06** ドナベでモツ煮を作った。　（　　）

□ **07** ケンペイずくな態度を改める。　（　　）

□ **08** あまりの痛みにモンゼツした。　（　　）

□ **09** 畑に水をマく。　（　　）

□ **10** 花壇に種をマく。　（　　）

合格点 8/10 | 得点 /10

ここまでがんばろう!

でる度 ★★★ ★★ ★

1 散　2 爪牙　3 嫉妬・疾妬　4 雑駁(駮)　5 祥月
6 喧伝　7 紐帯　8 短兵急　9-10 蘇(甦)生 - 粗製

解答	解説
01（ 犀利 ）	頭の働きなどがするどいさま。
02（ 梯・梯子 ）	長い二本の材の間に足がかりとなる横棒を取り付けた、高い所に登るための道具のこと。
03（ 籠絡 ）	相手を言いくるめて思い通りに操ること。
04（ 心胆 ）	心胆を寒からしめる＝恐れさせ、震え上がらせる。
05（ 謎 ）	謎めく＝正体がはっきり分からずあやしく見える。
06（ 土鍋 ）	土を焼いて作ったなべのこと。
07（ 権柄 ）	権柄ずく＝強制的な力を使い、強引に事をなすこと。
08（ 悶絶 ）	苦しみ気を失うこと。
09（ 撒 ）	撒く＝広範囲に散らす。
10（ 蒔・播 ）	蒔く＝植物の種を畑などに散らす。

でる度 ★★★

書き取り 9

前回（P.304）の復習！（9・10は同訓異字の2語）

1 サイリ　2 ハシゴ　3 ロウラク　4 シンタン　5 ナゾめく
6 ドナベ　7 ケンペイずく　8 モンゼツ　9-10 マく

次の傍線部分のカタカナを漢字で記せ。

□ **01** 捺印ナイシサインが必要です。（　　）

□ **02** シノツく雨の中でも練習をする。（　　）

□ **03** ブザツな文章だと叱責を受ける。（　　）

□ **04** リュウチョウな日本語を話した。（　　）

□ **05** 果物が全部シナびてしまった。（　　）

□ **06** 試合で肩をザショウした。（　　）

□ **07** 事件をコサイ洩らさず調査する。（　　）

□ **08** 富士のスソノを歩く。（　　）

□ **09** 解決策をロウする。（　　）

□ **10** 耳をロウする音に悩む。（　　）

合格点	得点
8/10	/10

ここまでがんばろう!

でる度 ★★★ ★★ ★

1 犀利　2 梯・梯子　3 籠絡　4 心胆　5 謎めく
6 土鍋　7 権柄ずく　8 悶絶　9-10 撒く - 蒔く・播く

	解答	解説
01	（ 乃至 ）	あるいは。または。
02	（ 篠突 ）	篠突く雨＝激しく降る雨。
03	（ 蕪雑 ）	様様なものが入りまじり、整っていないこと。
04	（ 流暢 ）	言葉がなめらかに出てよどみがないこと。
05	（ 萎 ）	萎びる＝水分がなくなりしぼむ。
06	（ 挫傷 ）	打撲などで、外部にきずはないものの、内部にきずが生じること。
07	（ 巨細 ）	大きいことから小さいことまで全部。
08	（ 裾野 ）	山のふもとの緩やかに傾斜しているところ。
09	（ 弄 ）	弄する＝思うように操る。 他例 労《ろう》する
10	（ 聾 ）	聾する＝耳が聞こえなくなる。また、聞こえなくする。

でる度 ★★★

誤字訂正 1

次の各文にまちがって使われている同じ読みの漢字が一字ある。左に誤字を、右に正しい漢字を記せ。

□ **01** 書笈を背負い岨道を歩く老爺は多くの優秀な弟子を育てた積儒である。

誤（　　）⇒ 正（　　）

□ **02** 泰西からの滞在者は日本人が粗品も丁寧に懇包するので驚嘆していた。

誤（　　）⇒ 正（　　）

□ **03** 古希の記念に骨董屋で購入した湿黒の茶碗が姪孫に割られてしまった。

誤（　　）⇒ 正（　　）

□ **04** 検査で喉頭癌と診断されたが初期治療が功を奏し会社に復起した。

誤（　　）⇒ 正（　　）

□ **05** 根拠のない噂で民衆を旋動し、騒擾を起こした首魁は焚刑に処された。

誤（　　）⇒ 正（　　）

□ **06** 董狐の筆を約束し権力に屈せず歴史書を上紙した諫臣の石碑を展示した。

誤（　　）⇒ 正（　　）

□ **07** 富士の中腹で讃然たる曙光を全身に浴び登山の醍醐味をあじわった。

誤（　　）⇒ 正（　　）

□ **08** 人生における歓喜や悲哀、愛や憎しみなどを見事に表現した舌唱である。

誤（　　）⇒ 正（　　）

合格点	得点
7/8	/8

ここまで
がんばろう!

でる度 ★

	解答 誤		正	解説
01	(積)	⇒	(碩)	碩儒《せきじゅ》＝深い学識をもつ学者のこと。
02	(懇)	⇒	(梱)	梱包《こんぽう》＝品物を包み、ひもなどをかけて荷造りすること。
03	(湿)	⇒	(漆)	漆黒《しっこく》＝うるしを塗ったように黒く、つやのあること。
04	(起)	⇒	(帰)	復帰《ふっき》＝もとの状態などに戻ること。
05	(旋)	⇒	(煽・扇)	煽動《せんどう》＝気持ちをあおり、ある行動を起こすよう吹き込むこと。
06	(紙)	⇒	(梓)	上梓《じょうし》＝出版すること。
07	(讃)	⇒	(燦(粲))	燦然《さんぜん》＝はっきりと鮮やかに輝くさま。
08	(舌)	⇒	(絶)	絶唱《ぜっしょう》＝非常にすぐれた詩歌。

でる度 ★★★

誤字訂正 ②

次の各文にまちがって使われている同じ読みの漢字が一字ある。左に誤字を、右に正しい漢字を記せ。

□ **01** 孤独な人心を慰侮しつつ、金品をだまし取る詐欺集団への注意を喚起する。

誤（　　）⇒ 正（　　）

□ **02** 福祉に莫大な財産と生涯を捧げたその徳志家に藍綬褒章が授与された。

誤（　　）⇒ 正（　　）

□ **03** 生活に窮する者からも膏血を絞る王の没義道な行いに家臣は厭汚した。

誤（　　）⇒ 正（　　）

□ **04** 同僚や無二の親友も恋慕する才媛に交際を申し込まれ、煩悶する。

誤（　　）⇒ 正（　　）

□ **05** 河川の氾乱は豪雨の増加や無計画な森林伐採など複雑な原因が絡む。

誤（　　）⇒ 正（　　）

□ **06** 産まず弛まず弓箭の道に励んだ結果、閣下の股肱の臣として名を馳せた。

誤（　　）⇒ 正（　　）

□ **07** 杜撰な管理体制が露呈しても改めない会社との業務提携は首好し難い。

誤（　　）⇒ 正（　　）

□ **08** 経営破端し引責辞職した彼は世俗を離れ故郷の山の麓で隠棲している。

誤（　　）⇒ 正（　　）

合格点	得点
7/8	/8

ここまでがんばろう!

でる度 ★★★ ★★ ★

解答 / 解説

	誤		正	解説
01	（侮）	⇒	（撫）	慰撫《いぶ》＝いたわり、心を安らかにすること。
02	（徳）	⇒	（篤）	篤志《とくし》＝福祉などに熱心に協力しようとする心。
03	（汚）	⇒	（悪）	厭悪《えんお》＝ひどく嫌い憎むこと。
04	（問）	⇒	（悶）	煩悶《はんもん》＝悩み苦しむこと。
05	（乱）	⇒	（濫）	氾濫《はんらん》＝河川の水量が増え、あふれ出すこと。
06	（産）	⇒	（倦）	倦《う》まず弛《たゆ》まず＝飽きたり怠けたりせず。
07	（好）	⇒	（肯）	首肯《しゅこう》＝納得し賛成すること。
08	（端）	⇒	（綻）	破綻《はたん》＝物事の関係が修復不可能になること。

でる度★★★

四字熟語（書き取り）1

前回（P.208）の復習！　読んでみよう。

1 張三李四　2 捧腹（抱腹）絶倒　3 膏火自煎　4 金烏玉兎
5 旧套墨守　6 一張一弛　7 鼓腹撃壌
8 孟母三遷　9 伏竜鳳雛　10 古色蒼然

次の四字熟語に入る適切な語を□から選び漢字二字で記せ。

□ 01 一目（　　）

□ 02（　　）章草

□ 03 治乱（　　）

□ 04 笑面（　　）

□ 05（　　）雲客

□ 06（　　）馬腹

□ 07（　　）塞源

□ 08 剃髪（　　）

□ 09 容貌（　　）

□ 10（　　）露宿

かいい
けいしょう
こうぼう
ちょうべん
ばっぽん
ふうさん
やしゃ
らくしょく
りょうぜん
ろぎょ

合格点 **8**/10　得点　/10

ここまでがんばろう!

でる度 ★★★ ★★ ★

1ちょうさんりし　2ほうふくぜっとう　3こうかじせん　4きんうぎょくと
5きゅうとうぼくしゅ　6いっちょういっし　7こふくげきじょう
8もうぼさんせん　9ふくりょう(ふくりゅう)ほうすう　10こしょくそうぜん

解答	解説
01 一目《いちもく》（瞭然《りょうぜん》・了然《りょうぜん》）	ちょっと見ただけでよく分かること。
02 （魯魚《ろぎょ》）章草《しょうそう》	似た文字を書き誤ること。他例「章草」が出題されることもある。
03 治乱《ちらん》（興亡《こうぼう》）	世の中が治まることと乱れ滅びること。他例「治乱」が出題されることもある。
04 笑面《しょうめん》（夜叉《やしゃ》）	笑顔であっても心に企みがあること。
05 （卿相《けいしょう》）雲客《うんかく》	身分の高い人。
06 （長鞭《ちょうべん》）馬腹《ばふく》	度合いが大き過ぎて役立たないこと。
07 （抜本《ばっぽん》）塞源《そくげん》	災いのもとを取り除くこと。他例「塞源」が出題されることもある。
08 剃髪《ていはつ》（落飾《らくしょく》）	髪を剃り、出家すること。
09 容貌《ようぼう》（魁偉《かいい》）	顔つきや体つきが力強く立派なさま。他例「容貌」が出題されることもある。
10 （風餐《ふうさん》）露宿《ろしゅく》	野外で寝て夜を過ごすこと。

でる度 ★★★

四字熟語（書き取り）②

前回（P.312）の復習！　読んでみよう。

１一目瞭然（了然）　２魯魚章草　３治乱興亡　４笑面夜叉
５卿相雲客　６長鞭馬腹　７抜本塞源
８剃髪落飾　９容貌魁偉　10風餐露宿

次の四字熟語に入る適切な語を□から選び
漢字二字で記せ。

□ 01　暮色（　　　）

□ 02　（　　　）力行

□ 03　（　　　）奇抜

□ 04　経世（　　　）

□ 05　拍手（　　　）

□ 06　（　　　）魚躍

□ 07　情緒（　　　）

□ 08　矛盾（　　　）

□ 09　泰山（　　　）

□ 10　（　　　）脱漏

えんぴ
かっさい
きんけん
こうもう
さいみん
ざんしん
ずさん
そうぜん
てんめん
どうちゃく

1いちもくりょうぜん 2ろぎょしょうそう 3ちらんこうぼう 4しょうめんやしゃ 5けいしょううんかく 6ちょうべんばふく 7ばっぽんそくげん 8ていはつらくしょく 9ようぼうかいい 10ふうさんろしゅく

解答	解説
01 暮色《ぼしょく》(蒼然《そうぜん》)	夕方、辺りが薄暗くなっているさま。
02 (勤倹《きんけん》)力行《りっこう》	よく働き、節約し、精一杯頑張ること。注意「きんけんりき(りょっ・りょく)こう」とも読む。
03 (斬新《ざんしん》)奇抜《きばつ》	発想が独特できわめてあたらしいこと。
04 経世《けいせい》(済民《さいみん》)	世の中を治め、人人を助けること。
05 拍手《はくしゅ》(喝采《かっさい》・喝彩《かっさい》)	手をたたいて称賛すること。
06 (鳶飛《えんぴ》)魚躍《ぎょやく》	万物が本性に従い自由に楽しみを得ることのたとえ。
07 情緒《じょうしょ》(纏綿《てんめん》)	感情がからみついて離れないさま。注意「じょうちょてんめん」とも読む。
08 矛盾《むじゅん》(撞着《どうちゃく》・撞著《どうちゃく》)	前後が食い違って筋が通らないこと。
09 泰山《たいざん》(鴻毛《こうもう》)	差が甚だしいことのたとえ。注意「太山鴻毛」とも書く。
10 (杜撰《ずさん》)脱漏《だつろう》	つくりが雑で間違いが多いこと。

読み 表外の読み 熟語の読み 共通の漢字 書き取り 誤字訂正 四字熟語 対義語・類義語 故事・諺 文章題

でる度 ★★★

四字熟語（書き取り）3

前回（P.314）の復習！　読んでみよう。

1 暮色蒼然　2 勤倹力行　3 斬新奇抜 4 経世済民　5 拍手喝采（喝彩）　6 鳶飛魚躍　7 情緒纏綿 8 矛盾撞着（撞著）　9 泰山（太山）鴻毛　10 杜撰脱漏

次の四字熟語に入る適切な語を□から選び
漢字二字で記せ。

□ 01 （　　）浄土

□ 02 全豹（　　）

□ 03 党同（　　）

□ 04 （　　）相制

□ 05 甲論（　　）

□ 06 牽衣（　　）

□ 07 （　　）以徳

□ 08 百尺（　　）

□ 09 （　　）瓢飲

□ 10 （　　）鳳雛

いっぱん
おつばく
がりょう
かんとう
けんが
ごんぐ
たんし
とんそく
ばつい
ほうえん

合格点 **8**/10 得点 /10

ここまでがんばろう!

でる度 ★★★ ★★ ★

1 ぼしょくそうぜん 2 きんけんりっこう(りきこう・りょっこう・りょくこう) 3 ざんしんきばつ 4 けいせいさいみん 5 はくしゅかっさい 6 えんぴぎょやく 7 じょうしょ(じょうちょ)てんめん 8 むじゅんどうちゃく 9 たいざんこうもう 10 ずさんだつろう

	解答	解説
01	（欣求《ごんぐ》）浄土《じょうど》	極楽往生できるよう心から願うこと。
02	全豹《ぜんぴょう》（一斑《いっぱん》）	物事の一部を見て、全体を推し量ること。
03	党同《とうどう》（伐異《ばつい》）	物事の良し悪しに関係なく、同じ党派につき、他の党派を排除すること。
04	（犬牙《けんが》）相制《そうせい》	国境が複雑に入り組んだ国同士が、互いに牽制しあっていること。
05	甲論《こうろん》（乙駁《おつばく》（乙駮《おつばく》））	主張しあい議論がまとまらないこと。
06	牽衣《けんい》（頓足《とんそく》）	別れを惜しむさま。
07	（報怨《ほうえん》）以徳《いとく》	恨みをもたれていても恩恵をもって接すること。
08	百尺《ひゃくせき》（竿頭《かんとう》）	到達できる頂点のこと。注意「ひゃくしゃくかんとう」とも読む。
09	（箪食《たんし》）瓢飲《ひょういん》	清貧に安んじることのたとえ。
10	（臥竜《がりょう》）鳳雛《ほうすう》	才能を発揮する機会のない逸材のこと。注意「がりゅうほうすう」とも読む。

でる度★★★

四字熟語（意味と読み）1

次の解説・意味にあてはまる四字熟語を□から選び、その傍線部分だけの読みをひらがなで記せ。

□ 01 形ばかりで役立たずなもののたとえ。

□ 02 弱者も土壇場では強者を攻撃する。

□ 03 天下泰平の世の中。

□ 04 落ち着きがないさま。

□ 05 年月がせわしく過ぎゆくこと。

□ 06 意志が強くて思い切りがよいこと。

□ 07 国の政治を一新すること。

□ 08 見識や教養のない者のこと。

東窺西望
舜日尭年
剛毅果断
窮鼠嚙猫
陶犬瓦鶏
旋乾転坤
烏飛兎走
馬牛襟裾

合格点 7/8 | 得点 /8

ここまでがんばろう!

でる度 ★★★ ★★ ★

解答

解説

01（がけい）

陶《とう》犬《けん》瓦《が》鶏《けい》

02（ごうびょう）

窮《きゅう》鼠《そ》嚙《ごう》猫《びょう》

03（しゅんじつ）

舜《しゅん》日《じつ》尭《ぎょう》年《ねん》

04（とうき）

東《とう》窺《き》西《せい》望《ぼう》

05（とそう）

烏《う》飛《ひ》兎《と》走《そう》

06（ごうき）

剛《ごう》毅《き》(豪《ごう》毅《き》)果《か》断《だん》

07（てんこん）

旋《せん》乾《けん》転《てん》坤《こん》

08（きんきょ）

馬《ば》牛《ぎゅう》襟《きん》裾《きょ》

でる度 ★★★

四字熟語（意味と読み） 2

次の解説・意味にあてはまる四字熟語を□から選び、その傍線部分だけの読みをひらがなで記せ。

□ 01 小人物がはびこることのたとえ。

□ 02 優秀な人物や珍物を探し求めること。

□ 03 人の実力などを疑うこと。

□ 04 狩りをすること。

□ 05 訪ねてくる人もいないさびれたさま。

□ 06 言説に根拠がなく、でたらめなこと。

□ 07 非常に貧乏であることのたとえ。

□ 08 厳しくしたり寛容であったりすること。

飛鷹走狗
朝蠅暮蚊
甑塵釜魚
問鼎軽重
一張一弛
荒唐無稽
門前雀羅
鉄網珊瑚

合格点	得点
7/8	/8

ここまでがんばろう!

でる度 ★★★ ★★ ★

解答 / 解説

01（ちょうよう） 朝《ちょう》蠅《よう》暮《ぼ》蚊《ぶん》

02（さんご） 鉄《てつ》網《もう》珊《さん》瑚《ご》

03（もんてい） 問《もん》鼎《てい》軽《けい》重《ちょう》

04（ひよう） 飛《ひ》鷹《よう》走《そう》狗《く》

05（じゃくら） 門《もん》前《ぜん》雀《じゃく》羅《ら》

06（むけい） 荒《こう》唐《とう》無《む》稽《けい》

07（そうじん） 甑《そう》塵《じん》釜《ふ》魚《ぎょ》

08（いっし） 一《いっ》張《ちょう》一《いっ》弛《し》

でる度 ★★★

四字熟語（意味と読み）③

次の解説・意味にあてはまる四字熟語を□から選び、その傍線部分だけの読みをひらがなで記せ。

□ 01 人生のはかなさのたとえ。

□ 02 一旦衰えた勢力が戻り巻き返すこと。

□ 03 外見の美と実質が調和していること。

□ 04 失敗した後で改めることのたとえ。

□ 05 美女のこと。

□ 06 何事にも力の差はあるということ。

□ 07 権力者の陰に隠れ悪行を働く者。

□ 08 物事を途中でやめるな、という教え。

朝盈夕虚
孟母断機
捲土重来
氷肌玉骨
相碁井目
亡羊補牢
城狐社鼠
文質彬彬

合格点	得点
7/8	/8

ここまで
がんばろう!

でる度 ★★★ ★★ ★

解答

解説

解答	解説
01 （ちょうえい）	朝盈夕虚《ちょうえいせききょ》
02 （けんど）	捲土《けんど》(巻土《けんど》)重来《ちょうらい(じゅうらい)》
03 （ひんぴん）	文質彬彬《ぶんしつひんぴん》
04 （ほろう）	亡羊補牢《ぼうようほろう》
05 （ひょうき）	氷肌《ひょうき》(冰肌《ひょうき》)玉骨《ぎょっこつ》
06 （せいもく）	相碁井目《あいごせいもく》
07 （しゃそ）	城狐社鼠《じょうこしゃそ》
08 （もうぼ）	孟母断機《もうぼだんき》

でる度 ★★★

対義語・類義語 1

右の□の中の語を一度だけ使って漢字に直し、
対義語・類義語を記せ。

対義語

□ 01 挽回 —（　　　）

□ 02 蓄財 —（　　　）

□ 03 恩人 —（　　　）

□ 04 愚昧 —（　　　）

□ 05 快諾 —（　　　）

類義語

□ 06 頓着 —（　　　）

□ 07 仲介 —（　　　）

□ 08 恒久 —（　　　）

□ 09 粗雑 —（　　　）

□ 10 苦悩 —（　　　）

あっせん
えいごう
きゅうてき
こうでい
しっつい
しゅんきょ
ずさん
そうめい
とうじん
はんもん

合格点	得点
8/10	/10

ここまでがんばろう！

でる度 ★★★ ★★ ★

解答 / **解説**

01 （ 失墜《しっつい》 ）

挽回《ばんかい》＝なくしたものを回復すること。
失墜＝権威などをなくしてしまうこと。
他例 回復《かいふく》―失墜

02 （ 蕩《とう》（盪）尽《じん》 ）

蓄財《ちくざい》＝財産などを蓄えること。
蕩尽＝財産などを使い果たすこと。

03 （ 仇敵《きゅうてき》 ）

恩人《おんじん》＝情けをかけ助けてくれた人。
仇敵＝恨みなどがある相手。

04 （ 聡明《そうめい》 ）

愚昧《ぐまい》＝おろかで道理が分からないこと。
聡明＝理解が早く、賢いこと。
他例 暗愚《あんぐ》―聡明

05 （ 峻拒《しゅんきょ》 ）

快諾《かいだく》＝快く聞き入れること。
峻拒＝厳しい態度で断ること。

06 （ 拘泥《こうでい》 ）

頓着《とんちゃく・とんじゃく》＝気にかけこだわること。
拘泥＝こだわること。
他例 固執《こしつ》―拘泥

07 （ 斡旋《あっせん》 ）

仲介《ちゅうかい》＝間に入り物事をまとめること。
斡旋＝両者がうまくいくように取り持つこと。

08 （ 永劫《えいごう》 ）

恒久《こうきゅう》＝いつまでも続き変わらないこと。
永劫＝限りなく長い年月のこと。

09 （ 杜撰《ずさん》 ）

粗雑《そざつ》＝ぞんざいでいいかげんなこと。
杜撰＝手法がぞんざいでミスの多いこと。

10 （ 煩悶《はんもん》 ）

苦悩《くのう》＝苦しんで悩むこと。
煩悶＝悩み苦しむこと。

でる度 ★★★

対義語・類義語 ②

右の□の中の語を一度だけ使って漢字に直し、
対義語・類義語を記せ。

対義語

□ 01 弥縫 —（　　　）

□ 02 平明 —（　　　）

□ 03 展開 —（　　　）

□ 04 聡慧 —（　　　）

□ 05 激賞 —（　　　）

類義語

□ 06 認可 —（　　　）

□ 07 盈虚 —（　　　）

□ 08 仰天 —（　　　）

□ 09 本領 —（　　　）

□ 10 医者 —（　　　）

いんきょ
えいこ
かいじゅう
きっきょう
きょうりん
ぐまい
しんこっちょう
つうば
ていとん
はたん

合格点	得点
8/10	/10

ここまで
がんばろう!

でる度 ★★★ ★★ ★

	解答	解説
01	(破綻《はたん》)	弥縫《びほう》＝失敗などを一時的にとり繕うこと。 破綻＝物事や関係がなおせないほどになること。
02	(晦渋《かいじゅう》)	平明《へいめい》＝はっきりしていて理解しやすいこと。 晦渋＝言葉などが難解なこと。
03	(停頓《ていとん》)	展開《てんかい》＝物事が広がり、進むこと。 停頓＝物事が行き詰まること。 他例 進展《しんてん》―停頓
04	(愚昧《ぐまい》)	聡慧《そうけい》＝きわめて英明であること。 愚昧＝おろかで道理が分からないこと。 他例 聡明《そうめい》―愚昧
05	(痛罵《つうば》)	激賞《げきしょう》＝褒めちぎること。 痛罵＝ひどくののしること。
06	(允許《いんきょ》)	認可《にんか》＝よいと認めること。 允許＝ゆるすこと。
07	(栄枯《えいこ》)	盈虚《えいきょ》＝さかえることと衰えること。 栄枯＝盛んになることと衰えること。
08	(吃驚《きっきょう》・喫驚《きっきょう》)	仰天《ぎょうてん》＝非常におどろくこと。 吃驚＝おどろくこと。 他例 仰天―驚倒《きょうとう》
09	(真骨頂《しんこっちょう》)	本領《ほんりょう》＝その人のもつ才能や性質のこと。 真骨頂＝そのもの本来の姿のこと。
10	(杏林《きょうりん》)	医者《いしゃ》＝病人の治療などを職業とする人のこと。 杏林＝医者のこと。

でる度 ★★★

対義語・類義語 ③

右の□の中の語を一度だけ使って漢字に直し、
対義語・類義語を記せ。

対義語

□ 01 明瞭 ―（　　　）

□ 02 崇敬 ―（　　　）

□ 03 攪乱 ―（　　　）

□ 04 顕貴 ―（　　　）

□ 05 消沈 ―（　　　）

類義語

□ 06 首魁 ―（　　　）

□ 07 遷延 ―（　　　）

□ 08 横行 ―（　　　）

□ 09 忽如 ―（　　　）

□ 10 復活 ―（　　　）

がぜん
けんこう
そせい
ちたい
ちょうりょう
ちんぶ
びせん
ぼうとく
もこ
りょうしゅう

合格点 8/10 得点 /10

ここまでがんばろう!

でる度 ★★★ ★★ ★

解答 / 解説

01（模糊《もこ》）

明瞭《めいりょう》＝はっきりしているさま。
模糊＝ぼんやりしているさま。
他例 鮮明《せんめい》—模糊

02（冒瀆《ぼうとく》）

崇敬《すうけい》＝あがめ、うやまうこと。
冒瀆＝おかしけがすこと。
他例 礼讃《れいさん》・尊崇《そんすう》—冒瀆

03（鎮撫《ちんぶ》）

攪乱《かくらん》＝かきみだすこと。
鎮撫＝反乱などをしずめ人心を平穏にすること。

04（微賤《びせん》）

顕貴《けんき》＝地位などが高いこと。
微賤＝地位や身分が低く、いやしいこと。

05（軒昂《けんこう》）

消沈《しょうちん》＝気力などが衰えること。
軒昂＝気力などが奮い立つさま。

06（領袖《りょうしゅう》）

首魁《しゅかい》＝悪事などの首謀者のこと。
領袖＝集団の長のこと。

07（遅滞《ちたい》）

遷延《せんえん》＝物事が長引くこと。
遅滞＝物事の進行がおくれること。

08（跳梁《ちょうりょう》）

横行《おうこう》＝好ましくないことが多く行われること。
跳梁＝好ましくないものがはびこること。

09（俄然《がぜん》）

忽如《こつじょ》＝たちまち。
俄然＝急に。

10（蘇《そ》(甦)生《せい》）

復活《ふっかつ》＝よみがえること。
蘇生＝よみがえること。

でる度 ★★★

故事・諺 1

次の故事・成語・諺のカタカナの部分を漢字で記せ。

□ 01 コケの後思案。 (　　)

□ 02 キンランの契り。 (　　)

□ 03 サイシンの憂え有りて朝に造る能わず。 (　　)

□ 04 天は尊く地は卑しくしてケンコン定まる。 (　　)

□ 05 リカ一枝春雨を帯ぶ。 (　　)

□ 06 親の欲目と他人のヒガメ。 (　　)

□ 07 言葉にサヤがある。 (　　)

□ 08 薬のヤイトは身に熱く、毒な酒は甘い。 (　　)

□ 09 ノミの息も天に上がる。 (　　)

□ 10 モラう物は夏も小袖。 (　　)

合格点	得点
8/10	/10

ここまでがんばろう！

でる度 ★★★ ★★ ★

解答 / 解説

解答	解説
01（ 虚仮 ）	愚者は必要な時に知恵が出ず、事が終わった後に思いつくものである。
02（ 金蘭 ）	友との間柄がきわめて親密なことのたとえ。
03（ 采薪・採薪 ）	病気で、朝廷に参上することはできない。
04（ 乾坤 ）	自然の天と地の形に則って、易のケンの卦とコンの卦が定まった。
05（ 梨花 ）	美人が涙ぐむさまをたとえた言葉。
06（ 僻目 ）	親は我が子を贔屓《ひいき》目に見がち、他人は見誤りがち。
07（ 鞘 ）	言葉にどこか真実を語っていないようなところがある。
08（ 灸 ）	忠言は聞き辛いが、甘言は快く感じられるたとえ。
09（ 蚤 ）	弱小な者でも、懸命に努力すれば望みが叶えられる。
10（ 貰 ）	ただでいただけるものなら、時季外れでも不用品でも何でもよい。

でる度★★★

故事・諺②

次の故事・成語・諺のカタカナの部分を漢字で記せ。

□ 01 風が吹けばオケヤが儲かる。 (　　)

□ 02 未だ覚めずチトウ春草の夢、階前の梧葉已《すで》に秋声。 (　　)

□ 03 セッタの裏に灸。 (　　)

□ 04 虎に翼、獅子にヒレ。 (　　)

□ 05 ナスビの花と親の意見は千に一つも仇はない。 (　　)

□ 06 アバタもえくぼ。 (　　)

□ 07 テンキ洩漏すべからず。 (　　)

□ 08 網ドンシュウの魚を漏らす。 (　　)

□ 09 燕雀安んぞコウコクの志を知らんや。 (　　)

□ 10 ボタンに唐獅子、竹に虎。 (　　)

合格点	得点
8/10	/10

ここまでがんばろう!

でる度 ★★★ ★★ ★

解答	解説
01 （ 桶屋 ）	ある物事が意外なところに影響を及ぼすことのたとえ。また、あてにならない期待をすることのたとえ。
02 （ 池塘 ）	池の堤の春草の上で見た夢がまだ覚めないうちに、庭先の青桐にはすでに秋が訪れている。
03 （ 雪駄 ）	長尻の客が早く帰るというおまじない。
04 （ 鰭 ）	もともと威力のある者が、一層強くなってしまうことのたとえ。
05 （ 茄子・茄 ）	ナスの花は全て実をつけ無駄がないように、親が子にする忠告には、一切無駄がない。
06 （ 痘痕 ）	惚れてしまえば、相手の欠点でも長所に見える。
07 （ 天機 ）	重大な秘密は、何があっても漏らしてはならない。
08 （ 呑舟 ）	大悪人を法で捕らえることができず逃してしまうこと。
09 （ 鴻鵠 ）	小人物には、大人物の大志は理解できない。
10 （ 牡丹 ）	絵になる、組み合わせのよいものの例。

でる度 ★★★

故事・諺③

次の故事・成語・諺のカタカナの部分を漢字で記せ。

□ **01** 六親和せずしてコウジあり。　（　　）

□ **02** トンビに油揚げをさらわれる。　（　　）

□ **03** リョウジョウの君子。　（　　）

□ **04** キャラの仏に箔を置く。　（　　）

□ **05** 酒は天のビロク。　（　　）

□ **06** キコの勢い。　（　　）

□ **07** 七皿食うてサメクサい。　（　　）

□ **08** 両テンビンを掛ける。　（　　）

□ **09** タイカンは忠に似たり。　（　　）

□ **10** フクテツを踏む。　（　　）

合格点	得点
8/10	/10

ここまで
がんばろう!

でる度 ★★★ ★★ ★

解答

01（ 孝慈 ）
02（ 鳶 ）
03（ 梁上 ）
04（ 伽羅 ）
05（ 美禄 ）
06（ 騎虎 ）
07（ 鮫臭 ）
08（ 天秤 ）
09（ 大姦(奸) ）
10（ 覆轍 ）

解説

01 一族が不和になると、子が親を、親が子を愛する気持ちが必要になってくる。

02 手に入るはずのものを不意に横取りされて呆然とするさま。

03 泥棒のこと。

04 よいものを、さらによくすること。

05 酒の素晴らしさを誉める言葉。

06 勢いがありすぎて、途中でやめられなくなるたとえ。

07 さんざん食べた後で、まずいとけちを付けること。

08 対立する二つのどちらを選んでもよいように関係をつけておく。

09 大悪人は巧みに主君に仕えるので、忠臣のように見える。

10 前人の失敗を繰り返す。

でる度 ★★★

故事・諺 4

次の故事・成語・諺のカタカナの部分を漢字で記せ。

□ **01** バクギャクの友。（　　）

□ **02** 塗り箸でソウメンを食う。（　　）

□ **03** 味噌コして水を掬う。（　　）

□ **04** ズキンと見せて頰かぶり。（　　）

□ **05** 裸でユズの木に登る。（　　）

□ **06** コイの滝登り。（　　）

□ **07** 積善の家には必ずヨケイあり。（　　）

□ **08** ヤミヨに烏、雪に鷺。（　　）

□ **09** シュンメ痴漢を乗せて走る。（　　）

□ **10** コウセンの路上老少無し。（　　）

合格点 8/10　得点 /10

ここまでがんばろう!

でる度 ★★★ ★★ ★

解答	解説
01（ 莫逆 ）	無二の親友。
02（ 素麺・索麺 ）	物事がまどろっこしくてやりにくいことのたとえ。
03（ 漉（濾） ）	いくら苦労をしても、効果がないことのたとえ。
04（ 頭巾 ）	表面は立派に見せかけているが、実際はそうでないこと。
05（ 柚・柚子 ）	無鉄砲な勇気のたとえ。
06（ 鯉 ）	立身出世すること。
07（ 余慶 ）	善行を積めば必ずその報いとして子孫に幸福が訪れる。
08（ 闇夜 ）	はっきり見分けがつかないことのたとえ。
09（ 駿馬 ）	美人が、愚かなつまらない男と結婚することのたとえ。
10（ 黄泉 ）	死は老若に関係なく訪れるということ。

でる度 ★★★

故事・諺 5

次の故事・成語・諺のカタカナの部分を漢字で記せ。

□ **01** 湯のジギは水になる。　（　　）

□ **02** 傘とチョウチンは戻らぬつもりで貸せ。　（　　）

□ **03** マリと手と歌は公家の業。　（　　）

□ **04** イチモツの鷹も放さねば捕らず。　（　　）

□ **05** 危うきことルイランの如し。　（　　）

□ **06** 遠慮なければキンユウあり。　（　　）

□ **07** 鐘もシュモクの当たりがら。　（　　）

□ **08** 重箱の隅をヨウジでほじくる。　（　　）

□ **09** 点滴岩をウガつ。　（　　）

□ **10** 飛鳥尽きてリョウキュウ蔵る。　（　　）

解答	解説
01 (辞儀・辞宜)	遠慮も時と場合によるというたとえ。
02 (提灯・挑灯)	一時だけ必要な物は、貸しても戻らないと思っていた方がよい。
03 (鞠(毬))	けまり、書道、和歌は、公家にとって当然のたしなみである。
04 (逸物)	いくら有能なものでも、実際に使わなければ何の役にも立たない。
05 (累卵)	きわめて危険な状態のこと。
06 (近憂)	先先のことを考えずにいると、程なく必ず心配事が起こる。
07 (撞木)	連れ添う相手次第で、よくも悪くもなる。
08 (楊枝・楊子)	些細なことまでほじくり出して口うるさく言うことのたとえ。
09 (穿(鑽・鑿・鐫))	絶え間なく努力を続ければ、いつか成功するというたとえ。
10 (良弓)	用済みになったら、捨てられてしまうことのたとえ。

でる度 ★★★

文章題 1

文章中の傍線のカタカナを漢字に直し、波線の漢字の読みをひらがなで記せ。

□ 01 彼は十字架の前にひれ伏し、もう一度熱心に祈りをササげる。

（芥川龍之介「誘惑」より）（　　　）

□ 02 おまけに相手は防長征討軍の苦い経験を嘗め、一旦討ち死にの覚悟までした討幕のキュウセンポウだ。

（島崎藤村「夜明け前 第一部」より）（　　　）

□ 03 軽薄な巴里《パリ》の社会の真相はさもこうあるだろう穿ち得て妙だと手を拍ち度《たく》なるかも知れません。

（夏目漱石「文芸の哲学的基礎」より）（　　　）

□ 04 人間の在る所恋あり、恋ある所嫉妬ありで、蓋し之は当然であろう。

（中島敦「南島譚《なんとうたん》 夫婦」より）（　　　）

□ 05 曽て彼の妻であった人も、今は最早全く他人のものだ。

（島崎藤村「刺繍」より）（　　　）

□ 06 彼等が此の矛盾を冒して塵界に流転するとき死なんとして死ぬ能わず、而も日毎に死に引き入れらるる事を自覚する。

（夏目漱石「野分」より）（　　　）

合格点	得点
5/6	/6

ここまでがんばろう!

でる度 ★★★ ★★ ★

解答	解説
01 (捧)	捧げる＝心からの愛情などを差し出す。
02 (急先鋒)	一番前に立ち、勢いよく行動すること。 他例 論鋒《ろんぽう》
03 (うが)	穿つ＝物事の真相などをたくみにとらえる。
04 (けだ)	蓋し＝核心のある推定を表す言葉。
05 (かつ)	曽て＝以前。
06 (あた)	能う＝できる。

でる度 ★★★

文章題②

文章中の傍線のカタカナを漢字に直し、波線の漢字の読みをひらがなで記せ。

□ 01 信子は女子大学にいた時から、サイエンの名声を担っていた。
（芥川龍之介「秋」より）（　　　）

□ 02 永久夫人の前に赦されない彼は、恰も蘇生の活手段を奪われた仮死のケイガイと一般であった。
（夏目漱石「明暗」より）（　　　）

□ 03 終《しまい》には御自分の懐に納れて、帯の上から撫で御覧なさり乍ら、御部屋の内をうろうろなさいました。（島崎藤村「旧主人」より）（　　　）

□ 04 不穏な落ち付かぬ凄い色を帯びて居らぬものは、一人も無かった。
（田山花袋「重右衛門の最後」より）（　　　）

□ 05 彼は努めて寛がんとしたれども、動もすれば心は空になりて、主の語を聞き逸らさんとす。
（尾崎紅葉「金色夜叉」より）（　　　）

□ 06 日参をしたって、参籠をしたって、そうとすれば、安いものだからね。
（芥川龍之介「運」より）（　　　）

合格点	得点
5/6	/6

ここまでがんばろう!

でる度 ★

解答	解説
01（ 才媛 ）	教養があり高い知性をもつ女性。
02（ 形骸 ）	かたちだけが残り、意味や価値を失ったもの。
03（ い ）	納れる＝おさめる。受け入れる。
04（ すご ）	凄い＝背筋が寒くなるほど恐ろしい。
05（ やや ）	動もすれば＝その状況になりやすいさま。どうかすると。
06（ さんろう ）	神社などに一定期間こもること。

準1級　漢字表

ア

漢字	阿	娃	啞	蛙	偓	渥	斡
許容字体			唖				
読み	ア くま よる おもねる ひさし お	アイ うつくしい	アク ああ わらう	ア ワ かえる みだら	アク かかわる	アク あつい うるおい こい	アツ カン めぐる つかさどる
用例	阿《あ》鼻《び》叫《きょう》喚《かん》 阿《くま》 阿《おもね》る 四阿《あずまや》	宮《きゅう》娃《あい》	啞《あ》然《ぜん》	井《せい》蛙《あ》		優《ゆう》渥《あく》 渥《あつ》い・渥《うるお》う	斡《あっ》旋《せん》 斡《めぐ》る

イ

漢字	按	庵	鞍	伊	夷	葦	飴
許容字体						※	飴
読み	アン おさえる かんがえる しらべる	アン いおり	アン くら	イ かれ これ ただ	イ たいらか たいらげる ころす うずくまる おごる えびす えみし	イ あし よし	イ あめ
用例	按《あん》摩《ま》	草《そう》庵《あん》	鞍《くら》替《が》え		坦《たん》夷《い》 夷《えびす》顔《がお》	稲《とう》麻《ま》竹《ちく》葦《い》 葦《あし》火《び》・葦《よし》	含《がん》飴《い》弄《ろう》孫《そん》 飴《あめ》

【漢字表の見方】

❶ ウ
❷ 迂
❸ 迂
❹ ウ まがる うとい とおい
❺ 迂《う》路《ろ》

❶五十音見出し

❷漢字……準1級の対象漢字を音読み・総画数・部首の画数を基準に並べています。

❸許容字体……準1級の対象漢字の中で、許容字体として定められたものを記しています。この他にも試験で正解となるものもあります。※は、他に字体のデザインなどにおいて差異があってもここにあげた字体以外に正解とする場合があるものを示しています。国は国字を示しています。

❹読み……音読みはカタカナ、訓読みはひらがな、送りがなは細字で示しています。カタカナでも訓読みとするものには（訓）といれています。

❺用例……過去に出題された用例をまとめました。※読みに含まれない当て字なども含んでいます。

謂	惟	鮪	倭	郁	溢	鰯	允
					溢	鰯 国	
イ いう いわれ いい	イ ユイ おもう これ ただ	イ ユウ まぐろ しび	イ ワ やまと	イク かぐわしい さかん	イツ あふれる すぎる おごる みちる こぼれる	いわし	イン まこと まことに ゆるす じょう
謂《いわ》れ 謂《い》 所謂《いわゆる》	思《し》惟《い(ゆい)》 惟《おも》んみる 惟《ただ》		倭語《わご》 倭《やまと》絵《え》	郁郁《いくいく》 郁《かぐわ》しい	充《じゅう》溢《いつ》 溢《あふ(こぼ)》れる	潤《うる》目《め》鰯《いわし》	允可《いんか》 允《ゆる》す

			ウ				
寅	胤	蔭	迂	烏	佑	鬱	蔚
			迂			鬱の異体字	
イン つつしむ とら	イン たね	イン かげ おかげ おおう しげる	ウ まがる うとい とおい	ウ オ からす くろい いずくんぞ なんぞ	ウ ユウ たすける たすけ		イ ウツ
庚寅《こういん》	後胤《こういん》	庇蔭《ひいん》	迂路《うろ》	金《きん》烏《う》玉《ぎょく》兎《と》	天《てん》佑《ゆう》神《しん》助《じょ》 佑《たす》け		蔚蔚《うつうつ》

	エ								
云	曳	盈	瑛	叡	穎	嬰	洩	亦	奄
					頴				
ウン いう	エイ ひく	エイ みちる あまる	エイ	エイ かしこい	エイ ほさき すぐれる	エイ めぐる ふれる あかご	エイ セツ のびる もれる	エキ また	エン おおう ふさがる たちまち
云為《うんい》	揺曳《ようえい》	盈虚《えいきょ》 盈《み》つる		叡断《えいだん》	穎脱《えいだつ》	退嬰《たいえい》 嬰《ふ》れる	漏洩《ろうえい》	亦《また》	気息奄奄《きそくえんえん》 奄《おお》う・奄《たちま》ち

掩	堰	淵	焰	鳶	燕	鴛	薗	苑
		渕	焔					
エン おおう かばう たちまち	エン せき いせき せく	エン ふち ふかい おくぶかい	エン もえる ほのお	エン とび とんび	エン つばめ さかもり くつろぐ	エン おしどり	エン オン その	エン オン ウツ その ふさがる
掩護《えんご》 掩《おお(かば)》う	堰塞《えんそく》 堰《せき》 堰《せ》かれ	深淵《しんえん》	気焰《きえん》	鳶飛魚躍《えんぴぎょやく》 鳶《とび(とんび)》	魚目燕石《ぎょもくえんせき》	鴛鴦《えんおう》		苑池《えんち》

	オ							
厭	於	姶	鴨	鴦	襖	鶯	鷗	鸚
					襖	鴬	鴎	
エン オン ヨウ おさえる いとう あきる いや	オ おいて おける	オウ みめよい	オウ かも	オウ おしどり	オウ わたいれ ふすま あお	オウ うぐいす	オウ かもめ	オウ イン
厭悪《えんお》 厭《あ》きた 厭《いや》			鴨脚《おうきゃく》 鴨居《かもい》	鴛鴦《えんおう》	襖紙《ふすまがみ》	老鶯《ろうおう》	鷗盟《おうめい》	鸚鵡《おうむ》

	カ								
凰	禾	瓜	茄	珂	迦	嘩	嘉	榎	樺
		瓜			迦	※			
オウ コウ おおとり	カ いね のぎ	カ うり	カ はす なす なすび	カ	カ	カ かまびすしい	カ よい よみする	カ えのき	カ かば
鳳凰《ほうおう》	禾穀《かこく》	瓜田《かでん》 瓜《うり》	茄子《なすび》・茄《なすび》		釈迦《しゃか》	喧嘩《けんか》	嘉肴《かこう》・嘉《よ》い 嘉《よみ》する		白樺《しらかば》

霞	蝦	伽	卦	俄	臥	峨	駕	蛾
						峩		
カ かすみ かすむ	カ ガ えび がま	カ ガ キャ とぎ	カ ケ うらなう うらない	ガ にわか にわか	ガ ふす ふしど	ガ けわしい	ガ のる のりもの あつかう しのぐ	ガ ギ まゆげ あり
雲霞《うんか》 霞《かすみ》	蝦根《えびね》	堂塔伽藍《どうとうがらん》 伽羅《きゃら》 御伽《おとぎ》	有卦《うけ》 卦《うらな》い	俄然《がぜん》 俄《にわか》	臥薪嘗胆《がしんしょうたん》 臥《ふ》す・草臥《くたび》れ	峨《けわ》しく	並駕斉駆《へいがせいく》	

恢	晦	堺	魁	檜	蟹	廻	咳
※	晦			桧	蠏		
カイ おおきい ひろい	カイ みそか つごもり くらい くらます	カイ さかい	カイ かしら さきがけ おおきい おさ	カイ ひのき ひ	カイ かに	カイ エ まわす まわる めぐる めぐらす	カイ ガイ せき せく しわぶき しわぶく
天網恢恢《てんもうかいかい》 恢《ひろ》い	晦渋《かいじゅう》 晦《くら》い 晦《くら》ます		首魁《しゅかい》 魁《さきがけ》	檜舞台《ひのきぶたい》 檜垣《ひがき》	蟹行《かいこう》 蟹《かに》	廻向《えこう》 輪廻転生《りんねてんしょう》	鎮咳《ちんがい》 咳《せき》 咳《せ》く

凱		カイ ガイ かちどき やわらぐ	凱旋《がいせん》 凱《やわ》らぐ
漑	漑※	カイ ガイ そそぐ すすぐ	灌漑《かんがい》
鎧		カイ ガイ よろい よろう	鎧袖一触《がいしゅういっしょく》
芥		カイ ケ からし あくた ちいさい	厨芥《ちゅうかい》 芥子《けし》
亥		ガイ い	亥月《がいげつ》
苅		ガイ かる	
崕	崖の異体字		
蓋	蓋の異体字		
碍		ガイ ゲ さまたげる ささえる	阻碍《そがい》 碍《さまた》げる

劃		カク わかつ くぎる	劃定《かくてい》 劃《くぎ》る
廓		カク ひろい ひろげる むなしい くるわ	恢廓《かいかく》 廓《くるわ》
赫		カク あかい さかん かがやく あつい	赫灼《かくしゃく》 赫《かがや》く
摑	掴	カク つかむ	摑《つか》む
塙		カク コウ かたい はなわ	塙《はなわ》
鍔		ガク つば	鍔《つば》
鰐		ガク わに	鰐魚《がくぎょ》 鰐皮《わにがわ》
樫	国	かし	樫《かし》

筈		カツ やはず はず	手筈《てはず》
恰		カッ コウ あたかも	恰幅《かっぷく》 恰《あたか》も
侃		カン つよい	侃直《かんちょく》 侃《つよ》い
函	凾	カン いれる はこ よろい	投函《とうかん》
姦		カン よこしま みだら かしましい	大姦《たいかん》 姦《かしま》しい
柑		カン みかん こうじ	柑橘《かんきつ》
竿		カン さお ふだ	百尺《ひゃくせき(しゃく)》竿《かん》頭《とう》
桓		カン	盤桓《ばんかん》
莞		カン い むしろ	莞爾《かんじ》
菅		カン すげ すが	菅笠《すげがさ》

翰	翰	カン ふで ふみ てがみ とぶ みき	翰墨《かんぼく》
舘		カン やかた たて たち	
諫	諌	カン いさめる	諫止《かんし》 諫《いさ》める
灌	潅	カン そそぐ	釈根灌枝《しゃくこんかんし》
萱		カン ケン かや わすれぐさ	萱堂《けんどう》 萱葺《かやぶ》き
澗	澗	カン ケン たに たにみず	
雁	鴈	ガン かり	沈魚落雁《ちんぎょらくがん》
翫	翫	ガン もてあそぶ あじわう あなどる むさぼる	翫笑《がんしょう》 翫《もてあそ》ぶ 翫《あなど》る
癌		ガン	喉頭癌《こうとうがん》

漢字	字体	読み	用例
贋		ガン にせ	真贋《しんがん》
巌		ガン けわしい いわ いわお がけ	枯木寒巌《こぼくかんがん》 巌《けわ》しく
キ			
其		キ その それ	
祁	祁	キ おおいに おおきい さかんに	祁寒《きかん》
葵		キ あおい	葵花《きか》 山葵《わさび》
箕		キ み ちりとり	箕《み》
嬉		キ たのしむ うれしい あそぶ	嬉《うれ》しい
槻		キ つき	
毅		キ つよい たけし	毅然《きぜん》 毅《つよ》い
窺		キ うかがう のぞく	管窺《かんき》 窺《うかが》って 窺《のぞ》く
徽	徽	キ よい しるし	徽章《きしょう》 徽《よ》い
磯		キ いそ	磯際《いそぎわ》
麒		キ きりん	麒麟《きりん》
鰭		キ ひれ はた	尾鰭《おひれ》
稀		キ ケ まれ まばら うすい	稀有《けう》
妓		ギ わざおぎ あそびめ こ	老妓《ろうぎ》
祇	祇	ギ くにつかみ	天神《てんしん(じん)》地祇《ちぎ》
誼		ギ よい すじみち よしみ	恩誼《おんぎ》 誼《よしみ》
蟻		ギ あり くろ くろい	蟻穴《ぎけつ》 蟻《あり》
掬		キク すくう むすぶ	一掬《いっきく》 掬《すく》って
鞠		キク まり やしなう とりしらべる かがむ	鞠訊《きくじん》 鞠《まり》
麴	麹	キク こうじ さけ	麴《こうじ》
吃		キツ どもる くう すう	吃水《きっすい》 吃《ども》った
迄	迄	キツ いたる およぶ まで	迄《まで》
橘		キツ たちばな	橘中《きっちゅう》
桔		キツ ケツ	
仇		キュウ かたき あだ つれあい	仇敵《きゅうてき》
汲	汲	キュウ くむ ひく	汲汲《きゅうきゅう》 汲《く》め
灸		キュウ やいと	灸《きゅう(やいと)》
笈	※	キュウ おい	書笈《しょきゅう》 笈《おい》
韮	韭	キュウ にら	韮《にら》
厩	廏廐厩※	キュウ うまや	厩肥《きゅうひ》 厩《うまや》
玖		キュウ ク	
鳩		キュウ ク はと あつめる あつまる やすんずる	鳩首凝議《きゅうしゅぎょうぎ》 鳩《あつ》める
渠	※	キョ みぞ おおきい かしら かれ なんぞ	溝渠《こうきょ》

嘘	噓	キョ ふく はく すすりなく うそ	
鋸		キョ のこぎり のこ	鋸《のこぎり》
禦		ギョ ふせぐ つよい	折衝禦侮《せっしょうぎょぶ》 禦《ふせ》ぐ
叶		キョウ かなう	叶和《きょうわ》 叶《かな》った
兇		キョウ わるい おそれる	兇刃《きょうじん》 兇《わる》い
匡		キョウ ただす すくう	匡弼《きょうひつ》 匡《ただ》す
俠	侠	キョウ おとこだて きゃん	義俠《ぎきょう》
喬		キョウ たかい おごる	喬木《きょうぼく》
僑		キョウ やどる かりずまい	華僑《かきょう》

蕎		キョウ	蕎麦《そば》
彊		キョウ つよい つとめる しいる	
橿		キョウ かし	黒橿《くろがし》
饗	饗※	キョウ あえ もてなす うける	饗応《きょうおう》 饗《もてな》し
杏		キョウ アン あんず	杏林《きょうりん》
馨		キョウ ケイ かおり かおる	芳馨《ほうけい》
怯		キョウ コウ おびえる おじる ひるむ	怯弱《きょうじゃく》 怯《おび》える 怯《お》じる 怯《ひる》んだ
劫		キョウ コウ ゴウ おびやかす かすめる	億劫《おっくう》 劫初《ごうしょ》

亨		キョウ コウ ホウ とおる にる	亨通《こうつう》 亨《とお》る
堯		ギョウ たかい	堯風舜雨《ぎょうふうしゅんう》
旭		キョク あさひ	旭日昇天《きょくじつしょうてん》
粁	国	キロメートル （訓）	
芹		キン せり	献芹《けんきん》
衿		キン えり	衿帯《きんたい》 衿《えり》
欽		キン つつしむ うやまう	欽慕《きんぼ》
禽		キン とり とらえる いけどり	良禽《りょうきん》
檎		キン ゴ	林檎《りんご》

欣		キン ゴン よろこぶ	欣幸《きんこう》 欣求浄土《ごんぐじょうど》

ク

矩		ク さしがね のり	規矩準縄《きくじゅんじょう》 矩《のり》
駈		ク かける かる	
軀	躯	ク からだ むくろ	長身痩軀《ちょうしんそうく》
倶	※	ク グ ともに	不倶戴天《ふぐたいてん》 倶《とも》に
寓		グ グウ よせる やどる かりずまい かこつける	寓意《ぐうい》 寓《かこつ》ける
狗		ク コウ いぬ	走狗《そうく》
鉤	鈎	ク コウ かぎ つりばり かける おびどめ まがる	鉤縄規矩《こうじょうきく》 自在鉤《じざいかぎ》

ケ									
腔	粂	喰	袈	圭	荊	桂	珪	畦	罫
腔	国	※国			荆				
クウ コウ から からだ	くめ	くらう くう	ケ	ケイ たま かどだつ	ケイ いばら むち	ケイ かつら	ケイ たま	ケイ うね あぜ	ケイ
腔腸《こうちょう》			大袈裟《おおげさ》	圭角《けいかく》	柴荊《さいけい》 荊《いばら》の道《みち》		珪石《けいせき》	圃畦《ほけい》 畦道《あぜみち》	罫線《けいせん》

頸	繫	慧	鮭	卿	戟	隙	訣	蕨
頚	繋			卿卿		隙の異体字		
ケイ くび	ケイ つなぐ つながる かかる とらえる きずな	ケイ エ さとい かしこい	ケイ カイ さけ さかな	ケイ キョウ きみ くげ	ケキ ゲキ ほこ		ケツ わかれる おくぎ	ケツ わらび
頸椎《けいつい》	繫駕《けいが》 繫《つな》ぐ 繫《か》け	慧眼《けいがん》		卿相雲客《けいしょううんかく》	刺戟《しげき》		秘訣《ひけつ》 訣《わか》れる	早蕨《さわらび》

頁	倦	捲	牽	喧	絢	蜎	鰹	鹼
	倦	捲						鹸
ケツ ヨウ かしら ページ(訓)	ケン うむ あきる あぐむ つかれる	ケン まく まくる めくる いさむ	ケン ひく つらなる	ケン かまびすしい やかましい	ケン あや	ケン うつくしい	ケン かつお	ケン しおけ あく
頁岩《けつがん》	倦怠《けんたい》 倦《う》まず 倦《あぐ》んで	捲土《けんど》重《ちょう(じゅう)》来《らい》・捲《まく》り 捲《めく》って	牽引《けんいん》 牽《ひ》かれて	喧伝《けんでん》	絢飾《けんしょく》 絢《あや》			石鹼《せっけん》

				コ				
硯	彦	絃	諺	乎	姑	狐	袴	壺
			諺			狐		壷
ケン ゲン すずり	ゲン ひこ	ゲン いと つる	ゲン ことわざ	コ か や を かな	コ しゅうとめ しゅうと おんな しばらく	コ きつね	コ はかま ももひき	コ つぼ
筆耕硯田《ひっこうけんでん》	英彦《えいげん》	絃歌《げんか》	古諺《こげん》	醇乎《じゅんこ》	因循姑息《いんじゅんこそく》 姑《しばら》く	董狐《とうこ》の筆《ふで》 狐《きつね》	白袴《しろばかま》	壺中《こちゅう》

菰	跨	鈷	糊	瑚	醐	胡	伍
菰							
コ こも まこも	コ またぐ またがる よる また	コ	コ のり くちすぎ	コ ゴ	コ ゴ	コ ゴ ウ あごひげ えびす なんぞ でたらめ ながいき みだり いずくんぞ	ゴ くみ いつつ
真菰《まこも》	跨線橋《こせんきょう》 跨《また》ぐ 跨《また》がり		模糊《もこ》 糊《のり》する	鉄網珊瑚《てつもうさんご》	醍醐味《だいごみ》	胡蝶《こちょう》 胡乱《うろん》	隊伍《たいご》

冴	吾	梧	叩	亙	宏	佼	庚	杭	肴
※									
ゴ さえる	ゴ われ わが	ゴ あおぎり	コウ たたく はたく ひかえる	コウ わたる	コウ ひろい おおきい	コウ うつくしい	コウ かのえ とし	コウ わたる くい	コウ さかな
冴《さ》えて		魁梧《かいご》	叩扉《こうひ》 叩《はた》いて	聯亙《れんこう》 亙《わた》る	宏壮《こうそう》	佼人《こうじん》 佼《うつく》しい	庚申《こうしん》	杭《くい》	酒肴《しゅこう》 肴《さかな》

肱	巷	倖	晃	浩	紘	皐	袷	釦
	巷					皋		
コウ ひじ	コウ ちまた	コウ さいわい へつらう	コウ あきらか ひかる	コウ おおきい ひろい おおい おごる	コウ おおづな ひろい	コウ さわ さつき	コウ あわせ	コウ かざる ボタン(訓)
股肱《ここう》 肱《ひじ》	街談巷説《がいだんこうせつ》	薄倖《はっこう》	晃晃《こうこう》	浩然《こうぜん》		九皐《きゅうこう》	袷《あわせ》	

蛤	幌	膏	閤	縞	糠	藁	鮫	鴻
コウ はまぐり	コウ ほろ	コウ あぶら こえる うるおす めぐむ	コウ くぐりど へや たかどの	コウ しろぎぬ しま	コウ ぬか	コウ わら	コウ さめ	コウ おおとり おおきい
	幌《ほろ》	膏火自煎《こうかじせん》 膏《こ》える	閤下《こうか》	格子縞《こうしじま》	糟糠《そうこう》 糠漬《ぬかづ》け		鮫臭《さめくさ》い	鴻毛《こうもう》

礦	攪	垢	弘	昂	鵠	亘
砿	撹				※	
コウ あらがね	コウ カク みだす まぜる	コウ ク あか よごれる けがれる はじ	コウ グ ひろい ひろめる	コウ ゴウ たかぶる あがる たかい	コウ コク くぐい しろい まと ただしい おおきい	コウ セン わたる
	攪擾《こう(かく)じょう》 攪乱《かくらん》	塵垢《じんこう》 純真無垢《じゅんしんむく》 垢抜《あかぬ》けた	弘毅《こうき》 弘誓《ぐぜい》 弘《ひろ》い	昂進《こうしん》 昂《たかぶ》った	不失正鵠《ふしっせいこく》	亘《わた》る

壕	濠	嚙	轟	忽	惚	坤	昏	梱
		噛						
ゴウ ほり	ゴウ ほり	ゴウ かむ かじる	ゴウ とどろく おおいに	コツ ゆるがせ たちまち	コツ ほれる ほうける ぼける とぼける	コン つち ひつじさる	コン くれ くらい くらむ	コン こり こうり しきみ
壕《ごう(ほり)》	濠《ごう》	窮鼠嚙猫《きゅうそごうびょう》 嚙《かじ》った	轟然《ごうぜん》 轟《とどろ》く	粗忽《そこつ》 忽《ゆるが》せ 忽《たちま》ち	惚《ほ》れ 自惚《うぬぼ》れて	乾坤《けんこん》	昏睡《こんすい》	梱包《こんぽう》 二梱《ふたこり》(こうり)

サ

艮	乍	些	嵯	裟	瑳	蓑	叉	紗
			嵳					
コン ゴン うしとら	サ たちまち ながら	サ いささか すこし	サ けわしい	サ	サ みがく	サ サイ みの	サ シャ また さす こまねく こまぬく	サ シャ うすぎぬ
艮《うしとら》	乍《たちま》ち 乍《なが》ら	些細《ささい》 些《いささ》か	嵯峨《さが》	袈裟《けさ》	切瑳《せっさ》 瑳《みが》く	蓑笠《さりゅう》(みのかさ) 蓑《みの》	交叉《こうさ》 笑面夜叉《しょうめんやしゃ》	更紗《さらさ》

坐	哉	晒	柴	砦	栖	犀	啐	榊
								榊 国
ザ すわる いながら そぞろに います おわす まします	サイ かな や か	サイ さらす	サイ しば まつり ふさぐ	サイ とりで	サイ セイ すむ すみか	サイ セイ かたい するどい	サイ ソツ なめる なきごえ	さかき
行住坐臥《ぎょうじゅうざが》 坐《いなが》ら 坐《そぞろ》に	快哉《かいさい》	晒《さら》した	柴扉《さいひ》	山砦《さんさい》	幽栖《ゆうせい》	犀利《さいり》	啐啄同時《そったくどうじ》	榊《さかき》

朔	窄	笹	薩	撒	珊	蒜	餐	燦
		国	薩		珊※			
サク ついたち きた	サク せまい せばまる すぼむ つぼむ	ささ	サツ	サツ サン まく	サン	サン ひる にんにく	サン くう のむ たべもの	サン あきらか あざやか きらめく
晦朔《かいさく》 朔《ついたち》	狭窄《きょうさく》 見窄《みすぼ》らしい	篠笹《しのざさ》	菩薩《ぼさつ》	撒布《さんぷ》 撒《ま》く	珊瑚礁《さんごしょう》	野蒜《のびる》	風餐露宿《ふうさんろしゅく》	燦然《さんぜん》 燦《あき》らか

シ

纂	讃	之	巳	仔	只	此	孜	屍
	讃							
サン あつめる くみひも つぐ	サン ほめる たたえる たすける	シ これ この の ゆく	シ み	シ たえる こまか こ	シ ただ	シ この これ かく ここ	シ つとめる	シ しかばね かばね
編纂《へんさん》 纂《あつ》める		之《これ》 之《ゆ》く	上巳《じょうし》 辰巳《たつみ》			彼此《ひし》	孜孜《しし》	死屍《しし》

砥	偲	匙	梓	斯	覗	獅	髭	蒔
シ と といし とぐ みがく	シ しのぶ	シ さじ	シ あずさ はんぎ だいく	シ この これ かく かかる	シ うかがう のぞく	シ しし	シ くちひげ ひげ	シ ジ うえる まく
砥礪《しれい》	偲《しの》んで	薬匙《やくし》 匙《さじ》	上梓《じょうし》	斯学《しがく》 斯《これ》 斯《か》く	覗《うかが》う 覗《のぞ》く	獅子奮迅《ししふんじん》		蒔絵《まきえ》 蒔《ま》く

笥	弛	而	痔	馳	爾	鴫	宍	悉
						国		
シ ス け はこ	シ チ たるむ ゆるむ たゆむ	ジ しかして しかれども しかも しかるに なんじ	ジ しもがさ	ジ チ はせる	ジ ニ なんじ その	しぎ	ジク ニク しし	シツ つくす ことごとく つぶさに
簞笥《たんす》	一張一弛《いっちょういっし》 弛《たゆ》まず	而立《じりつ》 而《しか(しこう)》して・而《しか》も 而《しか》る後《のち》		背馳《はいち》 馳《は》せる	爾来《じらい》 爾《なんじ》	鴫《しぎ》		知悉《ちしつ》 悉《ことごと》く・悉《つぶさ》に

漢字	異体字	読み	用例
櫛	櫛櫛	シツ くし くしけずる	櫛比《しっぴ》 櫛《くし》
蛭		シツ テツ ひる	山蛭《やまびる》
柘		シャ やまぐわ つげ	
這	這	シャ この これ はう	這般《しゃはん》 這《は》い
勺		シャク	
灼	※	シャク やく あきらか あらたか やいと	赫灼《かくしゃく》 灼《あらたか》な
錫		シャク セキ シ すず つえ たまもの	錫杖《しゃくじょう》 錫《すず》
杓	杓	シャク ヒョウ ひしゃく しゃくう	杓子定規《しゃくしじょうぎ》
雀		ジャク すずめ	欣喜雀躍《きんきじゃくやく》

漢字	異体字	読み	用例
惹		ジャク ジャ ひく まねく	惹起《じゃっき》
諏		シュ ス はかる とう	諮諏《ししゅ》
咒	呪の異体字		
竪	豎	ジュ たつ たて こども こもの	竪子《じゅし》
綬		ジュ ひも くみひも	藍綬《らんじゅ》
嬬		ジュ つま よわい	
濡		ジュ うるおう ぬれる とどこおる こらえる	濡《うるお》い 濡《ぬ》れ
柊	柊	シュウ ひいらぎ	柊葉《しゅうよう》

漢字	異体字	読み	用例
洲		シュウ す しま	洲渚《しゅうしょ》
酋	酋	シュウ おさ かしら	
萩		シュウ はぎ	
葺		シュウ ふく つくろう	瓦葺《かわらぶ》き
蒐		シュウ あつめる かり	蒐荷《しゅうか》 蒐《あつ》める
輯		シュウ あつめる やわらぐ	編輯《へんしゅう》 輯《あつ》める
繍	繡	シュウ ぬいとり にしき うつくしい	刺繍《ししゅう》
鰍		シュウ どじょう いなだ かじか	
穐	穐	シュウ あき とき	
鷲		シュウ ジュ わし	鷲掴《わしづか》み

漢字	異体字	読み	用例
嵩		シュウ スウ かさ かさむ たかい	水嵩《みずかさ》 嵩《かさ》ばる
楢	楢	シュウ ユウ なら	楢《なら》
什		ジュウ とお	佳什《かじゅう》
廿		ジュウ にじゅう	
戎		ジュウ えびす いくさ おおきい おおい つわもの	戎馬《じゅうば》
紐		ジュウ チュウ ひも	紐《ちゅう(じゅう)》帯《たい》
夙		シュク つとに はやい まだき	夙志《しゅくし》 夙《つと》に 夙《はや》い
粥		シュク イク かゆ ひさぐ	粥薬《しゅくやく》 粥腹《かゆばら》 粥《ひさ》いで

峻		シュン たかい けわしい おおきい きびしい	峻拒《しゅんきょ》 峻《たか》い
竣		シュン おわる	竣成《しゅんせい》
舜	※	シュン むくげ	尭風舜雨《ぎょうふうしゅんう》
隼		シュン ジュン はやぶさ	
醇		シュン ジュン もっぱら あつい	醇風美俗《じゅんぷうびぞく》 醇《あつ》い
馴		シュン ジュン クン なれる ならす すなお よい おしえ	馴致《じゅんち》 馴染《なじ》み
駿		シュン スン すぐれる	駿馬《しゅんめ》
淳		ジュン あつい すなお	淳化《じゅんか》 淳《あつ》い

閏		ジュン うるう	閏月《じゅんげつ(うるうづき)》 閏年《うるうどし》
楯		ジュン たて	楯突《たてつ》いた
惇		ジュン トン あつい まこと	温柔惇厚《おんじゅうとんこう》 惇《あつ》い
杵		ショ きね	杵臼《しょきゅう》 杵柄《きねづか》
渚		ショ なぎさ みぎわ	浅渚《せんしょ》
黍		ショ きび	麦秀黍離《ばくしゅうしょり》
曙		ショ あけぼの	曙光《しょこう》 曙《あけぼの》
藷	藷	ショ いも さとうきび	
恕		ショ ジョ おもいやる ゆるす	寛恕《かんじょ》 恕《ゆる》す
鋤		ショ ジョ すき すく	鋤鍬《すきくわ》

薯	薯	ショ ジョ いも	馬鈴薯《ばれいしょ》 自然薯《じねんじょ》・薯《いも》
疏	疏	ショ ソ とおす とおる うとい うとむ おろそか あらい まばら ふみ	綱挙網疏《こうきょもうそ》 疏《とお》る
疋		ショ ソ ヒツ あし ひき	五疋《ごひき》
汝		ジョ なんじ	爾汝《じじょ》
妾		ショウ めしつかい めかけ わらわ	姫妾《きしょう》
昌		ショウ さかん うつくしい みだれる	隆昌《りゅうしょう》
哨	哨	ショウ みはり	哨戒《しょうかい》 哨《みはり》
娼		ショウ あそびめ	

捷		ショウ かつ はやい	捷報《しょうほう》 捷《か》つ
梢		ショウ こずえ かじ	末梢《まっしょう》
菖		ショウ しょうぶ	菖蒲《しょうぶ》
湘		ショウ	
蛸	蛸	ショウ たこ	
蔣	蒋	ショウ まこも	
裳		ショウ も もすそ	衣裳《いしょう》 裳着《もぎ》・裳《もすそ(も)》
廠	厰	ショウ かりや うまや しごとば	廠舎《しょうしゃ》
樟		ショウ くす くすのき	樟脳《しょうのう》
蕉		ショウ	

橡	鞘	篠	鍾	醤	鍬	丞	嘗	甥
	鞘	篠		醬				
ショウ とち くぬぎ つるばみ	ショウ さや	ショウ しの	ショウ さかずき あつめる つりがね	ショウ ししびしお ひしお	ショウ シュウ すき くわ	ショウ ジョウ たすける	ショウ ジョウ なめる かつて こころみる	ショウ セイ おい
	利《り》鞘《ざや》	乱《らん》篠《しょう》 篠《しの》突《つ》く	鍾《しょう》愛《あい》 鍾《あつ》める	醤《しょう》油《ゆ》	鋤《すき》鍬《くわ》	丞《たす》けて	臥《が》薪《しん》嘗《しょう》胆《たん》 嘗《な》め 嘗《かつ》て	外《がい》甥《せい》

錆	鯖	庄	鎗	樵	秤	摺	杖
錆	鯖				秤	摺	
ショウ セイ さび さびる	ショウ セイ さば よせなべ	ショウ ソウ いなか むらざと	ショウ ソウ やり	ショウ ゾウ きこり こる きこる	ショウ ビン はかり	ショウ ロウ たたむ ひだ する くじく	ジョウ つえ
錆《さび》			横《よこ》鎗《やり》	樵《しょう》蘇《そ》 樵《きこり》 樵《こ》る	秤《しょう(ひょう)》量《りょう》 天《てん》秤《びん》	摺《す》る	錫《しゃく》杖《じょう》 頬《ほお》杖《づえ》

茸	擾	穣	瀞	鄭	埴	蝕	燭
			瀞	鄭		蝕	
ジョウ しげる ふくろづの たけ きのこ	ジョウ ならす みだれる わずらわしい さわぐ	ジョウ ゆたか みのる	ジョウ セイ とろ	ジョウ テイ ねんごろ	ショク はに	ショク むしばむ	ショク ソク ともしび
茸《じょう》茸《じょう》	騒《そう》擾《じょう》 擾《みだ》れる	五《ご》穀《こく》豊《ほう》穣《じょう》 穣《みの》る	瀞《とろ》	鄭《てい》重《ちょう》	埴《はに》輪《わ》	蝕《むしば》まれた	華《か》燭《しょく》 蠟《ろう》燭《そく》

粟	辰	矧	晋	疹	秦	榛	賑	訊
ショク ソク ゾク もみ あわ ふち	シン たつ ひ とき	シン はぐ	シン すすむ	シン はしか	シン はた	シン はしばみ はり くさむら	シン ほどこす にぎわう にぎやか	シン ジン たずねる とう きく たより
一《いち》粟《ぞく》 粟《あわ》	辰《しん》砂《しゃ》 辰《たつ》巳《み》	矧《は》ぐ		湿《しっ》疹《しん》			賑《にぎ》わい 賑《にぎ》やか	審《しん》訊《じん》 訊《と》う

漢字	異体字	読み	用例
槙		シン テン まき	
靭	靱靭	ジン しなやか	強靭《きょうじん》 靭《しな》やか
塵		ジン ちり	俗塵《ぞくじん》 塵《ちり》
儘		ジン ことごとく まま	気儘《きまま》
壬		ジン ニン みずのえ おもねる	壬寅《じんいん》
荏		ジン ニン え やわらか	荏苒《じんぜん》
稔		ジン ニン ネン みのる とし つむ	

ス

漢字	異体字	読み	用例
翠	翠	スイ かわせみ みどり	深翠《しんすい》
錘		スイ つむ おもり	
錐		スイ きり するどい	立錐《りっすい》 錐《きり》
瑞		ズイ しるし めでたい みず	瑞祥《ずいしょう》 瑞瑞《みずみず》しい
蕊	蘂蕋	ズイ しべ	浮花浪蕊《ふかろうずい》 雌蕊《めしべ》
雛		スウ ス ひな ひよこ	雛孫《すうそん》 内裏雛《だいりびな》
趨		スウ ソク シュ はしる おもむく はやい うながす	趨向《すうこう》 趨《はし》って 趨《おもむ》く
椙	国	すぎ	椙《すぎ》の木《き》
吋		スン トウ インチ(訓)	

セ

漢字	異体字	読み	用例
棲		セイ すむ すみか	棲遅《せいち》 棲《す》む
貰		セイ もらう かりる ゆるす	貰《もら》う
靖		セイ やすい やすんじる	
鉦		セイ ショウ かね	鉦《かね》
脆	脆	セイ ゼイ もろい よわい やわらかい かるい	脆弱《ぜいじゃく》 脆《もろ》く
汐		セキ しお うしお	
碩		セキ おおきい	碩儒《せきじゅ》
蹟		セキ シャク あと	痕蹟《こんせき》
屑	屑	セツ いさぎよい くず	砕屑《さいせつ》 藻屑《もくず》
鱈	鱈 国	セツ たら	矢鱈《やたら》な
尖		セン とがる するどい さき	尖兵《せんぺい》 尖《とが》らせて 尖《するど》い・爪尖《つまさき》
舛	※	セン そむく あやまる いりまじる	舛誤《せんご》
苫		セン とま むしろ	苫屋《とまや》
穿	※	セン うがつ はく つらぬく ほじる ほじくる	磨穿鉄硯《ませんてっけん》 穿《うが》つ 穿《ほじ(ほじく)》る
茜		セン あかね	茜色《あかねいろ》
栴		セン	栴檀《せんだん》
閃		セン ひらめく	紫電一閃《しでんいっせん》
釧		セン うでわ くしろ	腕釧《わんせん》
揃	揃	セン そろう そろえる そろい	勢揃《せいぞろ》い
煽	煽	セン あおる おだてる おこる あおり	煽動《せんどう》 煽《あお》る 煽《おだ》て

ソ

銑	箭	撰	賤	蟬	苒	糎	岨
	箭	撰	賎	蝉	苒	国	
セン ずく	セン や	セン サン えらぶ	セン ゼン やすい いやしい あやしい いやしめる しず	セン ゼン せみ うつくしい つづく	ゼン	センチメートル(訓)	ソ そば そばだつ
	弓箭《きゅうせん》	杜《ず》撰《さん》脱《だつ》漏《ろう》	貧《ひん》賤《せん》	蟬《せん》脱《だつ》 春《しゅん》蛙《あ》秋《しゅう》蟬《ぜん》	荏《じん》苒《ぜん》		岨《そば(そわ)》道《みち》

楚	溯	姐	鼠	蘇	匝	宋	蚤	惣
	遡の異体字				帀			
ソ いばら しもと むち すわえ		ソ シャ あね あねご ねえ	ソ ショ ス ねずみ	ソ ス ふさ よみがえる	ソウ めぐる	ソウ	ソウ のみ はやい つめ	ソウ すべて
四《し》面《めん》楚《そ》歌《か》			城《じょう》狐《こ》社《しゃ》鼠《そ》	蘇《そ》生《せい》	周《しゅう》匝《そう》 匝《めぐ》って		蚤《そう》牙《が》 蚤《のみ》	惣《そう》菜《ざい》

湊	葱	搔	蒼	槍	漕	綜	聡	甑
		掻						甑
ソウ みなと あつまる	ソウ ねぎ き あおい	ソウ かく	ソウ あお あおい しげる ふるびる あわただしい	ソウ やり	ソウ はこぶ こぐ	ソウ すべる おさ まじえる	ソウ さとい	ソウ こしき
湊《そう》泊《はく》 湊《あつ》まる	葱《そう》翠《すい》 葱《ねぎ》	搔《そう》頭《とう》 足《あ》搔《が》いて	古《こ》色《しょく》蒼《そう》然《ぜん》		回《かい》漕《そう》 漕《こ》ぐ	錯《さく》綜《そう》	聡《そう》明《めい》 聡《さと》い	甑《そう》塵《じん》釜《ふ》魚《ぎょ》 甑《こしき》

糟	叢	藪	竈	鰺	噌	巽	噂	樽	鱒
		薮	竃竈	鯵	噌		噂	樽	鱒
ソウ かす	ソウ くさむら むらがる	ソウ さわ やぶ	ソウ かまど へっつい	ソウ あじ	ソウ ソ かまびすしい	ソン たつみ ゆずる	ソン うわさ	ソン たる	ソン ゾン ます
糟《そう》糠《こう》	叢《そう》生《せい》 叢《むら》立《だ》てる	藪《そう》沢《たく》 竹《たけ》藪《やぶ》	竈《そう》煙《えん》 竈《かまど》	縞《しま》鰺《あじ》		巽《そん》位《い》 巽《たつみ》	噂《うわさ》		虹《にじ》鱒《ます》

詑		タ あざむく	詑《あざむ》く
詫		タ わびる ほこる わび	詫《わ》びる
柁		タ ダ かじ	
舵		タ ダ かじ	操舵《そうだ》
雫	国	ダ しずく	雫《しずく》
楕	橢	ダ こばんがた	楕円《だえん》
陀		ダ タ	
岱		タイ	
苔		タイ こけ	海苔《のり》
殆		タイ ほとんど あやうい ほとほと	危殆《きたい》・殆《ほとん》ど 殆《あや》うい・殆《ほとほと》

碓		タイ うす	
腿	腿	タイ もも	大腿《だいたい》
黛		タイ まゆずみ かきまゆ まゆ	粉黛《ふんたい》
鎚	鎚	タイ ツイ つち かなづち	鉄鎚《てっつい》
梯		タイ テイ はしご	階梯《かいてい》 梯《はしご》 梯子《はしご》
悌		ダイ テイ やわらぐ	孝悌《こうてい》
醍		ダイ テイ	醍醐味《だいごみ》
乃		ダイ ナイ の すなわち なんじ	乃父《だいふ》 乃至《ないし》 乃《すなわ》ち

迺	迺廼	ダイ ナイ なんじ すなわち の	迺《すなわ》ち
托		タク おす おく たのむ	托鉢《たくはつ》 托《たの》む
琢		タク みがく	彫琢《ちょうたく》 琢《みが》いて
鐸		タク すず	木鐸《ぼくたく》
擢	擢	タク テキ ぬく ぬきんでる	擢《てき(たく)》用《よう》 擢《ぬ》き 擢《ぬき》んでた
啄		タク トク ついばむ	啐啄同時《そったくどうじ》 啄《ついば》んで
凧	国	たこ	凧糸《たこいと》
韃	韃	タツ ダツ むち むちうつ	
捺		ダツ ナツ おす	捺印《なついん》 捺《お》す

坦		タン たいら	平坦《へいたん》
耽		タン ふける おくぶかい	耽溺《たんでき》 耽《ふけ》った
蛋		タン あま えびす たまご	蛋白質《たんぱくしつ》
歎	歎	タン たたえる なげく	歎願《たんがん》 歎《たた》える・歎《なげ》き
簞	箪	タン わりご はこ ひさご	簞食瓢飲《たんしひょういん》
驒	騨	タン タ ダ	
椴		タン ダン とど とどまつ	椴松《とどまつ》
檀		タン ダン まゆみ	檀家《だんか》
湛		タン チン たたえる あつい しずむ ふかい ふける	湛然《たんぜん》 湛《たた》える

	チ								
灘	智	蜘	筑	蛛	丑	紬	註	厨	苧
灘			※				※	廚	
ダン タン はやせ なだ	チ ちえ さとい	チ くも	チク ツク	チュ チュウ シュ くも	チュウ うし	チュウ つむぎ つむぐ	チュウ ときあかす	チュウ ズ くりや はこ	チョ からむし お
灘《だん(たん)》響《きょう》					己《き》丑《ちゅう》	繭《けん》紬《ちゅう》	註《ちゅう》疏《そ》	庖《ほう》厨《ちゅう》・厨《ず》子《し》 厨《くりや》	苧《ちょ》麻《ま》 苧《お》殻《がら》

猪	樗	儲	瀦	吊	凋	喋	脹	暢	肇
		儲	潴		凋				
チョ い いのしし	チョ おうち	チョ そえ もうける たくわえる	チョ みずたまり たまる	チョウ つる つるす	チョウ しぼむ	チョウ しゃべる ふむ	チョウ ふくれる はれる ふくよか	チョウ のびる とおる のべる	チョウ はじめる はじめ
猪《ちょ》突《とつ》猛《もう》進《しん》	樗《ちょ》材《ざい》	儲《ちょ》君《くん》 儲《もう》けた	瀦《ちょ》滞《たい》	懸《けん》吊《ちょう》	凋《ちょう》落《らく》	喋《ちょう》喋《ちょう》 喋《しゃべ》って	腫《しゅ》脹《ちょう》 脹《は》れる	暢《ちょう》達《たつ》 暢《の》びる	肇《ちょう》造《ぞう》 肇《はじ》める

蔦	蝶	諜	寵	帖	牒	釘	鯛
チョウ つた	チョウ	チョウ うかがう さぐる しめす ふだ	チョウ めぐむ めぐみ いつくしむ	チョウ ジョウ かきもの たれる やすめる	チョウ ジョウ ふだ	チョウ テイ くぎ	チョウ トウ たい
蔦《つた》漆《うるし》	胡《こ》蝶《ちょう》	諜《ちょう》報《ほう》	鍾《しょう》寵《ちょう》	手《て》帖《ちょう》 画《が》帖《じょう》	符《ふ》牒《ちょう》	釘《くぎ》	

			ツ		テ			
銚	砧	椿	槌	辻	汀	剃	碇	禎
			槌	辻 国				
チョウ ヨウ なべ すき とくり	チン きぬた	チン つばき	ツイ つち うつ	つじ	テイ みぎわ なぎさ	テイ そる	テイ いかり	テイ さいわい
	砧《ちん》声《せい》 砧《きぬた》	椿《ちん》事《じ》	鉄《てっ》槌《つい》 槌《つち》音《おと》	辻《つじ》札《ふだ》	汀《てい》渚《しょ》	剃《てい》髪《はつ》落《らく》飾《しょく》	碇《いかり》綱《づな》	禎《てい》祥《しょう》

鼎	蹄	鵜	薙	挺	綴	禰	荻
	※			※		祢	
テイ かなえ まさに	テイ ひづめ わな	テイ う	テイ チ なぐ かる そる	テイ チョウ ぬく ぬきんでる	テイ テツ つづる とじる あつめる	デイ ネ みたまや かたしろ	テキ おぎ
鼎立《ていりつ》 鼎《かなえ》 鼎《まさ》に	馬蹄《ばてい》 蹄《ひづめ》	鵜《う》呑《の》み	薙髪《ち(てい)はつ》 薙《な》ぎ倒《たお》す	挺《てい》して 一挺《いっちょう》・挺《ぬ》く 挺《ぬき》んでる	補綴《ほてい(てつ)》 綴《つづ》る 綴《と》じる	禰祖《ていそ》 禰宜《ねぎ》	岸荻《がんてき》 荻《おぎ》

鏑	姪	畷	轍	辿	甜	顛	纏	佃
				辿		顚	纒纏	
テキ やじり かぶら かぶらや	テツ めい	テツ なわて	テツ わだち あとかた のり	テン たどる	テン あまい うまい	テン いただき たおれる くつがえる	テン まとう まつわる まとめる まつる まとい	テン デン たがやす つくだ かり
	甥姪《せいてつ》	畷《なわて》	途轍《とてつ》 轍《わだち》	辿《たど》る	甜言蜜語《てんげんみつご》	顛末《てんまつ》	纏綿《てんめん》 纏《まと》う・纏《まと》める 纏《まつ》って	佃煮《つくだに》

淀	澱	撚	鮎
テン デン よど よどむ	テン デン おり よどむ よど	デン ネン ひねる よる より	デン ネン あゆ
	澱粉《でんぷん》 澱《おり》 澱《よど》んで		

ト

兎	菟	堵	鍍
兔兎※	莵菟莬※	堵	
ト うさぎ	ト うさぎ	ト かき	ト めっき
兎角亀毛《とかくきもう》	菟糸燕麦《としえんばく》	安堵《あんど》	

杜	宕	沓	套	桶	淘	董	塘	嶋
							塘	
ト ズ とじる ふさぐ やまなし もり	トウ ほしいまま ほらあな	トウ かさなる むさぼる くつ	トウ かさねる おおい	トウ おけ	トウ よなげる	トウ ただす とりしまる	トウ つつみ	トウ しま
杜漏《ずろう》 杜《ふさ》いで	豪宕《ごうとう》	雑沓《ざっとう》 沓石《くついし》	常套《じょうとう》	鉄桶《てっとう》 桶屋《おけや》	淘汰《とうた》 淘《よな》げる	董督《とうとく》 董《ただ》す	池塘《ちとう》 塘《つつみ》	

樋	蕩	濤	檮	禱	鐙	逗	兜	萄
樋		涛	梼	祷		逗		
トウ ひ とい	トウ うごく とろける のびやか ほしいまま みだす はらう あらう	トウ なみ	トウ きりかぶ おろか	トウ いのる まつる	トウ たかつき あぶみ	トウ ズ とどまる くぎり	トウ ト かぶと	トウ ドウ
雨樋《あまどい》	蕩尽《とうじん》 蕩《とろ》ける	怒濤《どとう》	檮味《とうまい》	黙禱《もくとう》	鐙《あぶみ》	逗留《とうりゅう》		

撞	桐	膿	栂	禿	瀆	竺	沌	敦
			[国]		涜			
トウ ドウ シュ つく	ドウ トウ きり こと	ドウ ノウ うみ うむ	とが つが	トク はげ はげる ちびる かむろ	トク みぞ けがす あなどる	トク ジク あつい	トン ふさがる	トン あつい とうとぶ
自家撞着《じかどうちゃく(じゃく)》・撞木《しゅもく》	桐油《とうゆ》	化膿《かのう》 膿《うみ》・膿《う》んで	栂《つが(とが)》	禿筆《とくひつ》 禿《かむろ(かぶろ)》髪《がみ》	冒瀆《ぼうとく》 瀆《けが》す 瀆《あなど》る		混沌《こんとん》	温柔敦厚《おんじゅうとんこう》 敦《あつ》い

		ナ		ノ	ハ			
噸	遁	呑	凪	楠	嚢	巴	杷	琶
[国]	遁	※	[国]		嚢			
トン(訓)	トン シュン ジュン のがれる しりごみする	トン ドン のむ	なぎ なぐ	ナン くすのき	ノウ ドウ ふくろ	ハ うずまき ともえ	ハ さらい	ハ
	遁世《とんせい》 遁《のが》れる	呑吐《どんと》	朝凪《あさなぎ》 凪《な》いだ		嚢中《のうちゅう》	三《み》つ巴《どもえ》	枇杷《びわ》	

頗	簸	芭	播	盃	牌	稗	吠	狽
					牌	※		
ハ かたよる すこぶる	ハ ひる あおる	ハ バ	ハ バン まく しく さすらう	ハイ さかずき	ハイ ふだ	ハイ ひえ こまかい	ハイ バイ ほえる	バイ
偏頗《へんぱ》 頗《すこぶ》る	簸却《はきゃく》		播種《はしゅ》 伝播《でんぱ》 播《ま》く		位牌《いはい》	稗史《はいし》	邑犬群吠《ゆうけんぐんばい》	周章狼狽《しゅうしょうろうばい》

楳		バイ うめ	
煤		バイ すす すすける	煤煙《ばいえん》・煤《すす》 煤《すす》ける
狛		ハク こま こまいぬ	狛犬《こまいぬ》
粕		ハク かす	糟粕《そうはく》
箔		ハク すだれ のべがね	金箔《きんぱく》
柏		ハク ビャク かしわ	松柏《しょうはく》
駁		バク ハク まだら ぶち なじる まじる	反駁《はんばく》 雑駁《ざっぱく》 駁《ぶち》
曝		バク ホク さらす さらける さらばえる	曝書《ばくしょ》 曝《さら》す
硲	国	はざま	硲《はざま》

畠	国	はた はたけ	畠《はた(はたけ)》物《もの》
捌		ハチ ハツ ベツ さばく さばける はける はかす	捌《さば》く 水捌《みずは》け
潑	溌	ハツ そそぐ はねる	
醱	醗	ハツ かもす	
筏		ハツ バツ いかだ	筏《いかだ》
噺	国	はなし	御伽噺《おとぎばなし》
磐		ハン バン いわ わだかまる	磐石《ばんじゃく》
扮		ハン フン よそおう かざる	扮装《ふんそう》
叛	叛	ハン ホン そむく はなれる	叛骨《はんこつ》 叛《そむ》く

幡		ハン マン ホン はた のぼり ひるがえる	
挽	挽	バン ひく	挽歌《ばんか》 挽《ひ》かせ
蕃		バン ハン しげる ふえる まがき えびす	蕃境《ばんきょう》 蕃殖《はんしょく》 蕃《しげ》る
蔓		バン マン つる はびこる からむ	金蔓《かねづる》
鰻		バン マン うなぎ	

ヒ

庇		ヒ ひさし かばう	庇護《ひご》 庇《かば》う
匪		ヒ わるもの あらず	匪賊《ひぞく》 匪《あら》ず
斐		ヒ あや	甲斐性《かいしょう》

緋		ヒ あか	緋鯉《ひごい》
誹		ヒ そしる	誹《そし》る
轡		ヒ たづな くつわ	轡《くつわ》
枇		ヒ ビ さじ くし	枇杷《びわ》
毘	毗	ヒ ビ たすける	
梶		ビ かじ こずえ	
琵		ビ	
畢	※	ヒツ おわる ことごとく	畢生《ひっせい》 畢《お》わる
弼		ヒツ たすける たすけ すけ	輔弼《ほひつ》 弼《たす》ける
逼	逼	ヒツ ヒョク せまる	逼迫《ひっぱく》

漢字	旧字体等	読み	用例
彪		ヒュウ ヒョウ あや まだら	彪《ひょう(ひゅう)》蔚《うつ》
謬	謬	ビュウ あやまる	錯《さく》謬《びゅう》 謬《あやま》る
豹	豹	ヒョウ	君《くん》子《し》豹《ひょう》変《へん》
瓢	瓢	ヒョウ ふくべ ひさご	一《いっ》瓢《ぴょう》 瓢《ふくべ(ひさご)》
廟	※	ビョウ たまや みたまや おもてごてん やしろ	廟《びょう》堂《どう》
鋲	国	ビョウ	
錨		ビョウ いかり	投《とう》錨《びょう》
牝		ヒン め めす	牝《ひん》牡《ぼ》
彬		ヒン あきらか そなわる	文《ぶん》質《しつ》彬《ひん》彬《ぴん》
斌		ヒン うるわしい	斌《ひん》斌《ぴん》
瀕	瀕	ヒン みぎわ せまる そう	瀕《ひん》死《し》

フ

漢字	旧字体等	読み	用例
芙		フ はす	芙《ふ》蓉《よう》
斧		フ おの	鬼《き》斧《ふ》神《しん》工《こう》
埠		フ つか はとば	埠《ふ》頭《とう》
鮒		フ ふな	轍《てっ》鮒《ぷ》 鮒《ふな》
撫		フ ブ なでる	慰《い》撫《ぶ》 撫《な》ずる
輔		フ ホ たすける すけ	輔《ほ》佐《さ》 輔《たす》ける
蕪		ブ ム あれる しげる みだれる かぶら	蕪《ぶ》雑《ざつ》 蕪《あ(みだ)》れる
鵡		ブ ム	鸚《おう》鵡《む》
楓		フウ かえで	
鳳		ブウ ホウ おおとり	臥《が》竜《りょう(りゅう)》鳳《ほう》雛《すう》
弗		フツ ホツ ドル(訓) …ず	弗《ふっ》弗《ふつ》
吻		フン くちさき くちびる	吻《ふん》合《ごう》
焚		フン やく たく	焚《ふん》刑《けい》 焚《た》き口《ぐち》
糞		フン くそ けがれ はらう つちかう	鶏《けい》糞《ふん》 糞《くそ》

へ

漢字	旧字体等	読み	用例
箆	箆	ヘイ へら すきぐし かんざし の	箆《へら》
碧		ヘキ みどり あお	紺《こん》碧《ぺき》
僻		ヘキ ヘイ かたよる ひがむ ひめがき	僻《へき》地《ち》 僻《かたよ》る 僻《ひが》む
瞥	瞥	ベツ みる	瞥《べっ》見《けん》 瞥《み》る
篇	※	ヘン ふだ ふみ まき	千《せん》篇《ぺん》一《いち》律《りつ》
鞭		ヘン ベン むち むちうつ	長《ちょう》鞭《べん》馬《ば》腹《ふく》 鞭《むちう》って
娩	娩	ベン うむ うつくしい	分《ぶん》娩《べん》
緬		ベン メン はるか とおい	縮《ちり》緬《めん》

ホ

漢字	旧字体等	読み	用例
圃		ホ はた はたけ	薬《やく》圃《ほ》
鋪		ホ しく みせ	鋪《ほ》装《そう》
甫		ホ フ はじめ おおきい	

葡		ホ、ブ	
蒲		ホ、ブ、フ、がま、かわやなぎ、むしろ	蒲柳《ほりゅう》、蒲《がま》
菩		ホ、ボ	菩提樹《ぼだいじゅ》
莫		ボ、バク、マク、モ、くれ、ない、なかれ、なし、さびしい	莫大《ばくだい》
戊		ボ、ボウ、つちのえ	戊夜《ぼや》
牡		ボ、ボウ、お、おす	牡《ぼ》丹《た》餅《もち》
姥		ボ、モ、うば、ばば	
庖	庖	ホウ、くりや	庖厨《ほうちゅう》

朋		ホウ、とも、なかま	朋輩《ほうばい》
峯		ホウ、みね、やま	
捧		ホウ、ささげる、かかえる	捧腹絶倒《ほうふくぜっとう》、捧《ささ》げる
烹		ホウ、にる	烹煎《ほうせん》、烹《に》る
逢	逢	ホウ、あう、むかえる、おおきい、ゆたか	逢着《ほうちゃく》
蓬	蓬	ホウ、よもぎ	蓬莱《ほうらい》
鞄	鞄	ホウ、かばん、なめしがわ	鞄《かばん》
鋒		ホウ、ほこさき、きっさき、ほこ、さきがけ	急先鋒《きゅうせんぽう》

鴇		ホウ、のがん、とき	鴇色《ときいろ》
鵬		ホウ、おおとり	鵬程万里《ほうていばんり》
蔀		ホウ、ブ、しとみ、おおい	蔀《しとみ》
呆		ホウ、ボウ、タイ、あきれる、おろか	呆気《あっけ》、呆《あき》れた
卯		ボウ、う	卯酉《ぼうゆう》、卯《う》の花《はな》
茅		ボウ、かや、ち、ちがや	茅茨《ぼうし》、茅葺《かやぶ》き
萌	萠	ボウ、ホウ、めばえ、めぐむ、きざす、もえる、もやし、たみ	萌生《ほう(ぼう)せい》、萌《めぐ》む、萌《きざ》して
牟		ボウ、ム、なく、むさぼる、かぶと	

鉾		ボウ、ム、ほこ、きっさき	蒲鉾《かまぼこ》
虻	蝱※	ボウ、モウ、あぶ	蚊虻走牛《ぶんぼうそうぎゅう》、虻蜂《あぶはち》
蒙		ボウ、モウ、おおう、こうむる、くらい、おさない	啓蒙《けいもう》、蒙《こうむ》りたる、蒙《くら》い
卜		ホク、ボク、うらなう、うらない	卜占《ぼくせん》
穆		ボク、モク、やわらぐ	清穆《せいぼく》
マ			
柾	国	まさ、まさき	柾目《まさめ》、柾《まさき》
俣	国	また	俣《また》
沫		マツ、あわ、しぶき、よだれ	泡沫《ほうまつ》、沫雪《あわゆき》
磨	国	まろ	磨《まろ》

ミ	粍	国	ミリメートル （訓）	
メ	棉		メン わた	
	麪	麵(麺の旧字体)の異体字		
モ	摸		モ バク ボ さぐる うつす	摸《さぐ》る
	孟		モウ ボウ マン はじめ	孟《もう》母《ぼ》断《だん》機《き》
	杢	国	もく	杢《もく》
	勿		モチ ブツ なかれ	勿論《もちろん》 事勿《ことなか》れ
	籾	籾 国	もみ	籾殻《もみがら》
	椛	国	もみじ	椛《もみじ》

	悶		モン もだえる	煩悶《はんもん》 悶《もだ》えて
	匁	国	もんめ め	匁《もんめ》
ヤ	也		ヤ なり や か また	
	耶		ヤ か	
	埜	野の異体字		
	爺		ヤ じじ おやじ	老爺《ろうや》
	鑓	鑓 国	やり	鑓《やり》
ユ	愈	愈	ユ いよいよ いえる いやす	愈《いよいよ》
	柚		ユ ユウ ゆず	柚子《ゆず》 柚《ゆず》

	尤		ユウ とがめる もっとも すぐれる	尤物《ゆうぶつ》 尤《とが》めず
	酉		ユウ とり ひよみのとり	辛酉《しんゆう》
	宥		ユウ ゆるす なだめる	宥恕《ゆうじょ》 宥《なだ》める
	祐		ユウ たすけ たすける	天祐神助《てんゆうしんじょ》
	猷	猷	ユウ はかる はかりごと みち	嘉猷《かゆう》 猷《はか》りて
	邑		ユウ オウ むら みやこ くに うれえる	都邑《とゆう》
	揖		ユウ シュウ ゆずる へりくだる あつまる	一揖《いちゆう》

ヨ	輿		ヨ こし くるま のせる おおい めしつかい はじめ	輿望《よぼう》 神輿《みこし》 輿《おお》い
	遥		ヨウ さまよう はるか とおい ながい	遥遥《はるばる》
	傭		ヨウ やとう	傭役《ようえき》
	楊		ヨウ やなぎ	楊枝《ようじ》
	蓉		ヨウ	芙蓉《ふよう》
	熔	鎔	ヨウ いがた とかす とける いる	熔冶《ようや》
	蠅	蝿蠅	ヨウ はえ	落筆点蠅《らくひつてんよう》 蠅《はえ》

見出し	漢字	旧字	読み	用例
	耀	燿	ヨウ かがやく	栄耀《えいよう》 耀《かがや》く
	鷹		ヨウ オウ たか	鷹揚《おうよう》 鷹匠《たかじょう》
	涌		ヨウ ユウ わく	涌出《ゆうしゅつ》 涌《わ》く
	慾		ヨク ほっする	
ラ	螺		ラ つぶ にし にな ほらがい	法螺《ほら》
	萊	莱	ライ あかざ あれち	老萊斑衣《ろうらいはんい》
	洛		ラク みやこ つらなる	河図洛書《かとらくしょ》 洛《みやこ》
	蘭		ラン ふじばかま あららぎ	芝蘭玉樹《しらんぎょくじゅ》
リ	李		リ すもも おさめる	張三李四《ちょうさんりし》

漢字	旧字	読み	用例
哩		リ マイル(訓)	
浬		リ かいり ノット(訓)	
狸		リ たぬき ねこ	狐狸妖怪《こりようかい》
裡		リ うら うち	
鯉		リ こい てがみ	鯉《こい》
葎		リツ むぐら	八重葎《やえむぐら》
栗		リツ リ くり おののく きびしい	栗《くり》
掠		リャク リョウ かすめる かする かすれる さらう むちうつ	奪掠《だつりゃく》 掠《かす》めて 掠《かす》れて

漢字	旧字	読み	用例
笠		リュウ かさ	簑笠《さりゅう(みのかさ)》
溜		リュウ したたる たまる ためる ため	蒸溜《じょうりゅう》 溜《た》まれ 溜《た》め
劉		リュウ ころす つらねる	劉覧《りゅうらん》
琉		リュウ ル	琉璃《るり》
亮		リョウ あきらか すけ	亮然《りょうぜん》
凌		リョウ しのぐ	凌駕《りょうが》 凌《しの》ぐ
梁		リョウ はり うつばり はし やな	屋梁落月《おくりょうらくげつ》
菱		リョウ ひし	菱形《ひしがた》

漢字	旧字	読み	用例
椋		リョウ むく	椋《むく》の木《き》
諒		リョウ まこと おもいやる さとる	諒察《りょうさつ》 諒《まこと》に
遼		リョウ はるか	前途遼遠《ぜんとりょうえん》
綾		リョウ リン あや	綾羅錦繡《りょうらきんしゅう》 綾子《りんず》
嶺		リョウ レイ みね	分水嶺《ぶんすいれい》
稜		リョウ ロウ かど いきおい	稜線《りょうせん》
淋		リン そそぐ したたる さびしい りんびょう	
琳		リン	
燐	※	リン	

見出し	漢字	異体字	読み	用例
	鱗	※	リン うろこ	鱗《りん》次《じ》櫛《しっ》比《ぴ》
	麟	※	リン きりん	麒麟《きりん》
ル	屢	屡	ル しばしば	屢述《るじゅつ》 屢《しばしば》
	縷		ル ロウ つなぐ つながれる	
レ	伶		レイ さかしい わざおぎ	
	怜		レイ さとい	
	玲		レイ	
	礪	砺	レイ あらと とぐ みがく	磨礪《まれい》 礪《みが》く
	蠣	蛎	レイ かき	
	苓		レイ リョウ みみなぐさ	
	煉	煉	レン ねる	煉瓦《れんが》
	蓮		レン はす はちす	紅蓮《ぐれん》 蓮《はちす》
	漣	漣	レン さざなみ	細漣《さいれん》
	憐	※	レン あわれむ あわれみ	憐察《れんさつ》
	聯	聠	レン つらなる つらねる	頸聯《けいれん》
	簾	簾	レン す すだれ	暖簾《のれん》 御簾《みす》
ロ	魯		ロ おろか	魯魚章草《ろぎょしょうそう》 魯《おろ》か
	蕗		ロ ふき	蕗《ふき》
	櫓		ロ おおだて やぐら	櫓《やぐら》
	鷺		ロ さぎ	烏鷺《うろ》 鷺《さぎ》
	牢		ロウ いけにえ ごちそう ひとや かたい さびしい	堅牢《けんろう》
	狼		ロウ おおかみ みだれる	周章狼狽《しゅうしょうろうばい》
	篭	籠の異体字		
	蠟	蝋	ロウ	蠟涙《ろうるい》
	聾		ロウ	聾《ろう》する
	肋		ロク あばら	肋間《ろっかん》
	禄		ロク さいわい ふち	余禄《よろく》 禄《さいわ》い
	漉		ロク こす したたらせる すく	漉《こ》し 手漉《てす》き
ワ	窪		ワ アク くぼ くぼむ	窪《くぼ》み
	歪		ワイ ゆがむ いがむ ひずむ いびつ	歪曲《わいきょく》 歪《ゆが》み 歪《いびつ》
	隈		ワイ くま すみ	界隈《かいわい》
	或		ワク ある あるいは	或問《わくもん》
	椀		ワン はち	金椀《かなわん(まり)》
	碗	盌	ワン こばち	

覚えておきたい表外読み

亜
つぐ

亜《つ》いで

愛
いとしい
かなしい
おしむ
めでる
まな
❖うい

愛《め》でる
愛娘《まなむすめ》

悪
にくむ
あし
いずくんぞ

悪《にく》む

扱
キュウ
ソウ
こく
しごく

扱《しご》かれて

宛
エン
あたかも
さながら
あて
ずつ

宛然《えんぜん》
宛《あたか》も
宛《さなが》ら

嵐
ラン
もや

晴嵐《せいらん》

衣
エ
きぬ
きる

濡《ぬ》れ衣《ぎぬ》

委
まかせる
くわしい
おく
すてる

委《くわ》しい

尉
じょう

尉《じょう》と姥《うば》

異
あやしい

異《あや》しい

萎
しぼむ
しおれる
しなびる
つかれる

萎《しぼ》んで
萎《しお》れ
萎《しな》びて

●覚えておきたい常用漢字の表外読みを一覧にしました。音読みをカタカナで、訓読みを平仮名で、送りがなを細字で表しています。カタカナでも訓読みとするものには（訓）と入れています。※用例には読みに含まれない当て字なども含んでいます。

●「❖」印の読みは1級のものになります。

亜 ◀**漢字**

つぐ ◀**読み**

亜《つ》いで ◀**用例**

違
たがう
たがえる
❖さる
❖よこしま
❖かい

違《たが》わざり

逸
イチ
はしる
うしなう
それる
そらす
❖はぐれる
はやる
すぐれる

逸物《いちもつ》
逸《はや》る

茨
シ
くさぶき

茅茨《ぼうし》

因
ちなむ
ちなみ
❖よすが

因《ちな》む
因《ちなみ》に

咽
エツ
エン
のど
むせぶ
のむ

哀咽《あいえつ》
咽下《えんか(げ)》
咽《むせ》ぶ

淫
ふける
あふれる
ほしいまま
みだら
みだす
おおきい
ながあめ

淫《みだら》

唄
バイ

歌唄《かばい》

畝
ホ
ボウ
せ

畝《せ》

浦
ホ

長汀曲浦《ちょうていきょくほ》

運
めぐる
❖さだめ

運《めぐ》らして

衛
エ
まもる

衛《まも》る

謁
まみえる

謁《まみ》える

閲
けみする
へる

閲《けみ》する

円
まどか
つぶらか
❖まろやか

円《まど》か

延
ひく
のべ
❖はえ

延《ひ》いて

艶
なまめかしい
あでやか
うらやむ

艶《なまめ》かしい
艶姿《あですがた》

凹
へこむ
へこます
くぼむ

凹《くぼ》み

応
まさに…べし

応《まさ》に

旺
さかん

旺《さか》ん

岡
コウ

岡阜《こうふ》

臆
おしはかる
おくする

臆《おしはか》る

虞
グ

虞犯《ぐはん》

苛
きびしい
むごい
さいなむ
いじめる
わずらわしい
いらだつ
からい

苛《さいな》んで
苛《いじ》められて
苛《いら》だつ

科
とが
しな
しぐさ

科《とが》

過
とが
よぎる

過《よぎ》った

寡
すくない
やもめ

寡《やもめ》暮《ぐ》らし

蚊
ブン

蚊虻《ぶんぼう》

雅
みやび
みやびやか
つね
雅《みやび》やかな

怪
ケ
怪《け》我《が》

拐
かたる
かどわかす
拐《かどわか》されて

階
はしご
きざはし
しな
階《きざはし》

解
さとる
わかる
ほどく
ほどける
ほぐれる
❖ほつれる
解《ほぐ》れる

潰
ついえる
みだれる
つぶし
潰《つい》える

壊
エ
やぶる
やぶれる
不《ふ》壊《え》

懐
いだく
おもう
懐《いだ》き

蓋
コウ
おおう
おおい
けだし
かさ
蓋《おお》う
蓋《けだ》し

概
カイ
おおむね
概《おおむ》ね

革
あらためる
あらたまる
革《あらた》まった

郭
くるわ
郭詞《くるわことば》

額
ぬかずく
額《ぬか》ずく

潟
セキ
潟《せき》湖《こ》

括
くくる
くびる
くびれる
括《くび》れに

釜
フ
釜《ふ》中《ちゅう》

鎌
レン
鎌《れん》刃《じん》

刈
カイ
ガイ
刈《がい》穫《かく》

干
おかす
もとめる
かかわる
たて
干《おか》す

冠
かむる
冠《かむ(かぶ)》った

巻
ケン
巻《けん》土《ど》重《ちょう(じゅう)》来《らい》

乾
ケン
ほす
❖ひ
いぬい
乾坤《けんこん》

患
❖ゲン
うれえる
うれい
患《うれ》える

堪
タン
こらえる
こたえる
❖たまる
堪《たん》能《のう》
堪《こた》える

寛
くつろぐ
ひろい
ゆるやか
寛《くつろ》いだ
寛《ひろ》い

憾
うらむ
憾《うら》んだ

還
ゲン
かえす
かえる
❖また
還《げん》俗《ぞく》

韓
から
韓《から》紅《くれない》

表外読み

頑
かたくな
頑《かたくな》に

企
たくらむ
企《たくら》んで

希
ケ
まれ
こいねがう
希《け》有《う》

奇
くし
めずらしい
あやしい
奇《く》しくも

軌
わだち
軌《わだち》

規
のり
ただす
規《ただ》す

幾
きざし
こいねがう
ほとんど
幾《ほとん》ど

揮
ふるう
揮《ふる》う

擬
なぞらえる
❖にる
はかる
まがい
もどき
擬《もどき》

詰
なじる
詰《なじ》る

却
しりぞく
しりぞける
かえって
却《しりぞ》けた
却《かえ》って

逆
ゲキ
むかえる
あらかじめ
逆鱗《げきりん》

求
グ
欣《ごん》求《ぐ》浄《じょう》土《ど》

急
せく
急《せ》く

糾
ただす
あざなう
糾《ただ》して
糾《あざな》える

巨
コ
おおきい
おおい
巨細《こさい》

挙
こぞる
こぞって
挙《こぞ》って

許
コ
ばかり
もと
許《ばか》り

御
おさめる
お
み
御伽噺《おとぎばなし》
御簾《みす》

漁
すなどる
あさる
いさり
漁《あさ》った

享
うける
❖あたる
享《う》ける

況
いわんや
ありさま
況《いわ》んや

強
つとめる
こわい
したたか
強《したた》かに

凝
❖しこり
❖こごる
凝《しこ》り

曲
かね
くせ
くま
❖まが
曲者《くせもの》

均
ひとしい
ととのえる
ならす
均《なら》す

勤
いそしむ
勤《いそ》しんで

具
つぶさに
そなえる
そなわる
そろい
❖つま
具《つぶさ》に

空
あな
うろ
うつろ
むなしい
すく
❖うつける
空《す》く

偶
たぐい
たまたま
ひとがた
偶《たまたま》

熊
ユウ
熊掌《ゆうしょう》

勲
いさお
いさおし
勲《いさお(いさおし)》

薫
かおりぐさ
たく
薫《た》いて

形
なり
形《なり》

啓
ひらく
もうす
啓《もう》して

傾
かたげる
かしぐ
くつがえる
傾《かし》いだ

稽
とどめる
とどこおる
かんがえる
稽《かんが》う

桁
コウ
衣桁《いこう》

件
くだん
くだり
ことがら
件《くだん(くだり)》

見
ゲン
まみえる
あらわれる
見《まみ》える

拳
ゲン
拳固《げんこ》

賢
さかしい
まさる
賢《さか》しい

謙
へりくだる
❖うやうやしくする
謙《へりくだ》った

顕
あらわれる
あきらか
顕《あらわ》れ

験
しるし
あかし
ためす
験《ため》された

現
うつつ
現《うつつ》

舷
ふなばた
ふなべり
舷《ふなばた(ふなべり)》

固
もとより
固《もと》より

故
ことさらに
ふるい
もと
故《ことさら》に

午
ひる
うま
丙午《ひのえうま》

勾
まがる
とらえる
勾玉《まがたま》

孔
ク
あな
はなはだ
孔雀《くじゃく》

甲
かぶと
よろい
きのえ
つめ
甲子《きのえね》

交
こもごも
交《こもごも》

好
よい
よしみ
好《よしみ》

攻
おさめる
みがく
攻《おさ》めた

効
ならう
いたす
❖かい
効《なら》って

拘
とどめる
とらえる
かかわる
こだわる
拘《かか》わらず

肯
がえんじる
うなずく
うべなう
あえて
肯《うべな》う
肯《あ》えて

紅
グ
あかい
❖もみ
紅蓮《ぐれん》

荒
すさむ
すさぶ
荒《すさ》んだ

校
キョウ
かせ
かんがえる
くらべる
あぜ
校《くら》べる

降
ゴウ
くだる
くだす
降魔《ごうま》
降《くだ》す

項
うなじ
項《うなじ》

購
あがなう
購《あがな》う

号
さけぶ
よびな
号《さけ》び

克
かつ
よく
克《よ》く

谷
❖ロク
きわまる
や
谷《きわ》まった

頃
ケイ
キョウ
しばらく
かたあし
頃刻《けい(きょう)こく》
頃《しばら》く

墾
ひらく
墾《ひら》いた

差
シ
たがう
つかわす
参差錯落《しんしさくらく》

挫
くじく
くじける
挫《くじ》ける

彩
あや
彩《あや》なす

済
セイ
わたる
わたす
すくう
なす
済《すく》う

細
ささやか
くわしい
細《ささ》やかな

最
も
最早《もはや》

柵
やらい
しがらみ
とりで
柵《しがらみ》

殺
そぐ
そげる
けずる
殺《そ》がれる

参
シン
まじわる
参差《しんし》

散
ばら
散《ばら》

賛
たすける
たたえる
ほめる
賛《たす》け

残
そこなう
残《そこ》なう

暫
しばらく
❖しばし
暫《しばら》く

子
み
おとこ
ね
甲子《きのえね》

支
つかえる
かう
支《つか》えて

仕
つかまつる
仕《つかまつ》ります

詞
ことば
郭詞《くるわことば》

歯
よわい
歯《よわい》

事
つかえる

事《つか》えた

鹿
ロク

逐鹿《ちくろく》

識
シ
ショク
しる
しるす

識《しる》す

疾
やまい
やむ
❖やましい
にくむ
はやい
❖とし
❖とく

疾《はや》く

質
シ
もと
たち
ただす

質《ただ》す

芝
シ

芝眉《しび》

斜
はす

斜向《はすむ》かい

邪
シャ
ヤ
よこしま

邪《よこしま》な

寿
ス
ことほぐ
ひさしい
とし

寿《ことほ》いだ

呪
シュウ
のろい
まじなう
まじない

呪《まじな》い

周
ス
めぐる
あまねく

周《あまね》く

秋
とき

秋《とき》

集
すだく
たかる

集《すだ》く
集《たか》って

縦
ショウ
はなつ
ゆるす
ゆるめる
ほしいまま
❖よしんば

縦容《しょうよう》
縦《ほしいまま》に

淑
よい
しとやか

淑《しと》やか

熟
にる
にえる
うむ
なれる
つらつら
❖つくづく
こなす
こなれる

熟《つらつら》
熟《こな》れて

殉
したがう

殉《したが》う

循
めぐる
したがう

循《したが》いて

準
シュン
セツ
なぞらえる
はなすじ

準《なぞら》える

遵
シュン
したがう

遵《したが》って

緒
いとぐち

緒《いとぐち》

諸
もろ
もろもろ

諸々《もろもろ》
諸《もろもろ》

序
はしがき
ついで
まなびや

序《つい》で

徐
おもむろ

徐《おもむろ》に

少
しばらく
❖まれ
わかい

少《わか》く

漢字	読み	用例
肖	にる、かたどる、あやかる	肖《あやか》りたい
尚	くわえる、とうとぶ、たっとぶ、なお	尚《とうと(たっと)》び
称	❖はかる、となえる、❖あげる、たたえる、❖かなう	称《とな》えて
渉	わたる、かかわる	渉《わた》る
紹	つぐ	紹《つ》ぎ
掌	たなごころ、❖てのひら、つかさどる、になう	掌《つかさど》る
焦	やく、じれる、じらす	焦《じ》れて
象	かたち、かたどる	象《かたど》り
詳	つまびらか	詳《つまび》らか
憧	ドウ	憧《どう》憬《けい》
衝	つく	衝《つ》く
城	セイ、き	一《いっ》顧《こ》傾《けい》城《せい》
剰	あまる、あます、あまつさえ	剰《あま》す、剰《あまつさ》え
食	シ、❖はむ	簞《たん》食《し》瓢《ひょう》飲《いん》
辱	ニク、はじ、はずかしめ、かたじけない	辱《かたじけな》く
申	かさねる、さる	申年《さるどし》
辛	かのと、つらい	辛《つら》い
浸	つく、つかる、しみる	浸《し》みる
審	つまびらか	審《つまび》らか
尽	ことごとく、❖すがれる	尽《ことごと》く
尋	つね、ひろ	千《ち》尋《ひろ》
須	シュ、まつ、もちいる、もとめる、しばらく、すべからく…べし	須《ま》つ、須《もち》いず
垂	❖しだれる、❖しで、なんなんとする	垂《なんなん》とする
炊	かしぐ	炊《かし》いだ
帥	ソツ、ひきいる	帥《そっ》先《せん》
随	したがう	随《したが》って
崇	❖シュウ、たかい、たっとぶ、とうとぶ、あがめる、おわる	崇《あが》め
杉	サン	老《ろう》杉《さん》
裾	キョ	馬《ば》牛《ぎゅう》襟《きん》裾《きょ》

瀬
ライ
迅瀬《じんらい》

斉
サイ
ととのえる
ひとしい
ものいみ
おごそか
斉《とと》える
斉《ひと》しく

凄
すごむ
すごい
すさまじい
さむい
凄《すご》き
凄《すさ》まじい

清
シン
さやか
すむ
清《さや》かに

精
しらげる
くわしい
もののけ
精《くわ》しく

請
ショウ
請来《しょうらい》

斥
しりぞける
うかがう
斥《しりぞ》ける
斥《うかが》って

脊
せ
せい
脊筋《せすじ》

戚
みうち
いたむ
うれえる
戚《いた》む
戚《うれ》え

設
セチ
しつらえる
設《しつら》える

宣
のべる
のたまう
宣《のたま》いて

扇
あおぐ
おだてる
扇《おだ》て

戦
おののく
そよぐ
戦《おのの》かない
戦《そよ》がせ

煎
にる
せんじる
せまる
煎《せん》じて

潜
くぐる
潜《くぐ》り

薦
こも
✤しく
しきりに
薦被《こもかぶ》り

漸
ザン
ようやく
すすむ
やや
漸《ようや》く

措
おく
はからう
措《お》く

粗
ほぼ
あら
粗《ほぼ》

疎
ショ
おろそか
とおる
とおす
✤まばら
✤おろか
✤うろ
✤おろ
疎《おろそ》かに

壮
さかん
壮《さか》んに

早
さ
早蕨《さわらび》

荘
ショウ
しもやしき
おごそか
荘《おごそ》かな

曽
ソ
ゾウ
かさなる
ます
かつて
すなわち
曽《かつ》て

創
はじめる
きず
創《きず》

即
ショク
すなわち
つく
即《つ》く

則
のり
のっとる
すなわち
則《のっと》り

族
やから
族《やから》

存

たもつ
ある
ながらえる
とう

存《なが》らえて

遜

のがれる
ゆずる
へりくだる
おとる

遜《へりくだ》った

打

チョウ
テイ
ぶつ
ダース（訓）

打《ちょう》打《ちょう》

駄

タ
のせる

雪《せっ》駄《た》

太

ダイ
はなはだ

太《はなは》だ

堆

ツイ
うずたかい

堆《つい(たい)》朱《しゅ》
堆《うずたか》く

袋

テイ

布《ほ》袋《てい》

態

テイ
さま
わざと

態《わざ》と

戴

いただく

戴《いただ》く

台

うてな
しもべ

台《うてな》

択

えらぶ
❖よる

択《えら》んだ

託

ことづかる
かこつける
かこつ

託《ことづ》かる
託《かこつ》けて
託《かこ》つ

諾

うべなう

諾《うべな》う

誰

スイ
たれ
た

誰《すい》何《か》

丹

に
あか
まごころ

丹《に》塗《ぬ》り

団

タン
まるい
かたまり

団《まる》く

暖

ノン

暖《の》簾《れん》

著

チャク
ジャク
つく
きる

逢《ほう》著《ちゃく》

丁

トウ
あたる
わかもの
ひのと

丁《ひのと》卯《う(ていぼう)》

長

ジョウ
おさ
たける

長《おさ》
長《た》けて

貼

テン
つける

貼《てん(ちょう)》付《ぷ》

直

チ
すぐ
ひた
あたい
じか

直《ひた》向《む》き

捗

はかどる

捗《はかど》る

坪

ヘイ

建《けん》坪《ぺい》率《りつ》

爪

ソウ

爪《そう》牙《が》

鶴

カク
しろい

焚《ふん》琴《きん》煮《しゃ》鶴《かく》

貞

ジョウ
ただしい

貞《ただ》しさ

訂

ただす
さだめる

訂《ただ》す

提

ダイ
チョウ
ひっさげる
❖ひさげ

菩《ぼ》提《だい》
提《ちょう》灯《ちん》

泥

なずむ

泥《なず》み

適
セキ
ゆく
かなう
たまたま

適《かな》った
適《たまたま》

敵
あだ
かなう

敵《かな》う

迭
たがいに
かわる

迭《か》わる

店
たな

店晒《たなざら》し

点
とぼる
ともる
❖つける
たてる

点《た》てた

展
つらねる
のべる
❖ひろげる

展《の》ぶ

転
まろぶ
❖こける
うたた
うつる
❖くるり

転《うた》た

塡
ふさぐ
ふさがる
うずめる
うずまる
はめる

塡《うず》む

伝
つて

伝《つて》

殿
しんがり

殿《しんがり》

吐
つく
❖ぬかす

吐《つ》ける

徒
ズ
かち
いたずらに
ともがら
あだ
❖ただ
❖むだ

徒《あだ》や疎《おろそ》か

都
すべて

都《すべ》て

塗
どろ
まみれる
❖まぶす
みち

塗《まみ》れて

賭
かけ

賭《かけ》

奴
ヌ
やつ
やっこ

奴凧《やっこだこ》

努
ゆめ

努努《ゆめゆめ》

怒
ヌ

憤怒《ふんぬ》

灯
チョウ
テイ
ドン
チン
ともしび
❖あかし
❖あかり
とぼす
ともす
とぼし
ともし

行灯《あんどん》
提灯《ちょうちん》

凍
いてる
しみる

凍《い》て

頭
ジュウ
こうべ
❖かぶり
ほとり

頭《こうべ》

動
トウ
ややもすれば

動《やや》もすれば

匿
ジョク
かくれる
かくまう

匿《かくま》って

屯
チュン
なやむ
たむろ

屯《たむろ》して

頓
トツ
ぬかずく
とどまる
つまずく
とみに
くるしむ
つかれる
ひたぶる

頓《とみ》に

鈍	トン なまる にび ❖のろい	鈍《なま》った 鈍色《にびいろ》
奈	ダイ ナイ なんぞ いかん いかんぞ	奈《いかん》とも
梨	リ	梨花《りか》
妊	ジン はらむ みごもる	妊《みごも》った
認	ジン したためる	認《したた》めた
寧	デイ ニョウ やすい ねんごろ むしろ いずくんぞ なんぞ	寧《むし》ろ

念	おもう	念《おも》わぬ
納	いれる	納《い》れて
能	ドウ あたう よく よくする はたらき わざ	能《あた》わず
濃	ジョウ こまやか	濃《こま》やか
破	われる	破《わ》れ鐘《がね》
馬	マ メ	駿馬《しゅんめ》
白	あきらか もうす せりふ	白《もう》した

剝	ホク むく とる	剝《む》いた
薄	せまる すすき	薄《すすき》
箸	チョ	象箸《ぞうちょ》
肌	キ ❖はだえ	氷肌玉骨《ひょうきぎょっこつ》
汎	フウ ホウ ひろい あふれる うかぶ	汎《ひろ》い
斑	まだら ふ ぶち	斑入《ふい》り 斑《ぶち》
煩	うるさい	煩《うるさ》い

番	ハ ハン つがい つがう つがえる	番《つが》える
比	ならぶ ころ たぐい	比《なら》ぶ 日比《ひごろ》
被	おおう かぶる かぶせる ❖かずける	薦被《こもかぶ》り
碑	いしぶみ	碑《いしぶみ》
罷	やめる つかれる まかる	罷《や》めた 罷《まか》り
微	ミ かすか	微《かす》かな
膝	シツ	膝下《しっか》

姫
キ

姫妾《きしょう》

標
こずえ
しるし
❖しるす
❖しるべ
しめ

標《しめ》

頻
ビン
しきりに
❖しきる

頻《しき》りに

敏
さとい
とし

敏《さと》い

瓶
ヘイ
かめ

瓶酒《へいしゅ》

布
ホ
しく

布袋《ほてい》
布《し》く

普
あまねく

普《あまね》からず

賦
みつぎ
わかつ

賦《みつぎ》

副
フウ
そう

副《そ》う

文
あや
かざる

文《かざ》らず

丙
ひのえ

丙午《ひのえうま》

併
ならぶ
しかし

併《しか》し

柄
つか
いきおい

杵柄《きねづか》

陛
きざはし

陛《きざはし》

蔽
おおう
おおい
さだめる
くらい

蔽《おお》う

蔑
ないがしろ
なみする
ちいさい
くらい

蔑《ないがし》ろ

偏
ひとえに

偏《ひとえ》に

遍
あまねく

遍《あまね》き

弁
わける
わきまえる
とく
かたる
はなびら

弁《わきま》えて

慕
しのぶ

慕《しの》ばれる

方
かく
ただしい
まさに

方《まさ》に

放
ほしいまま
まかす
ゆるす
ひる
❖こく
❖さく

放《ひ》る

法
のり
のっとる
フラン

法《のっと》って

某
それがし
なにがし

某《なにがし》かの

傍
ホウ
そば
❖はた
❖わき
そう

傍輩《ほうばい》

謀
はかりごと

謀《はかりごと》

頬
キョウ

緩頬《かんきょう》

睦
モク　むつぶ　むつむ　むつまじい
睦《むつ》まじい

撲
ホク　うつ　なぐる　❖はる
撲《う》つ

没
モツ　もぐる　しずむ　おぼれる　しぬ　ない
没《も》義《ぎ》道《どう》

勃
ホツ　にわかに　おこる
勃《にわ》かに

凡
すべて　およそ　なみ
凡《すべ》て
凡《およ》そ

味
バイ　くらい
味《くら》い

埋
うずもれる　うずまる　いける
埋《い》ける

枕
シン　チン
枕《ちん》頭《とう》

末
うら
末《うら》枯《が》れ

万
よろず
万《よろず》

慢
バン　おこたる　おごる　あなどる
慢《おこた(あなど)》り

漫
バン　みなぎる　みだりに　そぞろに
漫《みだ》りに
漫《そぞ》ろに

矛
ボウ
矛《ぼう》戟《げき》

娘
ジョウ　ニョウ　❖こ
娘《じょう》子《し》

妄
みだりに
妄《みだ》りに

猛
たけし
猛《たけ》猛《だけ》しい

冶
いる　とける　なまめかしい
冶《い》る

弥
ビ　ミ　おさめる　ひさしい　わたる　あまねし　いよいよ　いや　つくろう
弥《び》縫《ほう》策《さく》
弥《いや》が上《うえ》にも

約
ちかう　つづめる　つづまやか　❖つましい
約《つづ》める
約《つづま》やか

闇
アン　くらい
暁《ぎょう》闇《あん》

猶
なお　なお…ごとし
猶《なお》

遊
すさび　すさぶ
遊《すさ》び

誘
いざなう　おびく
誘《おび》き

与
くみする　あずかる
与《くみ》しない
与《あずか》って

予
かねて　あらかじめ
予《かね》て
予《あらかじ》め

幼
ユウ　いとけない
幼《いとけな》い

妖
なまめかしい　わざわい
妖《なまめ》かしく

抑
ふさぐ
そもそも

抑《そもそも》

乱
ロン
みだりに

胡乱《うろん》

利
よい
するどい
とし

利鎌《とがま(かま)》

理
すじ
ことわり
おさめる

理《ことわり》
理《おさ》め

陸
ロク
おか
くが

陸《ろく》でもない

略
おさめる
はかる
はかりごと
ほぼ
はぶく
おかす

略《ほぼ》

竜
リョウ
リン

臥《が》竜《りょう(りゅう)》鳳《ほう》雛《すう》

慮
おもんぱかる

慮《おもんぱか》る

領
うなじ
えり
おさめる
うける
かしら
かなめ

領《えり》

累
しばる
かさなる
かさねる
しきりに
わずらわす

累《かさ》ね

類
たぐい
たぐえる
❖にる

類《たぐ》え

戻
もとる
いたる

戻《もと》る

零
おちる
ふる
あまり
ちいさい
こぼれる
ゼロ（訓）

零《こぼ》す

歴
リャク
へる

歴《へ》て

烈
はげしい

烈《はげ》しい

廉
しらべる
いさぎよい
やすい
かど

一廉《ひと(いっ)かど》

賂
まいなう
まいない

賂《まいな》う

露
あらわれる
あらわ

露《あらわ》る

労
はたらく
つかれる
ねぎらう
いたわる

労《ねぎら》い

弄
いじくる
いじる
いらう
たわむれる
あなどる

弄《いじ》る

論
あげつらう
とく

論《あげつら》う

和
カ
あえる
なぐ

和《な》いで

脇
キョウ
かたわら

脇息《きょうそく》

出題実績漢字一覧

過去の出題実績がありながら、本文で収載されなかった漢字を集めました。今後試験で出題される可能性があるので、確認しておきましょう。

音読み

乃父《だいふ》
呪術《じゅじゅつ》
蚤牙《そうが》
肇国《ちょうこく》

籠絡《ろうらく》
註疏《ちゅうそ》
横溢《おういつ》
鞠訊《きくじん》

神祇《じんぎ》
曳航《えいこう》
補綴《ほてい》《ほてつ》
光耀《こうよう》
捧読《ほうどく》

巌頭《がんとう》
蠅頭《ようとう》
階梯《かいてい》
廻向《えこう》
自然薯《じねんじょ》

趨向《すうこう》
縦容《しょうよう》
知悉《ちしつ》
審訊《しんじん》
遡上《そじょう》
勃如《ぼつじょ》
花蕊《かずい》
鼎立《ていりつ》

肌膚《きふ》
逼塞《ひっそく》
潟湖《せきこ》
虞犯《ぐはん》
沃土《よくど》
弘誓《ぐぜい》
紅蓮《ぐれん》
妬心《としん》

叢書《そうしょ》
旦夕《たんせき》
捷報《しょうほう》
造詣《ぞうけい》
畏怖《いふ》
背馳《はいち》
蓬莱《ほうらい》
蜂起《ほうき》

鎮咳《ちんがい》
塵芥《じんかい》
卿相《けいしょう》
象箸《ぞうちょ》

訓読み

杭《くい》
黒橿《くろがし》
嘗《な》める
磨《まろ》
申年《さるどし》
日比《ひごろ》
恰《あたか》も

薯《いも》
畷《なわて》
文《かざ》る
蒙《くら》い
惟《ただ》
蕗《ふき》
筏《いかだ》

禦《ふせ》ぐ
韓紅《からくれない》
千尋《ちひろ》
椴松《とどまつ》
笹身《ささみ》
麹《こうじ》かび
苧殻《おがら》
椋《むく》の木

嶮《けわ》しい
韮《にら》
偲《しの》ぶ
二梱《ふたこり》《ふたこうり》
而《しか》る後に
哨《みはり》
幌《ほろ》
嚙《かじ》る

朔《ついたち》
挺《ぬ》く
轍《わだち》
畠物《はたもの》《はたけもの》
灸《やいと》
旺《さか》ん
鋤鍬《すきくわ》
櫓《やぐら》

袷《あわせ》
甲子《きのえね》
縞鰺《しまあじ》
丙午《ひのえうま》
纏《まつ》る
遜《へりくだ》る
靱《しな》やか
野蒜《のびる》

摑《つか》む
凌《しの》ぐ
夷顔《えびすがお》
淫《みだら》
汲《く》む
沫雪《あわゆき》
佃煮《つくだに》
儘《まま》よ

頑《かたくな》に
蒲《がま》の穂
託《かこつ》ける
笈《おい》
梯《はしご》
庇《かば》う
潰《つい》える
蕊《しべ》

表外の読み

周《あまね》く　潜《くぐ》る　郭詞《くるわことば》　谷《きわ》まる　固《もと》より　壮《さか》ん　交《こもごも》

啓《もう》す　煩《うるさ》い　迭《か》わる　識《しる》す　崇《あが》める　享《う》ける　疎《おろそ》か

歴《へ》る　運《めぐ》る　太《はなは》だ　尽《ことごと》く　和《な》ぐ　企《たくら》む　幾《ほとん》ど　罷《まか》る

規《ただ》す　攻《おさ》める　好《よしみ》　揮《ふる》う　副《そ》う　委《くわ》しい　寿《ことほ》ぐ　漁《あさ》る

零《こぼ》れる　円《まど》か　愛娘《まなむすめ》　陛《きざはし》　勲《いさお》《いさおし》　尚《とうと》《たっと》ぶ　精《くわ》しい　泥《なず》む

諸《もろもろ》　患《うれ》える　破《わ》れ鐘　仕《つかまつ》る　凍《い》てる　科《とが》　支《つか》える　匿《かくま》う

謙《へりくだ》る　象《かたど》る　標《しめ》　法《のっと》る　打打《ちょうちょう》　擬《もどき》　幼《いとけな》い　逸《はや》る

都《すべ》て　衝《つ》く　頭《こうべ》　荒《すさ》む　布袋《ほてい》　拐《かどわか》す　参差《しんし》　点《た》てる

熟語の読み

補綴《ほてい》《ほてつ》…綴《つづ》る
頃刻《けいこく》《きょうこく》…頃《しばら》く
委悉《いしつ》…委《くわ》しい
佼人《こうじん》…佼《うつく》しい
叢生《そうせい》…叢《むら》がる
陰蔽《いんぺい》…蔽《おお》う
進捗《しんちょく》…捗《はかど》る

夙成《しゅくせい》…夙《はや》い
纏着《てんちゃく》…纏《まと》う
汎称《はんしょう》…汎《ひろ》い
掩護《えんご》…掩《おお》《かば》う
侃侃《かんかん》…侃《つよ》い
周匝《しゅうそう》…匝《めぐ》る
彫琢《ちょうたく》…琢《みが》く
哀咽《あいえつ》…咽《むせ》ぶ

擢用《てきよう》《たくよう》…擢《ぬ》く
艶冶《えんや》…艶《なまめ》かしい
匡済《きょうさい》…済《すく》う
奉戴《ほうたい》…戴《いただ》く
悉皆《しっかい》…悉《ことごと》く
捺印《なついん》…捺《お》す
阻碍《そがい》…碍《さまた》げる
僻見《へきけん》…僻《かたよ》る

疏水《そすい》…疏《とお》る
降魔《ごうま》…降《くだ》す
酔臥《すいが》…臥《ふ》す
暢茂《ちょうも》…暢《の》びる
腫脹《しゅちょう》…腫《は》れる
凱風《がいふう》…凱《やわ》らぐ
棲息《せいそく》…棲《す》む
一瞥《いちべつ》…瞥《み》る

共通の漢字

制御《せいぎょ》　牽制《けんせい》
把持《はじ》　把捉《はそく》
苛酷《かこく》　酷税《こくぜい》

穀倉《こくそう》　倉皇《そうこう》
陶然《とうぜん》　陶冶《とうや》
成案《せいあん》　案分《あんぶん》

老残《ろうざん》　宿老《しゅくろう》
素封家《そほうか》　素懐《そかい》
猛追《もうつい》　猛省《もうせい》
阻隔《そかく》　阻碍《そがい》

退潮《たいちょう》　退蔵《たいぞう》
佳肴《かこう》　佳什《かじゅう》
懇情《こんじょう》《こんせい》　別懇《べっこん》
血路《けつろ》　膏血《こうけつ》

渉猟《しょうりょう》　猟官《りょうかん》
乱丁《らんちょう》　符丁《ふちょう》
高踏《こうとう》　高庇《こうひ》
専決《せんけつ》　決別《けつべつ》

那辺《なへん》　辺幅《へんぷく》
忘恩《ぼうおん》　恩寵《おんちょう》
愚直《ぐちょく》　廉直《れんちょく》
疎明《そめい》　疎意《そい》

強権《きょうけん》　権高《けんだか》
俗臭《ぞくしゅう》　俗耳《ぞくじ》
足労《そくろう》　長足《ちょうそく》
笑納《しょうのう》　納采《のうさい》

柱石《ちゅうせき》　薬石《やくせき》
奔命《ほんめい》　露命《ろめい》
債鬼《さいき》　鬼籍《きせき》
疑獄《ぎごく》　疑団《ぎだん》

供託《きょうたく》　供応《きょうおう》
輿望《よぼう》　望外《ぼうがい》
面妖《めんよう》　臆面《おくめん》
欲得《よくとく》　胴欲《どうよく》

紅涙《こうるい》　声涙《せいるい》
開披《かいひ》　披見《ひけん》
躯幹《くかん》　才幹《さいかん》
命脈《めいみゃく》　気脈《きみゃく》

蓋世《がいせい》　経世《けいせい》
指弾《しだん》　指呼《しこ》
途絶《とぜつ》　壮途《そうと》
叛骨《はんこつ》　気骨《きこつ》

雲霞《うんか》　凌雲《りょううん》
才器《さいき》　什器《じゅうき》
画然《かくぜん》　参画《さんかく》
世故《せこ》　故買《こばい》

布衣《ふい》　布達《ふたつ》
下馬評《げばひょう》　馬齢《ばれい》
満天下《まんてんか》　満腔《まんこう》
差配《さはい》　差損《さそん》

余年《よねん》　余禄《よろく》
座視《ざし》　座興《ざきょう》

書き取り

物凄《ものすご》（凄）い
圭角《けいかく》
緋鯉《ひごい》
鴨居《かもい》
友誼《ゆうぎ》
迂路《うろ》
耽《たん》（酖）溺《でき》

欣快《きんかい》
菅笠《すげがさ》
御伽《おとぎ》
帳尻《ちょうじり》
煎餅《せんべい》
朴念仁《ぼくねんじん》
薄倖《はっこう》・薄幸

余禄《よろく》
逓増《ていぞう》
灌漑《かんがい》
煽《おだ》てる・扇てる
従容《しょうよう》・縦容
尖《とが》る
押捺《おうなつ》
菱形《ひしがた》

煉瓦《れんが》
後顧《こうこ》
賄賂《わいろ》
枇杷《びわ》
造詣《ぞうけい》
啓蒙《けいもう》
箪笥《たんす》
陶冶《とうや》

教鞭《きょうべん》
掻《か》き集める
糠漬《ぬかづ》け
孔雀《くじゃく》
一掬《いっきく》
拐帯《かいたい》
白樺《しらかば》
歌舞伎《かぶき》

灼熱《しゃくねつ》
滑稽《こっけい》
三つ巴《どもえ》
袴《はかま》
剥製《はくせい》
彫《ちょう》（雕）琢《たく》
汲汲《きゅうきゅう》・汲々
義賊《ぎぞく》

弛《たゆ》む
狙《ねら》う
洞窟《どうくつ》
飴《あめ》
鍵盤《けんばん》
通牒《つうちょう》
金蔓《かねづる》
天秤《てんびん》

逆撫《さかな》で
途轍《とてつ》
諦《あきら》める
化膿《かのう》
菜箸《さいばし》
遥遥《はるばる》・遥々
建蔽率《けんぺいりつ》・建坪率
葛藤《かっとう》

蝶番《ちょうつがい》
鬱憤《うっぷん》
内裏《だいり》雛《びな》
糊塗《こと》
勾配《こうばい》
堆肥《たいひ》
駿馬《しゅんめ》
華燭《かしょく》・花燭

怨恨《えんこん》
諜報《ちょうほう》
倦《あぐ》む
寵児《ちょうじ》
膏薬《こうやく》
唖然《あぜん》
土嚢《どのう》
肴《さかな》

同音異字

- 蒼白《そうはく》・糟粕《そうはく》(魄)
- 孜孜《しし》(孳孳)・死屍《しし》・獅子《しし》
- 痩軀《そうく》・走狗《そうく》
- 胆嚢《たんのう》・堪能《たんのう》
- 専攻《せんこう》・閃光《せんこう》・穿孔《せんこう》

誤字訂正

誤字 → 正字

- 寸尺詐欺→寸借詐欺《すんしゃくさぎ》
- 渠怪→渠魁《きょかい》
- 墨念仁→朴念仁《ぼくねんじん》
- 差少→些少《さしょう》
- 金倫際→金輪際《こんりんざい》
- 途する→賭《と》する
- 驚当→驚倒《きょうとう》
- 揺影→揺曳《ようえい》
- 涼雲→凌雲《りょううん》・陵雲
- 筆絶→筆舌《ひつぜつ》
- 冒徳→冒瀆《ぼうとく》
- 混睡状態→昏睡状態《こんすいじょうたい》
- 御致走→御馳走《ごちそう》
- 解渋→晦渋《かいじゅう》
- 喝才→喝采《かっさい》・喝彩
- 花憐→可憐《かれん》
- 黙悼→黙禱《もくとう》
- 席圏→席捲《せっけん》・席巻
- 持ち応える→持ち堪《こた》える
- 満口→満腔《まんこう》
- 常当的→常套《じょうとう》的
- 焦鼻の問題→焦眉《しょうび》の問題

出題実績

私粛→私淑《ししゅく》
継注→傾注《けいちゅう》
未塵→微塵《みじん》
委職→委嘱《いしょく》
被護→庇護《ひご》
鬱藤しい→鬱陶《うっとう》しい
煩濫→氾濫《はんらん》・汎濫
数敬→崇敬《すうけい》

秀眉を開く→愁眉《しゅうび》を開く
尺子定規→杓子定規《しゃくしじょうぎ》
取り沙多→取り沙汰《ざた》
心筋硬塞→心筋梗塞《しんきんこうそく》
崖っ淵→崖っ縁《ぷち》
悠遥→悠揚《ゆうよう》
蔵替え→鞍替《くらが》え
相合を崩す→相好《そうごう》を崩す

宏然の気→浩然《こうぜん》の気
旦を発する→端《たん》を発する
馴馳→馴致《じゅんち》
羽散臭い→胡散臭《うさんくさ》い
畏光→威光《いこう》
遮閉→遮蔽《しゃへい》
縁籍→縁戚《えんせき》
形効→形骸《けいがい》

疲閉→疲弊《ひへい》（敝）
錯莫→索莫《さくばく》
堅肘張る→肩肘《かたひじ》張る
流飲→溜飲《りゅういん》
惣材→惣菜《そうざい》
圧観→圧巻《あっかん》
牢城→籠城《ろうじょう》
若旦奈→若旦那《わかだんな》

奔弄→翻弄《ほんろう》
懸引→牽引《けんいん》
卵閉じ→卵綴《たまごと》じ
華飾の典→華燭《かしょく》の典
糸繡→刺繡《ししゅう》
舌砲→舌鋒《ぜっぽう》
近差→僅差《きんさ》
隊互→隊伍《たいご》

辺鱗→片鱗《へんりん》
頭骸骨→頭蓋骨《とうがいこつ》《ずがいこつ》
先勉→先鞭《せんべん》
搔き入れ時→書《か》き入れ時
位拝→位牌《いはい》
拝閲→拝謁《はいえつ》
泥試合→泥仕合《どろじあい》
笠に懸かる→嵩《かさ》に懸かる

礎生→蘇《そ》（甦）生《せい》
激鱗→逆鱗《げきりん》
樵猟→渉猟《しょうりょう》
息咳き切る→息急《いきせ》き切る
壇家→檀家《だんか》
才援→才媛《さいえん》
肌が泡立つ→肌が粟《あわ》立つ
概博→該博《がいはく》

触指が動く→食指《しょくし》が動く
連瓦→煉瓦《れんが》
多過→多寡《たか》
自在鍵→自在鉤《じざいかぎ》
責梁山脈→脊梁山脈《せきりょうさんみゃく》
掃い登る→這《は》い登る
馬鈴黍→馬鈴薯《ばれいしょ》
穏霊→怨霊《おんりょう》

四字熟語

蓋《がい》棺《かん》事《じ》定《てい》

烏《う》飛《ひ》兎《と》走《そう》

盲《もう》亀《き》浮《ふ》木《ぼく》

城《じょう》狐《こ》社《しゃ》鼠《そ》

尺《せき》短《たん》寸《すん》長《ちょう》

尭《ぎょう》風《ふう》舜《しゅん》雨《う》

月《げっ》卿《けい》雲《うん》客《かく》

断《だん》崖《がい》絶《ぜっ》壁《ぺき》

掩《えん》耳《じ》盗《とう》鐘《しょう》

才《さい》子《し》佳《か》人《じん》

抑《よく》揚《よう》頓《とん》挫《ざ》

並《へい》駕《が》斉《せい》駆《く》

象《ぞう》箸《ちょ》玉《ぎょく》杯《はい》

師《し》資《し》相《そう》承《しょう》

光《こう》彩《さい》（光采）陸《りく》離《り》

盤《ばん》根《こん》（槃根）錯《さく》節《せつ》

意《い》馬《ば》心《しん》猿《えん》

冠《かん》履《り》顛《てん》倒《とう》

明《めい》哲《てつ》保《ほ》身《しん》

荒《こう》唐《とう》無《む》稽《けい》

平《へい》談《だん》俗《ぞく》語《ご》

寂《じゃく》滅《めつ》為《い》楽《らく》

雲《うん》集《しゅう》霧《む》散《さん》

断《だん》簡《かん》零《れい》墨《ぼく》

出《しゅっ》処《しょ》進《しん》退《たい》

妖《よう》怪《かい》変《へん》化《げ》

落《らく》雁《がん》沈《ちん》魚《ぎょ》

克《こっ》己《き》復《ふく》礼《れい》

一《いち》蓮《れん》托《たく》生《しょう》（託生）

夜《や》郎《ろう》自《じ》大《だい》

兎《と》角《かく》亀《き》毛《もう》

三者鼎立《さんしゃていりつ》
中原逐鹿《ちゅうげんちくろく》
門前雀羅《もんぜんじゃくら》
熟読玩味《じゅくどくがんみ》（翫味）
山河襟帯《さんがきんたい》
羊頭狗肉《ようとうくにく》
河図洛書《かとらくしょ》
吉日良辰《きちじつりょうしん》
きちにち（きつじつ・きつにち）

街談巷語《がいだんこうご》
行住坐臥《ぎょうじゅうざが》（座臥）
首鼠両端《しゅそりょうたん》
論功行賞《ろんこうこうしょう》
白虹貫日《はくこうかんじつ》
陶犬瓦鶏《とうけんがけい》
魚網鴻離《ぎょもうこうり》
一碧万頃《いっぺきばんけい》

名誉挽回《めいよばんかい》
宏大《こうだい》（広大・洪大）無辺《むへん》
六根清浄《ろっこんしょうじょう》
羊質虎皮《ようしつこひ》
天壌無窮《てんじょうむきゅう》
因循姑息《いんじゅんこそく》
純情可憐《じゅんじょうかれん》
眼高手低《がんこうしゅてい》

融通無碍《ゆうずうむげ》（無礙）
金剛不壊《こんごうふえ》
意気軒昂《いきけんこう》
閑雲《かんうん》（間雲）野鶴《やかく》
土崩瓦解《どほうがかい》
紅毛碧眼《こうもうへきがん》
落筆点蠅《らくひつてんよう》
不失正鵠《ふしつせいこく》

対義語

賢明－迂愚《うぐ》
率直－迂《う》(紆)遠《えん》
峻険－坦夷《たんい》
荒蕪地－沃土《よくど》
着工－竣功《しゅんこう》・竣工
爽快－鬱屈《うっくつ》
枯淡－濃艶《のうえん》

危惧－安堵《あんど》・案堵
軽侮－畏怖《いふ》
遅疑－断行《だんこう》
威嚇－慰撫《いぶ》
豊稔－凶荒《きょうこう》
碇泊－抜錨《ばつびょう》
抗争－和睦《わぼく》
旭日－斜陽《しゃよう》

失墜－挽回《ばんかい》
讃嘆－嘲罵《ちょうば》
進捗－凝滞《ぎょうたい》
肥沃－荒蕪《こうぶ》
永劫－刹那《せつな》
繊弱－堅牢《けんろう》
黄昏－払暁《ふつぎょう》
駄馬－駿馬《しゅんめ》

悠悠－汲汲《きゅうきゅう》・汲々
近接－懸隔《けんかく》
凶兆－瑞祥《ずいしょう》・瑞象
斬新－陳腐《ちんぷ》
活用－死蔵《しぞう》
大度－狭量《きょうりょう》
模糊－明瞭《めいりょう》
遵奉－背馳《はいち》

類義語

死別 ― 永訣《えいけつ》
招来 ― 惹起《じゃっき》
口調 ― 口吻《こうふん》
吉兆 ― 奇瑞《きずい》
登用 ― 抜擢《ばってき》
大儀 ― 億劫《おっくう》
世話 ― 斡旋《あっせん》

営営 ― 孜孜《しし》（孳孳）
突飛 ― 奇矯《ききょう》
未明 ― 昧爽《まいそう》
鳳雛 ― 麒麟児《きりんじ》
軽率 ― 粗忽《そこつ》・楚忽
蒼天 ― 碧空《へきくう》
鉄面皮 ― 破廉恥《はれんち》
大書 ― 特筆《とくひつ》

密偵 ― 間諜《かんちょう》
落成 ― 竣工《しゅんこう》・竣功
危地 ― 虎口《ここう》
矛盾 ― 撞着《どうちゃく》・撞著
急逝 ― 頓死《とんし》
一端 ― 片鱗《へんりん》
出産 ― 分娩《ぶんべん》
寝台 ― 臥床《がしょう》（牀）

苦慮 ― 腐心《ふしん》
張本人 ― 首魁《しゅかい》
没入 ― 沈潜《ちんせん》
窮乏 ― 逼迫《ひっぱく》
学識 ― 造詣《ぞうけい》
錬成 ― 陶冶《とうや》
洞察 ― 看破《かんぱ》
機敏 ― 敏捷《びんしょう》

牢記 － 銘記《めいき》
不審 － 胡乱《うろん》・烏乱
秘訣 － 要諦《ようてい》
花形 － 寵児《ちょうじ》
来歴 － 沿革《えんかく》
動向 － 趨勢《すうせい》
穎敏 － 犀利《さいり》
台所 － 厨房《ちゅうぼう》

同僚 － 朋輩《ほうばい》・傍輩
堪能 － 練達《れんたつ》
争覇 － 逐鹿《ちくろく》
優越 － 凌駕《りょうが》・陵駕
還付 － 返戻《へんれい》
鄭重 － 懇到《こんとう》
碩儒 － 泰斗《たいと》
傾斜 － 勾配《こうばい》

卓出 － 穎脱《えいだつ》
激昂 － 逆上《ぎゃくじょう》
波及 － 伝播《でんぱ》
軽少 － 些《さ》(瑣)細《さい》
斧正 － 添削《てんさく》
配偶者 － 伴侶《はんりょ》
風聞 － 巷説《こうせつ》
動顛 － 仰天《ぎょうてん》

衰微 － 凋落《ちょうらく》・彫落
道楽 － 放蕩《ほうとう》
索莫 － 荒涼《こうりょう》(寥)
激浪 － 怒濤《どとう》
知悉 － 通暁《つうぎょう》
意趣 － 怨恨《えんこん》
剃髪 － 落飾《らくしょく》
乱脈 － 蕪雑《ぶざつ》

故事・諺

※（ ）は一級の漢字を用いた別解、〔 〕は別解となっています。

蓑《みの》（簑）作る人は笠を着る。

爾汝《じじょ》の交わりを結ぶ。

杓子《しゃくし》で腹を切る。

匕首《あいくち》に鍔《つば》（鐔）を打ったよう。

子どもの喧嘩《けんか》（諠譁）に親が出る。

逸物《いちもつ》の猫は爪を隠す。

下手な按摩《あんま》〔案摩〕と仲裁は初めより悪くなる。

膿《うみ》の出る目に気遣いなし。

鷺《さぎ》は洗わねどもその色白し。

花は三月菖蒲《しょうぶ》は五月。

蟻《あり》の思いも天に届く。

鼎《かなえ》の軽重を問う。

野に遺賢《いけん》無し。

小智は菩提《ぼだい》の妨げ。

能事《のうじ》畢われり。

鴨が葱《ねぎ》を背負って来る。

慌てる蟹《かに》は穴へ這入れぬ。

犬骨折って鷹の餌食《えじき》。

豎《じゅ》（孺）子《し》ともに謀るに足らず。

白駒の隙《げき》（郤）を過ぐるが若し。

大道廃れて仁義《じんぎ》有り。

朝に紅顔《こうがん》ありて夕べに白骨となる。

元の鞘《さや》に収まる。

瑠璃《るり》〔琉璃〕の光も磨きがら。

泥中の蓮《はちす》。

帰心《きしん》矢の如し。

礼儀は富足《ふそく》に生じ、盗窃は貧窮に起こる。

一家は遠のく、蚤《のみ》は近寄る。

石臼を箸《はし》に刺す。

歓楽極まりて哀情《あいじょう》多し。

喧嘩《けんか》（諠譁）両成敗。

鰯《いわし》（鰮）の頭も信心から。

一富士二鷹三茄子《なすび》（茄）。

素麺《そうめん》（索麺）で首くくる。

煩悩《ぼんのう》の犬は追えども去らず。

買うは貰《もら》うに勝る。

賄賂《わいろ》には誓紙を忘る。

蓑《みの》（簑）笠《かさ》を着て人の家に入らぬもの。

自慢の糞《くそ》は犬も食わぬ。

海中より盃中に溺死《できし》する者多し。

眼光紙背《しはい》に徹す。

理屈と膏薬《こうやく》はどこにでもつく。

盗人猛猛《たけだけ》（猛々）しい。

怪我《けが》の功名。

魚の釜中《ふちゅう》に遊ぶが如し。

窪《くぼ》（凹）き所に水溜まる。

負け相撲の痩せ四股《しこ》。

爪の垢を煎《せん》じて飲む。

破《は》鏡《きょう》再び照らさず。

愛屋烏《おくう》に及ぶ。

秋刀魚が出ると按摩《あんま》（案摩）が引っ込む。

金箔《きんぱく》がはげる。

洞《ほら》が峠をきめこむ。

身体髪膚《はっぷ》之を父母に受く。

欲の熊鷹《くまたか》股裂くる。

葦《よし》（蘆・葭）の髄から天を覗く。

河童の寒稽古《かんげいこ》。

鶏群《けいぐん》の一鶴。

勿怪《もっけ》（物怪）の幸い。

開いた口へ牡丹餅《ぼたもち》。

胸襟《きょうきん》を開く。

修身斉家《せいか》治国平天下。

会稽《かいけい》の恥を雪ぐ。

衣鉢《いはつ》を継ぐ。

骨折り損の草臥《くたび》れ儲け。

貴賤《きせん》の分かつところは行いの善悪にあり。

国に諫《いさ》める臣あればその国必ず安し。

知者は未だ萌《きざ》（兆）さざるに見る。

損せぬ人に儲《もう》けなし。

難波の葦は伊勢の浜荻《おぎ》。

窮鼠《きゅうそ》猫を噛む。

山葵《わさび》（山薑）と浄瑠璃は泣いて誉める。

亀の年を鶴が羨《うらや》む。

知らぬ神より馴染《なじ》（昵《なじ》）みの鬼。

烏鷺《うろ》の争い。

香餌《じ》の下　必ず死魚有り。

正直貧乏　横着栄耀《えいよう》（栄曜（燿））。

喋《しゃべ》（喃）る者は半人足。

文章題（書き）

殆《ほとん》ど・幾ど
出揃《でそろ》う
僻村《へきそん》
唾棄《だき》
聡明《そうめい》
跳梁《ちょうりょう》（踉）
嬰児《えいじ》

編纂《へんさん》
脆《もろ》い
濡《ぬ》れる
嫉妬《しっと》・疾妬
煤煙《ばいえん》（烟）
偏頗《へんぱ》
退嬰《たいえい》

捷径《しょうけい》
我が儘《まま》
煤《すす》
凄《すさ》（淒）まじい
剥奪《はくだつ》
反駁《はんばく》（駮）
剥《は》ぐ
穀潰《ごくつぶ》し

隙《すき》（郤）
禽鳥《きんちょう》
筈《はず》
厭《いや》・嫌
敏捷《びんしょう》
物凄《ものすご》（淒）い
僻《へき》（辟）地《ち》
貰《もら》う

竹藪《たけやぶ》
憧憬《どうけい》
界隈《かいわい》
行灯《あんどん》
馬鈴薯《ばれいしょ》
克己《こっき》
瓢飲《ひょういん》
翻然《ほんぜん》

頬《ほお》
具眼《ぐがん》
木鐸《ぼくたく》
纏綿《てんめん》
枇杷《びわ》
物色《ぶっしょく》
錯綜《さくそう》
途端《とたん》

老嬢《ろうじょう》
両脇《りょうわき》
暖簾《のれん》
粟《あわ》
喜捨《きしゃ》
厚薄《こうはく》
頂戴《ちょうだい》
旦那《だんな》

更紗《さらさ》
蠅《はえ》
背嚢《はいのう》
三つ巴《どもえ》
諫臣《かんしん》
灰神楽《はいかぐら》
錐《きり》（鑽）
伝播《でんぱ》

遜色《そんしょく》
巨細《こさい》
爽快《そうかい》
溝渠《こうきょ》
勾配《こうばい》
容貌《ようぼう》
陥落《かんらく》
無稽《むけい》

隠然《いんぜん》
抜擢《ばってき》
寵愛《ちょうあい》
愚弄《ぐろう》
該博《がいはく》
遺漏《いろう》
僅僅《きんきん》・僅々
生呑《せいどん》

鶏群孤鶴《けいぐんこかく》
義侠《ぎきょう》
弾劾《だんがい》
詣《もう》でる
下駄《げた》
師資相承《ししそうしょう》
櫛《くし》(梳)
掻《か》(抓・爬)く

鸚鵡《おうむ》
萌《きざ》す・兆す
孜孜《しし》(孳孳)
莞爾《かんじ》
苛《さいな》(嘖)む
轟《とどろ》く
浸潤《しんじゅん》
錦繍《きんしゅう》

轡《くつわ》(銜・勒)
愛撫《あいぶ》
溺愛《できあい》
朋党《ほうとう》
恕《じょ》する
比肩《ひけん》
狐《きつね》
磐石《ばんじゃく》・盤石

辿《たど》る
憤《ふん》(忿)怒《ぬ》
煉瓦《れんが》
窮鳥《きゅうちょう》
玩弄《がんろう》・翫弄
峻厳《しゅんげん》
旧套《きゅうとう》
予《あらかじ》め

喧伝《けんでん》
仇敵《きゅうてき》
誤謬《ごびゅう》
煩悶《はんもん》
戦《そよ》(嫋)ぐ
頓着《とんちゃく》・頓著
咳《せ》(喘・嗽)く
枚挙《まいきょ》

提灯《ちょうちん》・挑灯
斑《ぶち》・駁(駮)
塵《ちり》
噂《うわさ》
庇護《ひご》
角逐《かくちく》
命乞《いのちご》い
自惚《うぬぼ》れ・己惚れ

文章題（読み）

却《しりぞ》ける
罷《や》める
而《しか》《しこう》して
趨《はし》る
穎慧《えいけい》
愈《いよいよ》
却《かえ》って

頓《とみ》に
老鶯《ろうおう》
燦々《さんさん》
麓《ふもと》
盈《み》ちる
塵垢《じんこう》
転《うた》た

屢《しばしば》
殆《ほとん》ど
顛倒《てんとう》
称《とな》える
叢立《むらだ》つ
藪沢《そうたく》
跨《また》ぐ
禦《ふせ》ぐ

藪林《そうりん》
抑《そもそも》《そも》
寵辱《ちょうじょく》
背馳《はいち》
碩学《せきがく》
淵藪《えんそう》
叢起《そうき》
交《こもごも》

況《いわ》んや
淵叢《えんそう》
碩儒《せきじゅ》
剰《あまつさ》え
君寵《くんちょう》
馳《は》せる
顛覆《てんぷく》
穎悟《えいご》

耀《かがや》く
剰《あま》す
而《しか》も
大麓《たいろく》
揺曳《ようえい》
棲《す》む
措《お》く
択《えら》ぶ

憂畏《ゆうい》
階梯《かいてい》
摺《す》る
容子《ようす》
浸《し》みる
日向《ひなた》
碇綱《いかりづな》
掻《か》く

畠《はたけ》《はた》
捉《とら》える
承嗣《しょうし》
筆硯《ひっけん》
荒《すさ》む
隠栖《いんせい》
僅《わず》か
稗史《はいし》

牽《ひ》く
宏壮《こうそう》
豪宕《ごうとう》
辿《たど》る
筈《はず》
微《かす》か
爪尖《つまさき》
横鎗《よこやり》

嫁《か》する
寧《むし》ろ
如何《いか》なる
併《しか》し
巾着《きんちゃく》
覗《のぞ》く
遠眼鏡《とおめがね》
芙蓉《ふよう》

脊筋《せすじ》
由《よし》
清楚《せいそ》
露《あらわ》れる
塗《まみ》れる
纏《まと》う
須《もち》いる
縮緬《ちりめん》

思う儘《まま》
撲《う》つ
凌《しの》ぐ
許《ばか》り
烈《はげ》しい
金椀《かなわん》《かなまり》
符牒《ふちょう》
罫《けい》

瓢箪《ひょうたん》
礪《みが》く
犀革《さいかく》
理《おさ》める
匡《ただ》す
矯《た》める
最早《もはや》
方《まさ》に

倭絵《やまとえ》
宣《のたま》う
念《おも》う
膝下《しっか》
白《もう》す
繋《か》かる
歎《なげ》く
紹《つ》ぐ

認《したた》める
一穂《いっすい》
濃《こま》やか
撫《な》でる
尻目《しりめ》
晴嵐《せいらん》
挺《ぬ》く
概《おおむ》ね

流暢《りゅうちょう》
深翠《しんすい》
鬱乎《うっこ》
怪巌《かいがん》
畢《お》わる
呑吐《どんと》
塡《うず》める
赫々《かくかく》《かっかく》

諸々《もろもろ》
櫛比《しっぴ》
謬説《びゅうせつ》
拘《かか》わる
耽《ふけ》る
蒙《こうむ》る
泥《なず》む
喋々《ちょうちょう》

一廉《ひとかど》《いっかど》
尚《とうと》《たっと》ぶ
魁梧《かいご》
砥礪《しれい》
這般《しゃはん》
象《かたど》る
類《たぐ》える
云々《うんぬん》

延《ひ》く
窺《うかが》う
之《これ》
堆《うずたか》い
娘子《じょうし》
比《ころ》
補綴《ほてい》《ほてつ》
慢《おこた》《あなど》る

樵蘇《しょうそ》
懐《いだ》く
畝《せ》
攪擾《こうじょう》《かくじょう》
堰《せき》
没義道《もぎどう》
釜中《ふちゅう》
周匝《しゅうそう》

爪牙《そうが》
太《はなは》だ
衛《まも》る
晩蟬《ばんぜん》
砧《きぬた》
裳《もすそ》《も》
努々《ゆめゆめ》
弁《わきま》える

庇蔭《ひいん》
累《かさ》ねる
変易《へんえき》
愛《め》でる
乾坤《けんこん》
咽《むせ》ぶ
鑑《かんが》みる
九皐《きゅうこう》

購《あがな》う
孜々《しし》
循《したが》う
普《あまね》く
老圃《ろうほ》
縦令《たとい》《たとえ》
渉《わた》る
妄《みだ》りに

詳《つまび》らか
廟堂《びょうどう》
丁卯《ていぼう》《ひのとう》
薦《こも》
叔姪《しゅくてつ》
倣《なら》う
鴨子《おうし》
嘗《かつ》て

模擬試験問題

1

次の傍線部分の読みを**ひらがな**で記せ。1～20は**音読み**、21～30は**訓読み**である。

各1点　／30

1　『こころ』を枕頭の書とする。

2　彼は一揖して席を外した。

3　新しい廟宇に取り替えた。

4　叩扉し援助を乞う。

5　椛の葉の模様を捺染する。

6　深夜に門番に誰何された。

7　彼に神社の禰宜を任せる。

8　古諺を用いて説得する。

21　鐙に足が引っかかった。

22　宛ら祭りのような賑やかさだ。

23　過去の記憶を辿った。

24　熟考もせず誹らないように。

25　昨日よりも海は凪いでいる。

26　轡を並べて及第した。

27　両者の関係が歪になる。

28　籾の状態で出荷する。

29　唯生きるためだけに匪ず。

30　歌書ども湊まると聞き給う。

解答は72・73ページ

制限時間　60分

合格点　160点

得点　／200

9 尊師の萱堂に挨拶をする。

10 頸椎の辺りに痛みが走る。

11 辰砂を採掘する。

12 漢方薬に詳しい杏林である。

13 這般の事情により辞退する。

14 思わぬ椿事が起きた。

15 文章に若さが横溢している。

16 屑屑と家業に勤しむ。

17 政局を見極める慧眼をもつ。

18 広場に茅茨の休憩所がある。

19 話し合いに戟は用いず。

20 九皐に桜花咲きすさぶ。

2

次の傍線部分は常用漢字である。その**表外の読み**を**ひらがな**で記せ。

各1点 ／10

1 宿でゆっくり寛いだ。

2 いつまでも過去の失敗を詰る。

3 手遊びに編み物をする。

4 予て申し上げていた通りです。

5 団くなって食事をする。

6 連覇に与って力があった。

7 発案者に因んだ名前にする。

8 分別を弁えて行動する。

9 鈍った体を鍛え直す。

10 内部の仕組みを具に述べた。

3

次の**熟語**の**読み**（**音読み**）と、その**語義**にふさわしい**訓読み**を（送りがなに注意して）**ひらがな**で記せ。

各1点　／10

例　健勝……勝れる　→　けんしょう　すぐ

ア　1 允可……2 允す

イ　3 鍾寵……4 鍾める

ウ　5 堰塞……6 堰く

エ　7 肇造……8 肇める

オ　9 趨向……10 趨く

4

次の各組の二文の（　）には**共通**する漢字が入る。その読みを後の□から選び、**常用漢字**（**一字**）で記せ。

各2点　／10

5

次の傍線部分の**カタカナ**を**漢字**で記せ。

各2点　／40

1　文武両道の先輩にアコガれる。

2　彼は賭博にタンデキしていた。

3　父はニジマス釣りに出かけた。

4　彼はカイショウのある青年だ。

5　サンゴショウの分布を調査する。

6　出演者がセイゾロいした。

7　おワびの言葉が記してあった。

8　船が荒波にホンロウされる。

9　排煙がヨウエイしている。

1

真に欣（ **1** ）の至りでございます。

書状を（ **1** ）便に託す。

2

数年かけて負債を（ **2** ）済した。

悉（ **2** ）調査を行う。

3

父を（ **3** ）心から尊敬している。

彼女の苦（ **3** ）を知る。

4

病人を（ **4** ）謝した。

被害者家族を（ **4** ）撫した。

5

散る桜を（ **5** ）然と眺めた。

品性の（ **5** ）冶に努める。

い・かい・かく・こう
ちゅう・とう・へん・ろ

---

10 金属のヘラで汚れを剝がす。

11 仏壇のロウソクの火を消す。

12 新たに多数のハニワが出土した。

13 大きな契約がマトまった。

14 激昂する友人をナダめる。

15 彼のギキョウ心に影響を受ける。

16 彼の野望はモロくも崩れ去った。

17 試験問題のロウエイが発覚した。

18 有名な漢詩をロウエイした。

19 ウの花を写生する。

20 下世話な噂をウ呑みにする。

6

次の各文にまちがって使われている**同じ音訓の漢字**が**一字**ある。**上に誤字**を、**下に正しい漢字**を記せ。

各2点　/10

1 俗陣を避け深い森に幽栖している碩儒を訪れ、劉覧を請う者は未だ多い。
（　　）［　　］

2 会社の杜撰な管理体制により起きた崩落事故の犠牲者の冥服を祈った。
（　　）［　　］

3 以前長く投留した場所で食した海苔の佃煮が酒肴として絶品だった。
（　　）［　　］

7

次の 問1 と 問2 の四字熟語について答えよ。

問1 次の四字熟語の（1～10）に入る適切な語を後の□から選び**漢字二字**で記せ。

各2点　/20

1 （　　）櫛比
2 （　　）蜜語
3 （　　）万里
4 （　　）三遷
5 （　　）曲浦
6 欣喜（　　）
7 不倶（　　）
8 虚心（　　）
9 狐狸（　　）
10 獅子（　　）

じゃくやく・たいてん・たんかい
ちょうてい・てんげん・ふんじん
ほうてい・もうぼ・ようかい・りんじ

4 美術館から盗まれた徒轍もなく高価な骨董品を故売した罪で逮捕された。

（　　　）〔　　　〕

5 あの宿の朴念仁な若旦那は経営破綻の危機を脱し最近勘禄も出てきた。

（　　　）〔　　　〕

問2 次の1〜5の**解説・意味**にあてはまる四字熟語を後の□から選び、その**傍線部分だけの読み**を**ひらがな**で記せ。

各2点　／10

1 物事の基準や手本となるもの。

2 行動や運命をともにすること。

3 故国の滅亡を嘆く。

4 この世に存在しないもののたとえ。

5 人や物が群がって入り乱れるさま。

邑犬群吠・兎角亀毛・屋梁落月
鉤縄規矩・落筆点蠅・稲麻竹葦
麦秀黍離・一蓮托生

8

次の1〜5の**対義語**、6〜10の**類義語**を後の□の中から選び、**漢字**で記せ。

□の中の語は一度だけ使うこと。

各2点　／20

対義語

1 熟視

2 秩序

3 公平

4 平明

5 捷径

類義語

6 誘発

7 結局

8 要諦

9 腹心

10 虚実

うろ・かいじゅう・ここう・こんとん
じゃっき・しょせん・しんがん
ひけつ・べっけん・へんぱ

10

文章中の傍線(1〜5)の**カタカナ**を**漢字**に直し、波線(ア〜コ)の**漢字の読み**を**ひらがな**で記せ。

書き取り 各2点　／10

読み 各1点　／10

A　ポツリポツリと雨は[1]ヨウヤく濃《こま》かになる。傘を持って来なかった、殊によると帰る[2]マデにはずぶ[3]ヌれになる哩《わい》と舌打ちをしながら空を仰ぐ。雨は闇の底から蕭々《しょうしょう》と降る、容易に晴れそうにもない。

五六間先に[ア]忽ち白い者が見える。往来の真中に立ち留まって、首を延ばして此の白い者をすかして居るうちに、白い者は容赦もなく余の方へ進んでくる。半分と立たぬ間に余の右側を[イ]掠める如く過ぎ去ったのを見ると——蜜柑箱の様なものに白い巾をかけて、黒い着物をきた男が二人、棒を通して前後から[ウ]担いで行くのである。(中略)闇に消える棺桶を[エ]暫くは物珍し気に見送って振り返った時、又行く手から人声が聞こえ出した。高い声でもない、低い声でもない、夜が更けて居るので存外反響が[オ]烈しい。

9

次の故事・成語・諺の**カタカナ**の部分を**漢字**で記せ。

各2点 ／20

1 アブハチ取らず鷹の餌食。

2 センダンは双葉より芳し。

3 豆腐にかすがい、ヌカに釘。

4 文章はケイコクの大業にして不朽の盛事なり。

5 外面似ボサツ、内心如夜叉。

6 身から出たサビ。

7 瓜の蔓にナスビはならぬ。

8 命長ければホウライに会う。

9 エンオウの契り。

10 紺屋のシロバカマ。

「昨日生まれて今日死ぬ奴もあるし」と一人が云うと「寿命だよ、全く寿命だから仕方がない」と一人が答える。二人の黒い影が又余の傍を掠めて見る間に闇の中へもぐり込む。棺の後を追って足早に刻む[4]ゲタの音のみが雨に響く。

（中略）昨日生まれて今日死ぬ者さえあるなら、昨日病気に罹《かか》って今日死ぬ者は固よりあるべき[カ]筈である。

（夏目漱石「琴のそら音」より）

B 彼は手足を畳の上へ伸ばしたまま、つい仮寐《うたたね》をした。そうして晩食《ばんめし》の時刻になって、細君から起こされるまでは、首を切られた人のように何事も知らなかった。然し起きて[5]ゼンに向かった時、彼には[キ]微かな寒気が[ク]脊筋を上から下へ伝わって行くような感じがあった。（中略）傍にいる細君は黙っていた。健三も何も云わなかったが、腹の中では斯うした同情に乏しい細君に対する[ケ]厭な心持ちを意識しつつ箸を取った。細君の方ではまた夫が何故自分に何もかも隔意なく話して、能働的に細君らしく振る舞わせないのかと、その方を[コ]却って不愉快に思った。

（夏目漱石「道草」より）

模擬試験解答

1 読み

各1点 計30点

1 ちんとう
2 いちゆう
3 びょうう
4 こうひ
5 なっせん
6 すいか
7 ねぎ
8 こげん
9 けんどう
10 けいつい
11 しんしゃ
12 きょうりん
13 しゃはん
14 ちんじ

2 表外の読み

各1点 計10点

1 くつろ
2 なじ
3 すさ
4 かね
5 まる
6 あずか
7 ちな
8 わきま
9 なま
10 つぶさ

3 熟語の読み

各1点 計10点

ア 1 いんか 2 ゆる
イ 3 しょうちょう 4 あつ
ウ 5 えんそく 6 せ
エ 7 ちょうぞう

7 詫(侘)
8 翻弄
9 揺曳
10 篦
11 蠟燭
12 埴輪
13 纏
14 宥
15 義俠
16 脆
17 漏洩(泄)
18 朗詠
19 卯
20 鵜

6 誤字訂正

各2点 計10点

2 たくしょう
3 しょり
4 とかく
5 ちくい

8 対義語・類義語

各2点 計20点

1 瞥見
2 混(渾)沌
3 偏頗
4 晦渋
5 迂路
6 惹起
7 所詮
8 秘訣
9 股肱
10 真贋

9 故事・諺

各2点 計20点

1 虻蜂
2 栴檀
3 糠(粳)
6 錆(銹)
7 茄子・茄
8 蓬萊

15 おういつ
16 せつせつ
17 けいがん
18 ぼうし
19 げき
20 きゅうこう
21 あぶみ
22 さなが
23 たど
24 そし
25 な
26 くつわ
27 いびつ
28 もみ
29 あら
30 あつ

8 はじ

オ
9 すうこう
10 おもむ

4 共通の漢字

各2点
計10点

1 幸
2 皆
3 衷
4 慰
5 陶

5 書き取り

各2点
計40点

1 憧(憬)
2 耽(酖)溺
3 虹鱒
4 甲斐性
5 珊瑚礁
6 勢揃

	誤	正
1	陣	塵
2	服	福
3	投	逗
4	徒	途
5	勘	貫

7 四字熟語

各2点
計30点

問1 書き取り

1 鱗次
2 甜言
3 鵬程
4 孟母
5 長汀
6 雀躍
7 戴天
8 坦懐
9 妖怪
10 奮迅

問2 意味と読み

1 こうじょう

4 経国
5 菩薩
9 鴛鴦
10 白袴

10 文章題

書き
各2点
読み
各1点
計20点

1 漸
2 迄
3 濡
4 下駄
5 膳

ア たちま
イ かす
ウ かつ
エ しばら
オ はげ
カ はず
キ かす
ク せすじ
ケ いや
コ かえ